힐링 사이코 드라마

너 혼자 그렇게 살아 나는 이렇게 못 사니까!

선원필

박영story

머리말

"원하지만 두려운 세계, 두렵지만 가야 할 세계.

그것은 자기만의 신화를 만들어 낸다."

사이코드라마는 자아의 신화를 찾아서 떠나는 여정이다. 인간에게는 역사보다 오래된 신화가 있다. 내 안에는 나보다 오래된 인류의 신화가 존재한다. 그 신비한 숲속으로 걸어가면서 되돌아올 길을 위해 실타래만 놓치지 않고 걸어간다면 숲속 어디에 있더라도 빠져나올 수 있다. 그러니 우리는 위험하지만 그 무엇보다 안전하고 짜릿한 자아의 여행을 떠날 수 있다.

묻지 않을 수 없다. 참 나는 어디에 존재하는 것인가?

자기의 이야기를 털어놓을 마땅한 곳이 없는 현대인! 그래서 더욱 더 은밀한 방법으로 출구를 찾고, 익명성이 보장되는 사이버 현실에 몰두한다. 이렇듯 관계의 단절에서 우리 모두는 누구나 크고 작은 정신적 문제를 안고 살아간다. 누가 누구를 측은히 여길 처지가 아니라는 이야기다. 게다가 사회구조가 복잡해질수록 개인에게 부여되는 역할은 더 많아지고 우리는 더 많은 상황에 알맞은 가면을 바꿔 써야 한다. 이루 다 말할 수 없는 역할을 해내어야 하는 참으로 불쌍한 존재이다. 그렇게 한 바퀴를 돌고 나면 난 어디에 있는 것인가? 묻지 않을 수 없다. 참 나는 어디에 존재하는 것인가?

더 이상 운명이라는 이름에 지배당하지 않아!

사이코드라마! 일반인들이 들으면 무엇을 떠올릴까 생각해 본다. 생소하다? 어렵다? 무섭다? 환자를 대상으로 하는 난해한 연극이다?

그러나 생각해 보면 사이코드라마란 참으로 우리 주변에서 많이 목격된다. 날마다 쏟아지는 비극적인 뉴스 또는 그와 반대로 가슴을 울리는 감동적인 뉴스들. 그 모든 것이 내 안에 존재하는 사이코드라마다. 사이코드라마란 내게는 잉여현실이지만 타인에게는 실제현실이 되어 나타나는 것이기도 하기 때문이다. 잉여현실이란 실제 현실세계에서 내게는 해당되지 않는 현실을 말한다. 실행되어진다면 그것은 더 이상 잉여현실이 아니다. 사이코드라마는 무대에서 그 잉여현실의 세계를 펼쳐 보인다.

하고 싶지만 못하는 것도 있고, 싫지만 해야 하는 것도 있다. 잉여현실은 다양한 형태로 욕구불만의 입을 벌리고 있다. 그중에는 내가 아는 것도 있고 모르는 것도 있다.

본능의 깊은 곳에 숨겨져 나조차도 모르는 무의식의 세계에 유배되어 버린 것도 있다. 다양한 형태의 잉여현실을 무대에서 표현하다 보면 무의식에 갇혀 있는 자신을 발견하는 경우도 있다.

내 경우를 보자면 이렇다. 나는 버려짐에 대한 두려움과 추락에 대한 공포가 컸다. 그리고 자신을 스스로 지켜내지 못하는 의존적인 사람을 한때는 경멸했다. 그것은 나에게 일어났던 어떤 사건으로부터 기인했음을 뒷날 알게 되었다.

'학교를 다니기 전이었으니 5~6세 정도 되었을 것이다. 나는 벼를 가득 싣고 추곡수매를 하러 마을 읍내로 가는 경운기 짐칸에 어머니와 함께 타고 있었다. 경운기는 마을을 벗어나 시골 개천 둑길을 아슬아슬하게 가고 있었고 둑 아래로는 수 미터의 경사로를 지나 개울물이 흐르고 있었다. 덜커덩 덜커덩 잘도 가는가 싶더니 경운기가 기울었다. 운전을 하던 일꾼이 뛰어내리고 연이어 어머니가 내 머리 위에서 공중제비를 하는 것처럼 보였다. 어머니도 뛰어내린 것이다. 혼자 남겨진 나는 수 미터 둑 아래로 경운기와 함께 곤두박질쳐졌다. 그리고 정신을 잃었다. 그날의 기억은 내 나이 서른이 넘도록 나타나지 않았다.'

감당하기 큰 충격이었기에 그 사건은 기억할 수 없는 무의식의 공간으로 보내졌고, 잊혀졌던 기억들이 다시 살아나는 데는 거의 30여 년의 세월이 걸렸다. 그 사건 이후로 나도 모르게 버려짐에 대한 유기불안과 고소공포가 무의식 속에 저장되었을 것이다. 자라면서 그것은 독립심이라는 왜곡된 형태로 나를 길들이고 타인에 대한 의존성이 강한 사람들을 경멸하는 형태로 나타났다. 추락에 대한 두려움은 일상생활에서 엘리베이터를 탈 수 없는 형태로 나타났었다. 유년시절 시골에서 살았다. 아파트라는 신문물이 처음 들어섰을 때 꼬마들에게 엘리베이터라는 기계가 얼마나 신기했겠는가? 그러나 그 신기함에도 불구하고 그것을 탈 수가 없었다. 추락하여 떨어질 것 같은 두려움 때문이었다. 아이들은 그런 나를 이해하지 못했다. 비난하거나 겁쟁이라 흉을 보지 않았지만 12층까지 뛰어서 올라가는 나를 이해하지 못함은 분명했다. 그때도 나는 내가 왜 그런 행동을 했는지 이해하지 못했다. 그 기억은 내가 서른을 넘겨 새롭게 시작한 사이코드라마와 다양한 형태의 무의식 작업의 결과로 결국 떠오르게 되었다. 그러자 그간 나의 행동패턴에 대한 의문점들이 풀리기 시작했다. 그 무의식의 공간은 내게 메시지를 보냈던 것이다. "엘리베이터를 타지마! 비행기도 타지마! 혼자 남겨지는 것은 위험해! 그러나 혼자서 이겨내야 해! 삶은 네가 책임지는 거야! 의존적인 삶은 가치가 없어! 의존적인 사람은 싫어!" 이런 식의 메시지가 어디에서인가 날아왔었고 난 그것이 어디서 온 것인지 몰랐던 것이다. 내 삶에는 이러한 것들로 넘쳐난다.

나는 이제 이런 유기불안에 대한 두려움과 강박적 독립심에 더 이상 지배당하지 않는다. 그리고 의존적인 사람에 대한 경멸감은 오히려 그들을 알아가고 이해하는 방향으로 가고 있다. 무의식 저편으로 보내졌던 그 기억들이 일상생활에서 다양한 형태로 나를 지배하는 것을 용납하지 않는다. 이제 그것은 더 이상 무의식이 아닌 또렷한 의식의 수준으로 올라와 그것을 보았기 때문이다. 이것이 사이코드라마의 힘이다. 그 힘은 과거를 그대로 살아내는 데 그치지 않고 과거를 재조명하고 현실의 수준에서 충실히 살 수 있게 한다. 또한 미래의 상황을 극화하면서 미래를 담보로 현실을 희생하며 살게 하지도 않는다.

누가 먼저 자기에 대해 용감한 고백을 하느냐가 문제이다.

처음 꺼내 놓기 쉽지 않지만 누군가 한 번 시작하면 그때부터는 모두가 자기만의 신화에 동참하게 된다. 확신하다. 그대 용기를 한 번 내시려는가? 그럼 사이코드라마의 무대로 오라! 아무도 그대를 비난하지 않는다. 당신이 당신다울수록 환영받는 곳! 그곳이 사이코드라마이다.

이 책은 다음과 같은 목적으로 집필되었다.

이 책은 잉여현실의 원리를 이해하고 자발성과 창조성을 이끌어내는 것에서 출발한다. 그리고 예시로 몇 편의 장면을 대사로 정리한 상황극 형식으로 소개하고 있다. 현대인들에게는 마음의 상처를 어루만져주고, 전문가들에게는 상황극을 통한 사이코드라마 디렉팅이 자발성

훈련과 창조성 개발에 도움이 될 것이다.

Part 1. '사이코드라마'에는 사이코드라마의 발생과 한국인의 심리적 특성 및 진행방법이 기술되어 있고, Part 2. '사이코드라마와 상황극'에는 잉여현실을 다루는 데 있어 상황극이 어떻게 기능하는가를 기술하였다. 마지막으로 Part 3. '힐링 사이코드라마'에는 실제 사례들과 솔루션 측면에서 치료적 제언이 담겨있다.

이 책이 나오기까지 기다림의 미학으로 지원해 주신 박영사의 노현 대표님과 편집자 윤혜경 님께 감사를 드린다. 사이코드라마 지도교수였던 정신과의사 김정일 선생님, 축어록을 특유의 성실함으로 정리해 준 김철균 님, 그리고 든든한 지원군인 형과 형수님, 멋지게 성장한 세 조카들, 마지막으로 퇴근 후 밤늦게까지 교정을 봐준 아내에게 감사를 드린다.

2020. 3.

선원필

목 차

Part

3 힐링 사이코드라마

PART 1

사이코드라마

Part 1. 사이코드라마

1. 나만의 잘못은 아니다!

인류의 집단기능장애와 한국인의 심리적 장애

사이코드라마에서 많이 다루어지는 문제 중 한국인의 특성을 중심으로 살펴보면 체면, 집단의식, 엿보기, 대인공포, 망상 등의 모든 것이 사회 속에서 어우러져 살아가는 과정에서 야기되는 문제들이다. 우리는 지나치게 체면을 중시하는 문화로 인하여 타인의 시선을 의식하고 솔직하게 자신을 드러내지 않는 것에 더 익숙하다. 이러한 사회 문화적 특성을 한나라의 문화를 반영하는 언어체계적인 면에서 살펴보면 우리나라 언어 속에 유달리 인격이나 행동, 성격을 나타낼 때 신체, 즉 얼굴이 중심이 되어 특히 눈과 관련된 말들이 발달했음을 알 수 있다.

사이코드라마 사례 중 많은 부분이 체면과 타인의 시선을 의식하는 우리 사회의 근원적인 문제이다. 대상과 증상을 막론하고 그 문제시된 양상의 근원이 자신의 감정을 솔직히 표현하지 못하고 억누르는 한국인의 오래된 심리적 특성에 있다는 점이다. 여러 가지 많은 문제들 중 특히 우리나라에서 이런 요인들로 인한 문제가 많이 야기되는 것은 왜일까? 유교문화가 강한 우리 문화의 분위기 속에서 가부장제의 질서와 뿌리 깊은 군사문화는 개인보다 집단이 우선시되며 자신의 감정과 느낌을 자신의 생각대로 솔직히 표현하고 행동하며 자신을 내세우기보다, 오히려 참고 인내하며 자신의 감정을 드러내지 않고 감추는 것이 더 미덕이라 여겨져 왔기 때문이다. 물론 시대가 흐르고 사람에 따라 다른 양상을 보이기도 하지만 그 근본적인 바탕은 여전히 남아 아직까지 사람들의 의식 속에 잔재하고 있다.

표현과 감정의 억압은 오랜 세월 쌓여 오면서 우리에게 '한'이라는 정서를 남겼으며, 이러한 억압이 강해질수록 상대적이라 할 수 있는 형식적인 체면문화와 함께 '엿보기'라는 현상을 만들어 냈다. 성의 억압과 규제에 비해 더욱 성행하고 있는 음란물의 경우를 보더라도 억압은 상대적으로 음성적인 발달을 가져온다는 것을 여실히 보여주고 있다. 또 외국인들이 한국 사람들의 표정의 특징을 이야기할 때 감정을 잘 드러내지 않고 숨기는 것 같다, 늘 뭔가를 혼자 생각하고 있는 것 같다, 첫인상이 차갑다, 표정이 없어서 무섭다, 잘 웃지 않고 표정이 굳어 있다 등 우리가 가지고 있는 인상에 대한 특징을 말해 주고 있다. 시선공포나 표정공포 등 대인공포증은 정도의 차이는 있으나 대부분의 사람들 누구나 조금씩 가지고 있으며, 이 문제로 고민하는 사람들 역시 우리가 생각하는 이상으로 많다. 또 이들 중 많은 비중을 고학력자가 차지하고 있는데 이는 고학력자의 높은 자존심과 과도한 경쟁, 신분상승의 욕구로 인한 것으로 여겨지나 이 또한 근본적으로는 순수한 자기발전에 앞서 타인을 의식한 사고도 영향을 미치고 있다.

이렇게 타인을 의식하며 남들보다 월등해지려 하는 반면 역설적이게도 집단에 속하고 집단 속에서 안정감을 느끼며 살아가려 한다. 자기표현에 소극적인 이들이 집단에 속해 있을 때는 무리 속에서 평소의 자신의 모습과는 다른 행동 방식을 나타내기도 하는데, 즉 이렇게 무리

속에서 다른 사람들이 하는 대로 따라가는 것을 우리는 흔히 군중심리라고 표현한다. 타인의 시선을 의식하고 형식과 체면을 중시하는 사람들은 역시 무리지어 있을 때에도 군중심리에 휩싸여 행동하게 된다. 큰 무리에서 자신의 개인적인 의견을 표현하지 못하는 모습은 집단의 의식을 따라가면서 집단에 묻혀진 존재가 되는 것이다. 사실 집단 속에서 자신의 의지대로 행동하는 것은 대단히 어렵다. 이는 집단에는 그 구성원들이 공유하고 있는 집단의식이 있기 때문이다. 우리 문화의 분위기에서 집단은 개인보다 강력하고 월등한 존재이다. 윗사람에게 복종하고 집단의 이익을 위해 개인을 희생하는 것이 도덕적인 것으로 간주되어 왔기 때문이다.

한국인의 집단주의는 서양의 집단 개념과는 달리 개체를 '우리'라는 집단 속에 함몰시키는 탈자기적 우리성(Weness)으로 대표된다. 서양인의 우리성은 분배적 우리(Distributive Weness)라 한다면 한국인의 우리성은 단일체적 우리(Collective Weness)로 특징지을 수 있다. 물리적 현상으로서의 '우리'가 아니라 사회심리적 표상으로서의 '우리'에 대한 현상을 나타낸다는 것이다. 요약하면 다음과 같다.

첫째, 행동규범으로서의 우리표상의 내용을 보면 하나됨, 동질성, 상호의존성, 결집-유대성, 다정성 등이다. 이러한 특성들은 결국 전통적 한국가족관계의 전형적 원형을 그대로 반영하는 것이라고 하겠다. 우리성이 느껴질 때 비(非)우리에 대한 배타감정이 증대되며 우리성을 느낄 때 실제보다 더욱 가까운 심리적 경험을 갖게 된다.

둘째, 한국인과 서양인의 우리성을 비교해 보면 한국인의 우리성은 집단 속에 자신을 동화시키는 탈 개성화 경향이 강한 반면, 서양인의 경우는 동질적 특성을 중심으로 한 유사성 집단의 의미가 강하게 나타난다. 따라서 후자의 경우 탈 개성화는 일어나지 않거나 일어나더라도 상황적으로 약하게 나타난다.

셋째, 한국인의 자기정체감은 개인적 정체감보다는 우리정체감이 더욱 중요한 행동적 및 심리적 구속력을 갖는다. 한국인은 내가 누구인가보다 내가 어느 우리에 속하는가에 따라 자아정체감은 물론 사회적 신분과 사회적 역할기대가 달라진다.

넷째, 한국인은 행동에 있어서 자기내적 일관성보다는 우리 집단 속에서의 행위적합성이 더욱 중요하다. 따라서 한국에서는 상황적 행동과 집단조화적 행동을 행동 자체의 이념성, 원리성, 항상성, 일관성보다 더욱 중요시한다.

건강한 집단은 집단의식과 개인의 의식 사이에 갈등이 있을 때 대화와 토론을 통해 해결한다. 또 이 해결과정에서 갈등은 오히려 집단의 발전에 원동력이 되기도 한다. 그러나 경직된 집단은 상황논리나 집단목표를 강조하면서 개인의 의사나 주장을 공격하고 집단의식을 강요한다.

집단은 구성원이 건강하고 개인을 존중할 때 따르고 우대할 가치가 있는 것이며, 집단이 개인을 무시하고 개인을 집단의 눈치만 보는 우유부단한 존재로 만든다면 그 집단은 존중할 가치를 잃게 될지도 모른다. 집단과 개인, 서로 떨어질 수 없는 존재이지만 양자가 서로를 존중할 때 둘의 관계는 올바르게 지속될 것이다. 또한 타인의 시선과 체면에 얽매인 사람들도 타인의 눈으로부터 자신을 자유롭게 하고 진정한 자신의 삶을 개성 있게 가꾸려는 노력이 필요할 것이다.

2. 어떻게 발생했는가?

사이코드라마는 제이콥 레비 모레노(Jacob Levy Moreno; 이하 모레노)로부터 시작되었다. 정신과 의사인 모레노는 1889년 루마니아 부카레스트의 흑해 부근을 지나던 배 안에서 태어났다. 사이코드라마는 모레노가 아동기에 동네 친구들을 모아 놓고 천사 놀이를 하면서 싹이 텄다고 알려져 있다.

공식적으로 최초의 사이코드라마가 상연된 것은 1921년 비엔나에서 시행되었다. 이때의 사이코드라마는 무대 장치가 전혀 없이 안락의자와 도금한 왕관 하나가 전부였는데, 결과적으로는 실패였지만 역사적으로 암울했던 비엔나 시민들에게 불만을 표출할 수 있는 장을 마련해줬다는 점에서 의의가 있다. 1921－1923년 사이에는 '자발성 극장(Das Stegrif Theatre)'이 세워졌고, 1925년 모레노가 미국으로 이주한 후 본격적으로 사이코드라마가 시작되었다.

모레노는 개인과 집단의 문제점들을 해결하는 데 극적기법을 사용하였다. 정서장애 입원아동들을 대상으로 사이코드라마를 하는 등 이 '자발성극장'을 현대 즉흥연극의 선구자적 도구로 삼아 사이코드라마의 신념(Religion), 집단치료(Group psychotherapy), 사회측정학(Sociometry)의 개념으로 발전시켜 나갔다.

1936년 뉴욕주에 비이콘 모레노 연구소(Beacon Moreno Institute)라는 극장이 세워졌는데 이 극장에는 모레노에 의해 특별히 설계된 4차원 무대가 설치되었다. 그리고 거기에서 사이코드라마와 사이코드라마 연출가 전문교육이 실시되기 시작했다. 이후 학교, 병원 등에 사이코드라마 극장이 세워졌고, 모레노를 회장으로 하는 사이코드라마 집단치료학회가 발족되었다. 2차 대전 중에는 군대와 재향 군인들을 치료해 줄 수 있는 치료 유형으로 지대한 영향을 끼쳤고 현재 사이코드라마는 교육, 의료, 심리치료, 상담, 재활 등 여러 방면에서 연구와 훈련이 실시되고 있다.

사이코드라마의 한국적 역사를 살펴보면 다음과 같다. 1969년 문헌상 최초의 사이코드라마가 한동세에 의해 소개되었으며, 1973년 이화여대병원에서 개최된 정신의학회 월례학술집담회에서 강준상에 의해 첫 사이코드라마 발표가 있었다. 1974년부터 정신치료의 치료적 기법으로 정신과 병원에서 오영진의 의료용 각본 실연형식으로 유석진, 이근후 등에 의해서 최초로 사이코드라마가 실시되었다. 1983년 이후부터는 몇몇 대학에서 사이코드라마를 치료 및 교육적 형태의 집단상담으로 실시하기 시작하였다. 1997년 대전에서 한국사이코드라마·소시오드라마 학회가 발족되었고 세종대학교 사회교육원 및 원광대학교 예술치료학과 등이 창설되어 사이코드라마를 활성화시켰다. 이후 김유광, 김정일, 최헌진, 김수동 등 사이코드라마에 대한 실천가들의 관심과 적용이 점차 증가되어 오면서 오늘에 이르고 있다.

3. 우리가 했던 최초의 자발적 행위, 출생!

모레노는 인간의 가장 최초의 자발적 행위를 출생이라고 말하고 있다.

자발성과 창조성은 모레노의 이론과 작업의 기초가 된다. 모레노는 자발성과 창조성을 이중의 과정으로 보는데, 즉 창조성은 심상의 근원이며 자발성은 창조적인 심상을 행위를 통하여 결실을 맺게 하는 목표나 추진력이다. 모레노는 자발성을 '새로운 상황에 대한 적절한 반응, 혹은 오래된 상황에 대한 새로운 반응'으로 정의할 수 있다고 하였다.

자발성이란 라틴어의 수아 스폰테(Sua Sponte)에서 나온 말로서 의지의 자유를 뜻한다. 모레노에게 있어 자발성이란 주관적으로는 타인과의 교류 속에서 경험된 자유이며 객관적으로는 사회체계 내에서 새롭고 적절한 대응을 하려는 의도이다. 그래서 이는 자연법칙으로부터의 일탈, 창조성을 산출시키는 모체, 자아가 산출되는 장소를 뜻한다. 이 자발성이 신체적인 것에도 그 기원이 있다는 점에서 프로이드의 리비도와 같지만, 모레노에게 있어서는 인간관계에서 자발성이 더 잘 발휘되어진다는 점에서 두드러진 특징을 가지고 있다. 즉 이는 인간존재를 사회적으로 규정하며 인간이 태어나 사람들과 관계하면서 자발성이 발달된다는 것이다.

모레노는 자발성의 특징적 기능을 네 가지로 나누었다. 첫째, 문화적 보존으로서의 자발성으로 수천 번 경험한 것을 반복하는 데 새로움을 주는 자질을 말한다. 둘째, 새로운 자신, 새로운 형태의 예술, 환경의 새로운 형태를 창조하는 것으로서의 자발성이다. 셋째, 성격의 자유로운 표현을 형성하려는 자발성이며 넷째, 새로운 상황에서 적합한 반응을 형성하려는 자발성으로 변화된 환경에 적응하는 유연성을 말한다.

사이코드라마에서는 자발성의 훈련을 통해 자기의 활동을 회복하고 행위하는 힘을 키우고자 한다. 자발성 함양을 위해서는 '자발성 시험'을 통해 피험자의 자발성 정도를 측정한 후 그들의 자기이해, 보다 좋아하는 행동양식, 역할 취급에서의 의식화 등을 촉진시켜 주고, 상황에서의 자기태도를 스스로 발견하게 해 준다. 모레노는 미국군대 및 기업의 요구를 받고 자발성 정도를 측정해 인사관리에 응용하기도 했다. 자발성 시험'은 대개 매우 비일상적인 사건을 설정하고 그 문제상황에서 어떻게 대응하며 극복하는지를 역할연기로 보여주게 된다. 이때 사이코드라마에서와 마찬가지로 치료자나 참여자들이 보조자아로서 돕게 된다.

모레노가 자발성의 쌍둥이 격으로 생각하는 것이 창조성이다. 자발성은 창조성의 모체로서 작용하며 창조성은 문화보존성의 에너지가 된다. 모레노는 창조성, 자발성, 문화보존성의 관계를 순환구조의 도형으로 설명하고 있다.

도표 ▌창조성의 원리

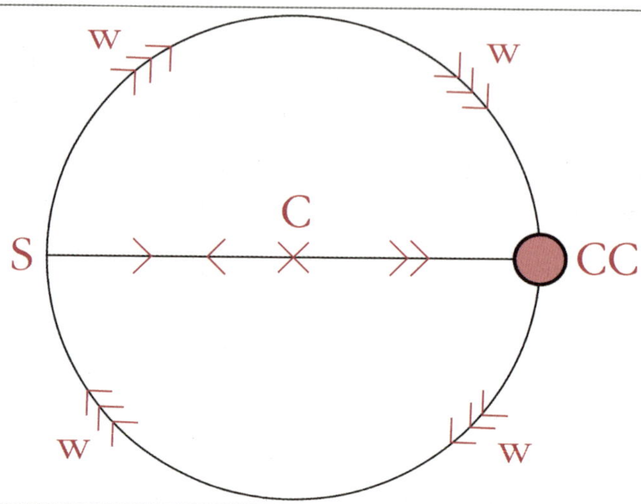

(자료: Moreno, "Who Shall Survive?", 1978)

여기서 S는 자발성(Spontaneity), C는 창조성(Creativity), CC는 문화보존성(Cultural Conserve), W는 워밍업을 뜻한다. 이 도표를 분해해 보면, S → C, C → S, S → C → CC, CC → S → CC로 나타난다. 전체적으로 자발성이 창조성을 일으키며 이들은 상호 함수관계를 갖고 있고, 창조성은 다시 문화보존성에 영향을 미치고 이는 다시 자발성에 영향을 주는 회전식 관계에 놓여 있다. 여기서 이 관계를 조작하는 에너지는 W, 즉 워밍업이다. 모레노가 자발성과 불안은 반비례한다고 주장했듯이 정신적인 문제와 사회적인 어려움은 이 자발성의 부족이 원인이기도 하다. 도표에 의한다면 그 갈등과 문제의 극복은 워밍업과정을 시도하는 것으로부터 다시 순환운동을 활발하게 할 수 있을 것이다.

자발성과 창조성의 결합될 때, 그 결과를 보존성이라 한다. 다양한 종류의 보존성이 있는데, 그것들은 사회적 보존성(Social conserve), 기술적 보존성(Technological conserve), 문화적 보존성(Culture conserve)이다. 그래서 그러한 보존성이 새로운 종류의 어떤 것이든지 자발성과 창조성의 상호작용을 통하여 보존성이 된다.

모레노는 보존성들이 이상적으로 새로운 것들을 창조하도록 우리를 워밍업시킨다고 보았지만, 반면에 그는 또한 문화가 때때로 보존성을 신성시한다는 것도 알았다. 사람들은 현재 사회의 욕구에 맞게 감히 보존성을 변화시키거나 적응시키려고 하지 않고, 특별한 보존성을 너무 완벽한 것으로 생각하기 때문에 그들의 창조성을 억누르는 것이라고 보았다. 그래서 모레노는 보존성을 어떤 주제에 대한 마지막 결과라기보다는 새로운 아이디어에 대한 도약대로 보았다.

4. 어떻게 진행되나요?

사이코드라마(Psychodrama; 이하 사이코드라마)의 번역은 1977년 이후로 국내에 발표된 연구논문에서 '심리극'이라고 많이 사용되고 있지만 최근 1995년 이후로 발표된 연구논문에서는 심리극에 비해 '사이코드라마' 용어 사용의 비율이 증가하고 있다. 이 책에서는 '사이코드라마'로 통일해 사용하기로 한다.

사이코드라마는 사람들로 하여금 그들의 문제에 대하여 말로 이야기하는 대신 그것들을 행동으로 실연함으로써 연극적인 방법으로 그들의 문제를 해결하도록 돕는 집단치료의 한 방법이다.

따라서 사이코드라마는 문제를 가지고 있는 사람이 스스로 무대위로 올라가서 자신의 정서적 문제나 갈등을 행동으로 표현함으로써 직접 학습하는 이점이 있다. 또한 사이코드라마가 일상생활에서 경험되어진 자연적 시나리오에 가장 가깝기 때문에, 집단장면에서 그간 억압된 감정을 극적으로 강렬하게 분출함으로써 정서적 갈등을 정화시켜 줄 뿐만 아니라 인간의 잠재력을 개발하는데 크게 공헌하는 장점이 있다.

사이코드라마를 구성하는 것은

첫째, 프로타고니스트(Protagonist; 주인공) : 집단에서 자기문제를 다루고자 무대에 올라온 참여자이다. 주인공은 반드시 환자가 아니더라도 가능한데 참여하는 집단에서 웜업을 하는 도중 집단 구성원의 자발성이 충분히 강해지면 자발적으로 주인공으로 선정된다.

둘째, 디렉터(Director; 연출가) : 사이코드라마의 무대 감독이며 연출가인 치료자가 있다. 실연과정을 촉진하는 자로서 대개는 집단의 리더이거나 환자의 치료자이다.

셋째, 옥실리어리 에고(Auxiliary ego; 보조자아) : 보조자아라고 불리 우는 연출가의 조력자가 있다. 그날 참여하는 관객 중에서 초대받는 경우도 있고 훈련받은 전문 배우가 될 수도 있다. 보조자아는 필요에 따라 주인공 역할이 되는 경우가 있는데 이 경우를 이중자아라 한다. 주인공 혼자 진행되는 모노드라마에 비해 보조자아를 참여시킴으로써 연출가는 주인공으로 하여금 상황을 더욱 생생하게 경험할 수 있도록 돕는다.

넷째, 오디언스(Audience; 관객) : 사이코드라마에 참여하는 사람들을 말한다. 관객은 주인공에 대해서는 여론으로서의 의미를 가지며 또 관객자신도 연극을 관람하며 자신이 지니고 있는 문제의 치료에 도움을 받을 수 있다.

다섯째, 스테이지(Stage; 무대) : 사이코드라마가 펼쳐지는 무대가 있다. 초기 모레노가 창안한 무대는 3중구조의 계단으로 구성된 원형극장이었지만 현재에 들어와서는 전형적인 극장만을 고집하지 않고 사이코드라마가 일어나는 장소(학교, 교도소, 병원, 기타시설)에 빈 공간만 있어도 가능하다.

방법에 있어서는 연출가는 주인공이 정해지지 않고 관중석에 있을 때 미리 관객과 대화 및 행동을 나누는 준비작업을 갖는다. 그런 다음 주인공이 결정되면 무대 위에서 자발적으로 대사를 결정하도록 하여 자기 스스로가 연기를 하게끔 만든다. 그때 상대하게 되는 사람으로는 보조자아 또는 관객이 된다. 이렇게 하여 주인공은 무대 위에서 자신의 현실생활을 재현하고, 연출가의 치료적 연출과 관객의 도움을 받아 그의 장애를 극복하고 현실생활에 대한 자신감과 자발성을 되찾을 수 있게 된다. 주요 기법들로는 역할 교대, 빈 의자기법, 독백, 거울기법, 주인공이 스스로 표현할 수 없는 자신의 일부를 보조자아를 통해 표현하도록 하는 이중자아기법, 신체압박기법, 의인화기법, 죽음의 장면, 꿈의 행동화, 최면극 등이 있다.

PART 2

사이코드라마와 상황극

Part 2. 사이코드라마와 상황극

1. 잉여현실, 내가 그렇다면 그런 것이다!

사이코드라마 초심자들의 연출행위에 있어서 그들의 자발성과 창조성을 기르기 위해서 사이코드라마의 기본적인 이론적 배경인 '자발성'과 '창조성'의 원리를 이해하고, 나아가 한국 사람들의 잉여현실을 끌어내는 데 있어 상황극을 토대로 한 사이코드라마를 다루고자 한다. 잉여현실이란 사이코드라마의 기본적 개념으로서 충분히 표현되거나 경험되지 않은, 셀 수도 볼 수도 없는 정신 내적, 초 정신적 생활영역을 말한다. 모레노의 동료이자 아내인 젤카 모레노(Zerka Moreno)에 의하면, 현실이 억압적일 때 우리는 그걸 초월하여 잉여현실로 들어가고자 하는 욕구를 갖는다고 한다. 모레노는 잉여현실이란 어떻게 왜곡되었건 관계없이 완전히 주관적인 방법으로 느끼고 지각하는 주인공의 진실이라고 정의하였으며, 사이코드라마를 계승하고 발전시킨 블레트너(Blatner)는 자신을 거리를 두고 볼 수 있는 능력이라고 할 수 있는 상상력에 의해 표현되어지는 세계라고 하였다.

잉여현실의 특징은 첫째, 어떤 구분이나 법칙도 없다는 것이다. 원인－결과, 시작－끝, 과거－미래, 사실－환상, 남성－여성, 의식－무의식, 삶－죽음 등 어떤 대립관계도 편견도 존재하지 않는다. 둘째, 잉여현실 속에서는 현실원칙이 적용되지 않는다. 모든 시간과 공간이 압축, 변용되어지고, 죽음이 유희화되고 고통이 웃음으로 변화된다. 셋째, 잉여현실의 세계는 카오스의 세계, 디오니소스의 세계이다. 현실이 낮의 세계라면 그곳은 밤의 세계이기에 혼돈과 무질서가 있다. 디오니소스는 세속적인 관습, 틀로부터의 무한한 해방, 모든 제약으로부터 자유를 상징한다. 원하면서도 두려워하는 세계이다. 때로 그것은 상징이라는 외투를 입고서 예술 혹은 신화를 만들어 낸다.

사이코드라마에서의 잉여현실은 실제 상황극을 통해서 극명하게 드러난다. 그래서 저자는 잉여현실이 가장 광범위하고 깊게 표현되어지는 사이코드라마 내에서의 상황극을 분석함으로써 개인이 안고 있는 여러 문제들에 대한 사이코드라마 접근 방식들을 살펴보고자 한다.

2. 상황극, 이것은 무슨 시추에이션인가?

1) 상황극의 실제

① 슈퍼마켓에서 생긴 일 : (슈퍼마켓에서 세일을 하고 있다.) 물건을 사고 있는데 갑자기 지진이 일어나고 있다. 지진이 안 일어난 곳으로 모이기. 지진이 일어난 곳을 빠져나와 물건을 찾는다.

② 기차역 대합실에서 : (말하지 않고 동작으로만) 어떤 인물이 되어 나이, 직업, 성격을 표현하고 나머지 사람들은 알아맞히기.

③ 텔레비전을 시청하는 사람들의 표정을 보고 상대편에서 무슨 내용인지 알아맞히기. 예를 들면 야구, 드라마, 개그, 요리, 여행, 복권 당첨 등.

④ 따거나 잃거나 못 먹어도 고! 고스톱 치는 장면.

⑤ 가족 중 부모 역할을 해 본다. (3명씩 짝을 지어서) 세 사람이 모여 각자 부모가 되어 서로 이야기를 해 본다. 그리고 제일 문제가 되는 자녀에 대해 이야기한다.

⑥ 공중전화박스 안에서 평소에 만나고 싶었던 사람과 통화하기.

⑦ 속마음/겉마음 훈련하기(방백훈련, 이중자아훈련) : 학부형과 선생님(돈 봉투, 구타)

⑧ 신문기사에서 장면을 선택하고 이를 극으로 전개한다(예 : 판문점 총격 귀순사건, 살인사건, 실업사태, 선박사고 등).

2) 상황테스트

① 나는 신병들을 교육시키는 교관입니다. 오늘 갓 입대한 훈련병들이 모여 있습니다. 그들은 아직 민간인의 모습을 가지고 있고 집단은 무질서하고 혼란스럽습니다. 명령체계와 일사불란함을 강조하는 교관의 역할을 하십시오.

② 전쟁이 났습니다. 일가족이 피난길을 가다 그만 막내를 놓쳐버렸습니다. 저 멀리 그 막내가 보입니다. 그는 당신을 찾아 이리저리 미친 듯이 헤매이지만 당신을 보지 못합니다. 여기저기서 가족을 잃어버린 사람들이 소리를 치고 있습니다. 그 상황에서 막내를 찾아보십시오.

③ 내 인생의 모든 의미였던 사람(연인, 가족 등)이 어느 날부터 기억이 사라지는 병에 걸렸습니다. 급기야는 더 이상 나를 알아볼 수 없게 되었습니다. 그 사람이 나를 알아볼 수 있기를 바라는 간절한 마음으로 그에게 말을 하십시오.

④ 나는 사형수입니다. 오늘이 집행 날입니다. 척추가 떨려오고 온몸에 식은땀이 납니다. 내 머리에는 두건이 씌어지고 목에는 줄이 감깁니다. 죽음을 앞둔 사형수로서 마지막 말을 하십시오.

⑤ 화장실이 급합니다. 지하철을 타고 가다가 목적지까지 가지 못

하고 중간에 내려서 화장실로 뛰어갑니다. 마침 볼 일을 보고 나니 화장지가 없습니다. 어떤 일이 생길까요?

⑥ 동굴 속에 어떤 인물이 있습니다. 그리고 그 사람이 되어 보십시오. 당신의 미래는 어떻게 되겠습니까? 당신의 과거는 어떠했을까요? 그 사람이 되어 연기하십시오.

⑦ 나는 어떤 집단의 리더입니다. 우리 팀이 탄 비행기가 무인도에 불시착하였습니다. 그리고 언제 구조가 될지 모르는 상황입니다. 한 달을 버텨냈지만 이제 자연에서 구할 식량과 물도 바닥을 드러내고 부상자들과 함께 나눠야 할 식량이 부족합니다. 식량을 배분하는 리더로서 결정의 순간에 다다랐습니다. 생산적인 활동을 할 수 없는 부상자들에 대한 결정을 내려야 하는 순간이 왔습니다. 어떤 결정을 하겠습니까?

⑧ 앞으로 10분 후에 이 보트는 가라앉는데, 세 사람만 생존이 가능합니다. 어떻게 하겠습니까? (실제 행동을 보일 수 있도록 상황을 만들어 준다.) 당신은 생존합니까? 만약 죽는다면 자신의 죽음 앞에서 어떤 유서를 남길 것인가도 써보도록 합니다.

위의 내용들은 사이코드라마의 준비단계에서 적용될 수도 있고 행위화 단계에서도 적용될 수 있는 여러 가지 상황들을 열거해 놓았다. 연기훈련을 위한 상황극 테스트일지라도 결국 자신의 이야기를 하게 되므로 단순한 연기훈련이 아니라 그 목적성을 어디에 두느냐에 따라 달라질 수 있다.

3. 상황이 존재를 결정한다.

상황극이란 용어는 근래에 생성된 극 용어이다. 지금까지의 연극의 형태가 주로 성격극, 내면극, 운명극, 혹은 이념극이란 용어에 의해 규정되어 왔지만, 상황극이란 용어는 좀처럼 듣기 힘들었다. 그러나 기존 재래극의 양식은 혼돈과 무질서의 현실 상황을 형상화하는 데 그 한계점을 드러내 보이고 있다. 현실은 심각한 상태로 부조화를 치닫는데 조화와 균형미만을 중시하는 고전극의 구조는 더 이상 설득력을 얻어내지 못하고 있다. 우리 주변에는 특정 영웅도 특정 주인공도 찾아보기 힘들다. 이들 특정 인물 간의 팽팽한 대립이나 갈등은 더 이상 가시화되거나 구체화되어 있지 않다. 드라마로 형상화된 이들 인물들은 상투적인 대립, 갈등의 차원에 머무르기보다는 보이지 않는 불가사의한 힘에 의해 고통을 당하고 괴로움을 당한다. 이들 불가사의한 힘의 실체는 쉽게 파악되지 않는다. 경우에 따라선 거대한 집단 안에 은폐되어 있거나 혹은 인물들의 의식 깊숙이 잠재된 채 우리 모두를 공격한다. 이 같은 공격은 말초적이거나 가시화되지 않고, 부지불식간에 나타나기도 하고 내면의 몸부림으로 나타나기도 한다. 프랑스의 유명한 조각가 로댕(Auguste Rodin)은 불안과의 끊임없는 싸움을 우리의 삶으로 규정하고 있다. '생각하는 사람', '청동시대', '지옥문', '코가 부러진 사나이'와 같은 조형 예술품에서 로댕은 고뇌하는 인간의 상황, 내쫓겨지고 소외된 우리 현실의 상황을 형상화하고 있다. 주인공은 은폐된 거대한 힘에 의해 아무런 저항도 하지 못한 채 쉽게 쓰러지고 만다. 그를 짓누르는 주제가 무엇인지 어디에서 발원한 것인지 확실치 않다. 이 같은 모티브는 특히 몇몇 실험극 종류에서 현저하게 나타난다. 이와 같은 종류의 연극을 우리는 과연 무엇이라 정의내려야 할 것인가! 상황 그리고 상황극이라는 용어는 여기서부터 시작한다. 상황의 개념을 독일의 비평가 빌페르트(Gero von Wilpert)는 다음과 같이 정의 내리고 있다.

> 상황이란 등장인물의 성격에 의해 결정되는 모티브라 볼 수 없다. 그것은 인물들이 처한 상황 및 상호관계에 의해 결정될 수 있는 특수한 형식의 모티브이다. 예를 들어 두 여인 사이의 남자, 버림받은 여인, 사기당한 부부, 이별, 재회 등

을 들 수 있다. 상황은 정취와는 무관하다. 상황은 비극으로 그리고 희극으로 간주될 수 있다. 상황은 인간들 사이의 상호관계의 축적이라 볼 수 있다. 이들 상황에 주인공은 대항하기도 한다. 그것은 시에서의 정적인 상황과 흡사하다. 영적인 자기 침잠은 예술 작품에서 상황적 주제나 소재가 될 수 있다. 특히 역할 시에서 그렇다.

상황은 인간 내부의 개성이나 특성과는 다르다. 인간과 사물과의 만남, 인간과 인간의 만남 등이 시간적 혹은 공간적으로 누적되어 독특한 형식과 독특한 모티브로 격상된다. 이 같은 누적된 만남이 드라마의 주제적 모티브가 될 때 상황은 주요 초점의 대상이 될 수밖에 없다.

이제 상황극에 대해 알아보기로 한다. 상황극에 대한 개념을 확실히 정의 내린 사람은 거의 없는 실정이다. 상황극의 개념은 상황희극에 대한 빌페르트(Gero von Wilpert)의 해설을 통해 추론될 수밖에 없다. 상황희극을 빌페르트는 다음과 같이 정의 내리고 있다.

상황희극(Situations Komik)은 인물의 기본 성격이나 특징으로 인해 발생되지는 않는다. 또한 상황희극은 인물들의 말장난이나 유머, 재치 등에 의해서도 발생되지 않는다. 그런 의미에서 언어 유희극도 아니고 성격희극도 아니다. 상황희극에선 재미와 쾌활을 유발시키는 코믹한 상황 및 그 상황의 축적이 중요변수라 볼 수 있다. 상황희극에서 주제적 상황은 치밀하게 준비된다. 그것은 의도적이거나 부자유스런 결과를 유발시켜서는 안 된다. 관객은 극 중 인물과는 반대로 방관자의 입장에서 준비된 상황으로 이끌려 간다. 아울러 관객은 상황 속에 드러난 모티브의 몰가치성을 확인하게 된다. 상황희극의 주요 모티브는 상이한 형식이나 강도로 반복되어 나타난다. 처음에는 단순한 상황이 반복되다가 점층적인 상승과 효과 있는 중첩, 그리고 1인 2역의 세련된 이중유희 등이 나타난다.

근래의 세태 풍자극이 말초적 감각만을 자극시키는 말장난이나 언어 유희극이라는 비판을 빌페르트의 상황희극 정의를 상기하여 볼 때 음미해 봐야 할 사항이라 할 수 있다.

치밀하게 준비된 상황의 몰가치성 그리고 몰가치적 상황의 다양한 변조나 축적은 상황희극의 성패를 좌우하는 중요 요소라 할 수 있다. 상황희극에 반해 상황비극 내지는 상황극에서의 비극적 요소가 생각될 수 있다. 삶의 비극적 상황이 주제적 모티브로 작용할 경우 지금까지 상투적인 기(起), 승(承), 전(轉), 결(結) 방식의 사건진행은 철저히 배제될 수밖에 없다. 진실의 유리된 부조리한 상황 창출이 극의 주요 포인트가 될 경우 이 같은 모티브는 줄곧 반복되거나 변형되어 나타나기도 한다. 정형화된 연극의 양식은 이를 위해 또 다른 극 양식으로 변형된다. 시적 외침 그리고 영적인 자기 침잠, 관객과의 대화 등 연극 외적 장르나 그 변종의 양식이 자주 도입되기에 이른다. 상황극에 대한 자세한 언급은 독일의 문학자 아스무트(Bernhard Asmuth)의 드라마 분류작업 과정에서 나타난다.

아스무트는 드라마를 성격 드라마와 줄거리 드라마로 구분하고 줄거리 드라마를 다시 운명드라마, 간계드라마, 상황드라마로 세분화시켜 놓고 있다. 이 같은 세분화의 의도는 줄거리를 결정하는 인자를 성격 이외에도 운명, 간계상황으로 보고 있기 때문이다. 아스무트는 상황극을 운명극이나 간계드라마보다 더욱 복잡한 개념으로 보고 있다.

상황극을 성격극과 상반된 개념으로 설정할 경우 상황의 개념에는 행동성이란 요소가 깔려 있다. 이런 의미에서 상황은 오늘날의 경우 한 순간 촬영 장면 또는 행동 연속의 한 장면으로 이해되어지기도 한다. 그런데 상황의 본래 개념은 동태적이기보다는 정태적이라 말할 수 있다. 이에 반해 상황극에서의 상황은 동태적인 의미를 내포하고 있다. 이 때문에 브레히트(Brecht)의 드라마에선 사회적 관계 내지 시대적 상황이 기본적인 작품의 뿌리가 되고 있다. 아울러 이 같은 상황적 요소들은 변화하거나 변화 가능한 것으로 파악되어 행동이나 줄거리와 마찬가지로 거의 동일한 구성의 힘을 보유하게 된다.

지금까지 상황극의 개념을 대략 개괄하여 보았다. 줄거리를 통해 인간 존재를 규명하려 했던 리얼리즘의 기본 의도는 상황극에서 철저히 배제될 뿐이다. 줄거리의 무시, 다양한 상황의 집적, 그리고 이 같은 집적을 위해 상황은 자주 변조되거나 반복될 수밖에 없다. 이 같은 원칙은 브레히트나 프레쉬(m.frich)의 연극에서도 찾아볼 수 있다. 이들 연극의 특징은 한마디로 서사극(Epik Drama)으로 규정될 수 있다. 따라서 '상황이 존재를 결정한다.'는 브레히트의 서사극 이론은 어쩌면 상황극 이론의 기본원리로 재정립되어야 할 공산이 크다.

4. 상황극과 사이코드라마 만남

문학적 정의를 통해서 본 상황극의 전제는 '상황이 존재를 결정한다.'는 것이다. 사이코드라마는 연극뿐만 아니라 음악, 미술 등의 다양한 매체를 수용한다. 문학적 정의에서의 상황극이 사이코드라마 내에서 사용되어질 때 그것은 문학적 정의에만 국한되어지는 편협한 것이 아니라 사이코드라마라는 큰 범주 안에서 변형되어지고 새롭게 창조되어져야 할 것이다.

문학적 의미의 상황극이나 사이코드라마에서의 상황극은 모두 상황이란 것에 초점을 맞추어야 한다. 빌페르트가 말했듯이 상황이란 인물들이 처한 상황 및 상호관계에 의해 결정될 수 있는 특수한 형식의 모티브이다. 사이코드라마에서의 상황극은 그 상황 속에서 인물이 반응하는 행동양식에 관심을 가져야 할 것이다. 상황은 행동 연속의 한 장면으로 이해할 수 있기 때문이다.

모레노는 환자의 벽을 허물고 들어가는 것이 아니라 손잡이를 돌려보아서 열리는 곳으로 찾아 들어간다고 하였다. 이것은 정신의 갑옷을 뚫는 앙또넹아르또(Antonin Artaud)의 잔혹극의 형식을 말하는 것이 아니라 접근 방식에서 다양성을 말하는 것이다. 연출가는 환자에게 적절하고 다양한 상황장면을 연출하되, 아닌 것은 즉시 버리고 순발력 있게 다른 접근을 택하여야 하며 필요하면 돌아가서 재접근하는 방식을 말하는 것으로 해석될 수 있다.

어떠한 상황이 어떠한 문제에 응용되어 적용되어질 것인가는 전적으로 연출가의 몫으로 돌려야 하며, 연출가는 사용되어질 수 있는 가능성에 대해서 많은 상황장면을 고려하고 연출하여야 한다.

사이코드라마 내에서 사용되어지는 상황극이란 어떤 갈등을 해결할 때 구조화해서 구체적으로 제시되는 장면이라고 할 수 있다. 즉 환자에게 특정 상황 속에서 어떤 역을 하게 하여 실제 상황은 특정 상황과 다름을 깨닫게 하거나 실제 상황에 대응할 수 있도록 도와주는 기법이다.

상황연기를 할 때 주인공의 문제 상황을 다른 보조자아들과 함께 연극적으로 재연함으로써 그 문제 상황에서의 감정과 정서를 다시 체험하게 된다. 사이코드라마 내에서 관객은 연극을 관람하면서 극 중 인물과 자신을 동일시함으로써 감정의 카타르시스를 겪는다. 참여하는 연극은 이러한 효과를 더 높일 수 있다. 관객의 입장이 아닌 배우의 입장에 서게 되면 어떤 행동을 실제로 할 수 있기 때문에 감정체험이나 표출정도가 훨씬 깊어져 그만큼 카타르시스 효과도 높다. 예를 들어 가족갈등이나 직장 내 갈등, 친구 간의 갈등 등을 주제로 즉흥극을 연출할 수 있다. 이러한 기법은 참여자들과 관객들의 흥미를 불러일으키고 활발한 상호작용을 가능하게 해 준다. 또는 갈등상황뿐 아니라 정신병원, 교도소, 회사, 심지어는 연인들의 데이트 등 다양한 사회상황을 어떤 목적없이 단순히 극화해 보는 것 자체가 매우 의미 있는 결과를 초래할 수 있다.

그러므로 본 저서에서는 상황극을 자발적이고 창조성 증진을 위해 주어진 상황에 대한 주인공의 즉흥적인 반응을 유발하는 극이라고 정의한다. 연출가는 상황 속에서 어떠한 반응을 보이는가 하는 주인공의 행동양식에 관심을 기울여야 한다. 그것을 토대로 사이코드라마는 새로운 창조성의 국면을 맞이하게 될 것이기 때문이다.

PART 3

힐링 사이코드라마

Part 3. 힐링 사이코드라마

본 사례는 연출가가 새로운 장면을 구상해서 주인공에게 제시하는 구조화된 상황극이 대다수이지만 일부 몇 사례에서는 주인공의 이야기를 재연하는 형식으로 자연스럽게 진행되는 극도 있다. 그러나 그러한 자연스러운 극에서도 연출가의 상황지시가 있으므로 상황극에 포함시키고자 한다. 아울러 사례에 나온 이름은 가명이며 일정 부분은 각색되었다.

1. 그때는 가라고 했지만 그건 진심이 아니었어.

헤어진 연인을 잊지 못하고 마음속에서 떠나보내지 않는 경우가 있다. 잊어버리려고 해도 잊혀지지 않는 기억을 가진 주인공 서경씨의 이야기 속으로 들어가 보자.

연출가 : 여기 빈 의자에 남자친구가 앉아 있다고 상상하세요. 지금 이 순간 그 사람을 떠올려 보시고 말씀해 보세요.
서경 : 야, 너 진짜 너무한 거 아니냐? 어떻게 그렇게 한순간에 인연을

끊을 수가 있어!
내가 얼마나 너를 좋아했는데 어떻게 그럴 수 있어? 그 이후에도 나는 너랑 멀어지고 싶지 않아서 네 손을 잡으려 했는데 넌 아니었나 봐. 난 아직도 네가 미워!

(연출가는 관객 중에 보조자아 역할로 남자친구 역할을 해 줄 사람을 무대 위에 초대하여 서경을 바라보고 앉게 한다.)

남자친구 : 왜 날 미워하는데?
서경 : 꼴도 보기 싫어!
남자친구 : 왜?
서경 : 네가 날 아프게 했으니까.
남자친구 : 내가 뭘 아프게 했는데?
서경 : 몰라서 물어? 뻔뻔한 녀석. 내가 말하면 네가 들을 거야?
남자친구 : 들어줄게 말해 봐.
서경 : 내가 그동안 말한 게 몇 번이었는데.
남자친구 : 다시 말해 줘. 이제는 들을게.
서경 : 네가 들으면 달라지는 게 뭔데? 말하기 싫어. 입도 아프고. 가슴이 썩을 것 같아. 그냥 가!
남자친구 : 응 알았어.

(보조자아 잠시 퇴장 후 다시 등장하여 자리에 앉는다.)

연출가 : 당신이 거부했던 존재가 다시 앉아있습니다. 더 하고 싶은 이야기를 해 보실까요.
서경 : 내가 가라고 했지! 왜 돌아와? 네가 다시 돌아온다 해도 사실 자

신이 없어. 난 부족한 사람이라서 안 돼. 그러니까 그냥 가! 너한테 어떻게 해 줘야 할지도 몰라. 이야기해 봤자 더 나빠지기만 할 거야. (한참 침묵이 흐른다.) 그때는 가라고 했지만 그건 진심이 아니었어. 우린 너무 어렸고 서로 준비되어 있지 않았어. 그래서 상처만 남긴 거야. 내가 미안하다고 말하면 이제 받아 줄 수 있겠어?

남자친구 : 난 가고 싶은데 네가 날 자꾸 부르잖아. 너는 왜 안가니? 네가 가면 되잖아? 계속 그 자리에 있으면서 왜 나한테 가라고만 해? 그냥 네가 가면 되잖아!

서경 : 가라고? 너한테로 가라는 거야? 아니면 떠나가라는 거야?

남자친구 : 말귀를 못 알아듣네. 내게서 떠나가라는 것이지. 너도 알고 있잖아. 가지 못하는 건 너라구!

서경 : (비아냥거리듯이) 정말 못 떠나는 게 나라는 거 알려줘서 고맙네. 나만 몰랐었네. 이제 네 앞에서 사라졌어! 이제 됐냐? (소리를 치며 화를 낸다.)

남자친구 : 조금 더 솔직하게 말해 줄 수 없어?

서경 : 난 네가 싫은데 좋아. 그런데 우린 너무 달라. 앞으로 더 그럴 것이고 서로를 힘들게 할 거야. 네가 좋아했던 내 모습이랑 지금의 내 모습은 너무 달라. 그러니 넌 날 싫어할 거야. 내가 솔직해져서 네가 얻는 건 뭐야?

남자친구 : 그럼 솔직하지 않아서 네가 얻는 건 뭐야?

서경 : 난 널 속이지 않았어.

남자친구 : 넌 날 속였어. 믿음이 없잖아.

서경 : 그래 난 바보야. 나조차도 알 수 없고, 남들도 못 믿는 그냥 바보야. 내가 바보야. (흐느끼며 울기 시작한다.)

연출가 : 자신이 바보라고 생각하세요?

서경 : 네.

연출가 : 만약 지금 관계를 새롭게 바꿀 수 있다면 어떻게 하시겠어요?

서경 : 글쎄요. 모르겠어요.

연출가 : 떠나가는 것이 편해요 아니면 떠나보내는 것이 편해요?

서경 : 지금 이대로는 떠나보내고 싶지 않아요. 너무나 미안해서 사과하고 싶고 고마웠다고 이야기하고 싶어요. 그 뒤에 떠나고, 떠나갔으면 좋겠어요.

(남자친구는 퇴장한다.)

연출가 : 색깔로 비유하자면 남자친구는 어떤 색일까요?

서경 : 남색이요.

연출가 : (빈 의자에 남색 천을 두르며) 이제 그분을 마주하고 떠나보낼 겁니다. 저기 남색 천 의자의 남자친구에게 말씀하세요.

(서경은 천이 둘러진 의자를 보며 이야기한다.)

서경 : 이제는 너무 어린 시절의 추억이 되어 버린 우리. 널 너무 놀라게 한 것 같아서 미안해. 미안하기도 하면서 정말 고맙게 생각하고 있어. 내게 사랑받는 느낌을 알게 해 줬으니까. 너무 너무 고마워. 잘 지내고 있다는 소식 들었어. 이제는 술 먹고 연락하지 않을게. 언젠가 동창회에서 웃으며 봤으면 좋겠다.

(세월이 흘러 둘은 재회한다. 남색 천이 드리워진 의자에 남자친구가 등장하여 앉는다.)

남자친구 : 너 그대로구나. 하나도 안 변했네.

서경 : 나 엄청 변했는데. 너도 조금 변한 거 같은데.

남자친구 : 음 결혼해서 그런가봐.

서경 : 결혼? 누구랑?

남자친구 : 마음속의 그녀랑.

서경 : 아 정말? 넌 정말 잘 살거야. 착하고 좋은 애니까.

남자친구 : 다 지난 이야기잖아. 사실 나도 너한테 고마워하고 있어. 이 자리에서 네 속마음 듣는 것도 고맙고. 너 원래 안 그렇잖아.

서경 : 난 솔직했다고 생각했는데 아니었나보네. 고맙다. 그렇게 생각해 줘서.

남자친구 : 사람 안 변해. 너도 마찬가지고.

서경 : 나를 잘 아는구나. 아주 미숙했던 나를 잘 아네.

남자친구 : 그땐 많이 어렸지. 단지 네가 날 더 어른처럼 생각해 준 것 뿐이야.

서경 : 가끔씩 널 떠올릴 때면 내 오빠 같다는 생각이 들었어. 그래서 너랑 헤어지는 것이 오빠가 없어지는 거 같았어.

남자친구 : 미안한데 난 네 오빠가 아니야. 그냥 나야. 그게 우리 관계를 더 힘들게 했던 것 같아.

서경 : 맞아. 넌 내 오빠가 아닌데. 네가 점심시간마다 아이스크림 사서 교실 앞에서 나 기다렸었는데.

남자친구 : 나도 그 순간 다 기억해. 네 표정과 그때의 기분.

서경 : 이제 넌 그냥 가도 돼. 이 자리에서는 가도 돼.

남자친구 : 이제 우리 쿨하게 헤어지는 건가?

서경 : 쿨하게? 아니 그건.

남자친구 : 서로의 진심을 알았고 그걸 나눴잖아. 더 하고 싶은 이야기라도 있는 거야?

서경 : 나는 남자인가봐. 남자들이 첫사랑을 못 잊는다고 하잖아. 꼭 너

여서 그렇다기보다 그냥 그때 받았던 것들이 남아있는 것 같아.

남자친구 : 원래 사랑은 준비되지 않을 때 찾아와. 그리고 우린 이제 다 커서 어른이구. 언제까지 날 가둬 둘래? 너 지금도 날 좋아하잖아. 내가 새장 속의 새가 되길 바라니? 날 사랑한다면 보내줘. 네가 떠나줘.

서경 : 내가 어떻게 떠나줄까?

남자친구 : 미련의 벽을 뚫고 나가줘.

(관객들이 보조자아로 등장해서 주인공을 중앙에 두고 원으로 에워싸 미련의 벽을 만든다.)

연출가 : 이것들은 당신이 불러들인 미련의 벽입니다. 당신이 불러들인 것은 당신이 떠나야지만 사라져요. 처음부터 너무 강하게 힘쓰지 마시구요. 미련은 그리 쉽게 사라지지 않아요. 당신이 가졌던 미련만큼이 미련의 벽은 당신을 쉽게 놓아주지 않을 거예요. 당신의 의지를 볼 겁니다.

(주인공 나가려고 힘쓴다. 보조자아들은 원형으로 벽을 단단히 쌓고 서경을 못나가게 한다.)

서경 : 나갈 거야!

보조자아(미련의벽) : 우린 어떻게 하고?

서경 : 넌 갔잖아. 난 나갈 거야!

보조자아(미련의벽) : 네가 불러서 왔는데 우린 어떻게 하라고?

서경 : 난 갈 거라고!

보조자아(미련의벽) : 정말? 그럼 증명해 봐! 우린 네가 불러낸 미련이야. 넌 우리의 주인님이야.

서경 : 너희들이 나였다고? 웃긴다. 나 그냥 나갈래. 나 좀 놔줘. 나 힘들어. 이제 버리고 싶다고!

보조자아(미련의벽) : 안 돼, 우린 네가 불러낸 존재야. 우린 너 없이 못 살아. 너도 우리 없이는 못살아. 같이 살자. 우리와 함께 있어줘!

서경 : 아니야. 나 괴로워. 놔줘. 나 힘들어!

보조자아(미련의벽) : 술 먹을 때마다 생각할 거잖아. 몇십 년째 같이 살았잖아!

서경 : 싫어. 싫어. 싫다고!

보조자아(미련의벽) : 그럴 수 없어요. 평생 함께 해요. 주인님은 사람도 못 믿고, 자신도 못 믿는 '척'대마왕이잖아요. 솔직하지도 않고 쿨하지 않으면서 '척'만 하고 누구보다 약하면서!

서경 : 그래. 나 척 덩어리다. 그러니까 놔줘!

(서경이 어느 정도 힘에 부치자 보조자아 한 명만 남고 모두 퇴장한다. 보조자아 한 명은 긴 천을 서경의 허리에 묶고 뒤에서 잡아당긴다.)

연출가 : 당신의 노력으로 많은 미련들이 떨어져 나가고 이제 하나만 남았어요. 해 볼 만하겠지요? (보조자아를 향해) 주인공이 정말 탈출을 원하고 있고 그 노력이 힘으로 전달된다 느껴지면 놓아주세요.

서경 : 나 정말 놔줘. 이제 정말 달라질 거야!

보조자아(긴 천) : 몸으로 보여주세요.

연출가 : 당신은 그동안 너무 많은 말을 했어요. 이젠 몸으로 보여주세요. (탈출 선을 그어 놓으며) 이 선까지 오시면 됩니다. 아주 간단하죠. 더 힘을 써 봐요. 있는 힘을 다 써 보세요. 그래야 본인의 의지가 확실해져요. 떨쳐낸 미련을 몸이 기억할 만큼 최선을 다해 보세요.

서경 : 꺼져! 야! 꺼져. 꺼지라고! 엉엉 (울음이 터진다.)

연출가 : 이제 한 걸음 남았어요. 포기하지 마세요.

(서경은 탈출에 성공하고 보조자아 역할인 미련의 벽들이 등장하여 서경을 안아준다. 미련의 벽들은 주인공 내면의 자아 역할로 바뀐다.)

보조자아(내면의 자아) : 그동안 많이 미안했어. 고맙고 사랑해. 앞으로는 미안하고 사랑하는 거 다 말할게. 이제는 다 표현할게. 정말 미안해. 그러니 이젠 날 용서해 줘.

연출가 : 지금 말하는 것은 당신 내면의 자아가 당신에게 해 주는 말입니다. 귀담아들으시고 느끼세요. 그리고 그 말을 그대로 따라서 말해 보세요.

서경 : (내면의 자아가 들려준 이야기를 따라 말한다.) 미안하다고 이야기할게. 고맙다고 표현할게. 사랑한다고 말할게. 이젠 날 용서해 줘.

보조자아(내면의 자아) : 난 네가 이렇게 말해 주기를 오랫동안 네 안에서 기다려 왔어.

서경 : 나도 네가 이렇게 말해 주기를 오랫동안 네 안에서 기다려 왔어.

보조자아(내면의 자아) : 너도 많이 힘들었겠지만 솔직히 네 안에서 사는 거 쉽지 않았어.

서경 : 나도 힘들었어.

보조자아(내면의 자아) : 난 네 안에 있는 거인이야. 네가 날 일깨웠어. 사람은 누구나 자기 안에 거인을 가지고 있어. 하지만 그걸 깨닫고 발견하는 것은 어려운 일이지. 넌 그걸 해낸거야. 네 안에 잠든 거인을 일깨운 거야. 이제 집에 가는 거야. 넌 집에 왔어. 예쁘게 꾸미고 동창회 가야지?

(세월이 지난 후, 동창회 장면으로 전환되고 그곳에서 서경은 남자친구를 만난다.)

남자친구 : 안녕? 잘 지냈어?

서경 : 음 잘 지내지.

남자친구 : 너 멋있어졌다. 아참 나 어제 이상한 꿈을 꿨어.

서경 : 무슨 꿈?

남자친구 : 네가 꿈에서 보고 싶다고 날 부르더라. 그래서 다가갔더니 떠나가라고 했다가 다시 잡았다가 무슨 벽에 부딪쳐서 네가 힘들어 하더라.

서경 : 너 돗자리 깔았니? (웃음)

남자친구 : 너 아직도 나 보면 설레는구나?

서경 : 너 엄청 능글맞아졌다.

남자친구 : 나이 먹었으니까 나도 이제는 솔직해지기로 했어.

주인공 : 그랬구나. 그래 넌 예전부터 멋있었지.

남자친구 : 넌 아직도 날 좋게 생각해 주는구나.

서경 : 당연하지 넌 정말 좋은 애니까. 너만큼 나한테 잘해 준 애는 없었으니까.

남자친구 : 고맙다. 나도 네게 감사해. 너로 인해 사랑을 주고받는 게 어떤 것인지 알았으니까.

연출가 : 이제 동창회가 3분 남았습니다. 하지 못한 말이 있으면 모두 말하세요.

서경 : 우리 이제 다 컸잖아. 그러니까 이제 피하지 말고 서로 잘 지내자.

남자친구 : 태어나 누군가를 처음 사랑했던 사람이 너여서 행복했어. 사랑하는 것만으로 설레었고 그것을 표현할 수 있어 감사했어. 그래서 후회는 없어.

서경 : 나도 그래. 나도.

남자친구 : 네가 마지막이었던 것 같아. 그 뒤로는 사랑이 잘 안 되더

라. 여자들은 잘해 주면 금방 질려하고, 관심 없는 척 하면 떠나 버리고 어떻게 해야 될지 모르겠더라구.

연출가 : 사랑의 의미를 잘 간직하시고 서경씨는 퇴장해 주세요.

(이야기는 여기서 주인공을 바꾸어서 다시 이어진다. 헤어진 연인을 잊지 못하는 첫 번째 사례 주인공 서경은 퇴장한다. 사이코드라마에서는 주제가 같은 사람들이 있다면 자연스럽게 한 주인공의 이야기를 종료하고 다음 주인공으로 무대를 전환하지 않고 교체되는 경우가 있다. 지명해서 새로운 사람을 무대로 초대하여 주인공으로 삼을 경우에는 그 사람에 대한 문제를 연출가는 그전부터 알고 있어야 한다.)

#2. 다시는 사랑 못할 것 같아.

연출가 : (서경의 드라마가 끝나고 이어서 관객 속의 한 명을 무대로 초대한다.) 여기 사랑을 못하는 남자가 있습니다. 이제 그 남자의 이야기를 따라가 보죠. 김호식 씨 올라오세요.

(김호식 의자에 앉아서 독백한다.)

김호식 : (빈 의자를 보면서) 난 좋아하는 걸 표현하는 것이 서툴러 전달이 잘 안 돼. 관계가 오래 가지 못하고 상처만 남아. 그래서 많이 소극적으로 변했어. 안 믿어지겠지만 나한테도 분노가 많아. 이제 그 이야기를 할까해.

연출가 : (빈 의자를 가리키며) 당신의 첫 사랑이 여기 앉아 있습니다. 이제 그분께 자기 이야기를 해 보십시오.

김호식 : 넌 항상 밝고 강해 보였어, 그런 당찬 네 모습에 내가 반했었나봐. 그리고 애들이 놀릴 걸 알면서 너 좋아하는 거 다 표현해서 바

보 취급도 당했어. 그런데 그땐 그래도 좋았어. 그냥 널 좋아하는 거 그거 하나면 충분했어. 그런데 너와의 사랑이 잘 안 되고 그 뒤로는 그때처럼 안 되더라. 내가 무언가 잘못해서 그런 것 같다는 생각이 자주 들고는 했어. 오랜 연인들을 보면 참 부럽기도 하지만 난 다시는 사랑 못할 것 같아.

(연출가는 한 여성을 보조자아로 무대로 초대한다.)

보조자아(여성) : 왜 날 불러냈지?

김호식 : 내 안에 네가 계속 있었나봐.

보조자아(여성) : 무엇으로?

김호식 : 내가 좋아하는 여성의 이미지? 느낌?

보조자아(여성) : 근데 왜 분노를 느껴?

김호식 : 그동안 여성과 잘 안 됐던 마음이 쌓여서 화가 된 것 같아.

보조자아(여성) : 나한테 화가 난 거니 너한테 화난 거니?

김호식 : 스스로에게 화가 난 거 같아.

(연출가는 김호식의 이중자아역할로 내면자아를 초대한다.)

내면자아 : 왜 나를 싫어해?

김호식 : 분명 싫었는데, 그걸 표현하지 못했잖아.

내면자아 : 그게 화날 일이야?

김호식 : 답답했어. 차라리 말하고 한 번 깨지는 것이 낫지. 숨는 게 싫었어.

내면자아 : 그거 아무나 하는 거 아니야. 너 TV를 너무 많이 봤구나. 너 그러다 죽어!

김호식 : 그 정도로 안 죽어.

내면자아 : 산다고 다 사는 게 아니야. 상처받고 사는 게 얼마나 고통스러운지 너 알아? 그걸 네가 극복할 수 있어?

김호식 : 내가 지금 그 이후로 10년 넘게 살았잖아. 안전하게 사는 게 좋은 것 같진 않네.

내면자아 : 너 그런 내공은 있어? 너 산소통 없이 바다로 들어갈 수 있어?

김호식 : 내공까지는 모르겠고. 하면 하는 거지 까짓것.

내면자아 : 난 자신이 없어. 그리고 넌 이제 내 말을 안 들을 거 같아. 너 요즘 썩 마음에 안 들어.

김호식 : 나도 알아. 네가 날 맘에 안 들어 하는 거. 그런데 어쩌겠어. 그냥 마음 가는 대로 사는 거지 뭐.

내면자아 : 너 생각보다 멀리 갔구나. 한 발 걸치는 거 이제 안 할 거야?

주인공 : 이제 너무 멀리 왔다. 돌아가기에는 너무 늦었어.

(이때 보조자아로 한눈에 봐도 미모가 뛰어난 여성이 등장한다. 내면자아는 김호식의 속마음이 되어 김호식 옆에 앉는다. 소개팅 장면이 전개된다.)

내면자아 : (김호식에게) 이쁘다. 내 이상형이야.

김호식 : 안녕하세요.

소개팅녀 : 안녕하세요.

(김호식은 다음 말을 잇지 못해 당황스러워 하고 어색한 정적이 흐른다.)

내면자아 : (김호식에게 코칭한다.) 틈을 주지 말 것!

김호식 : (무미건조한 말투로) 예쁘십니다.

내면자아 : 이 바보야. 구체적으로 칭찬을 해 줘야지.

김호식 : 옷을 잘 입으시네요.

소개팅녀 : (기계적인 미소를 띄며) 아 네 감사합니다.

김호식 : 남자친구 있으세요?

소개팅녀 : 없으니까 여기 나왔겠죠.

내면자아 : 이 바보야. 있어도 있다고 말 하겠냐.

김호식 : 저 어떠세요.

내면자아 : 너무 세다. 너 처음부터 다시 배워야겠다.

소개팅녀 : 무척 당황스럽네요.

김호식 : 취미가 어떻게 되세요?

소개팅녀 : 잘 놀고요. 술도 좋아하고 책도 보고 그래요.

김호식 : 저도 가끔 술 마시고 책 읽는 것도 좋아합니다. 어떤 종류 책 좋아하세요?

소개팅녀 : 심리학책 좋아하고요. 최근 나쁜 나르시시즘이란 책을 읽었는데 제 이야기 같아서 놀랐어요.

김호식 : 자기 인생의 주인공은 자기이니까요. 그게 꼭 나쁜 것은 아니죠. 주변에 피해를 주지 않는다면요.

소개팅녀 : 저는 누가 돋보이는 것보다 서로 잘 지냈으면 좋겠어요.

김호식 : 저도 그렇게 생각해요.

(이야기가 진전이 안 되고 지지부진해지자 무대에 불이 꺼졌다 커지면서 100일 후의 미래장면으로 이동한다.)

소개팅녀 : 뭘 그렇게 내 얼굴을 뚫어지게 보냐?

김호식 : 그냥 보고 싶어서. 이쁘네.

소개팅녀 : 간지럽게. 그리고 예쁘다는 말을 너무 자주하지 말라고.

김호식 : 알았어. 우리 서점갈까?

소개팅녀 : 그래 나 여행 책 읽고 싶어.

내면자아 : 너 그녀와 여행 가고 싶잖아? 같이 가고 싶다고 말해.

김호식 : 우리 세계여행이나 갈까? 네가 원하는 대로.

소개팅녀 : 나 사막이나 인도 가고 싶어. 이번 겨울에 가고 싶어. 한 달 정도 갈까?

김호식 : 그래 우리 현지화되어서 오는 거야.

소개팅녀 : 그럼 일단 책을 좀 찾아보자. 요가, 카레, 탄두리 치킨 맛있겠다. 네가 이번에 계획 좀 짜봐. 나 바쁘잖아.

김호식 : 바다도 있고 사막도 있네. 배를 1박 2일 빌려 하루 종일 타고 놀 수 있네. 낭만적이다. 해 뜨고 지는 것도 볼 수 있고 멋지겠네. 사막도 있다. 낙타도 탈 수 있고.

소개팅녀 : 나 좋아. 인도 꼭 가 보자.

김호식 : 명상 센터도 있다. 여기 체험할 수도 있대. 여행 경비는 비행기 70만 원, 하루 숙식 2만 원, 합하면 일인당 300만 원 정도 필요하겠다.

소개팅녀 : 그래 좋아. 나 왕처럼 놀다 오고 싶어. 각자 분담하는 걸로.

(이성과 대화하면서 자기표현에 어느 정도 익숙해지자 소개팅녀는 퇴장하고 이상형인 다른 여성이 보조자아로 등장한다.)

연출가 : 이상형이 등장했습니다. 이 분의 속마음을 알 수 없어요. 이전의 소개팅녀와의 경험을 되살려서 이야기해 보세요.

김호식 : 안녕하세요. 식사는 하셨나요?

이상형여인 : 네.

김호식 : 혹시 직업이 어떻게 된다고 하셨죠?

이상형여인 : 예술심리치료쪽 일하고 있어요. 한 번 참여해 보세요.

김호식 : 네, 알겠습니다.

내면자아 : (김호식에게) 왜 네 마음대로 잘 안 돼?

김호식 : 나한테 관심이 없는 거 같고 피곤해 보여.

내면자아 : 너 말 못하던 바보 같은 마음 버린다고 해놓고서는 이상형이 앞에 있으니까 또 작아지네.

김호식 : 그러게. 이거 참 고쳐지지가 않네.

내면자아 : 이 여자야말로 너 이상형이야. 서론 빼고 딱지 맞을 각오하고 고백하자.

김호식 : 제 이야기를 좀 할게요. 당신이 제 이상형이세요. 근데 항상 이 자리에 서면 제가 작아지네요. 앞에 있으면 안 될 것 같고 제가 좋아하는 사람은 저를 안 좋아할 것 같다는 생각이 제게 있나 봐요.

이상형여인 : 키도 크고 멋지신데.

(무대에 불이 꺼졌다 켜지고 100일 후의 미래장면으로 이어진다.)

이상형여인 : 처음 만났을 때 너 얼마나 긴장했는지 알아? 온몸으로 떨고 그랬잖아.

김호식 : 아 그랬구나. 편하게 못 대하는 게 내 고질병이네.

이상형여인 : 그래 그러니까 누군가를 만나더라도 그냥 좀 편하게 하면 훨씬 좋을 것 같아.

김호식 : 그래, 알았어.

(모두 퇴장하고 관객들이 무대 위에 보조자아로 등장한다. 주인공을 뒤돌아 앉게 한 다음 한 사람씩 이야기하게 한다.)

연출가 : 주인공은 자신에게 굉장히 각박한 사람입니다. 스스로에게 주는 점수가 낮아요. 이 분에게 칭찬 혹은 장점을 말씀해 주시면 좋겠

습니다.

관객1 : 볼수록 책임감이 느껴져.

관객2 : 목소리가 좋아. 신뢰감을 주는 목소리야.

관객3 : 키도 크고 얼굴도 호감형이고.

관객4 : 목소리 좋은 사람 중에 나쁜 사람은 못 봤어. 그러니까 착할 거야.

관객5 : 자기 사람 잘 챙겨. 그런 모습이 좋아 그리고 머리가 좋아. 공부한 티가 나.

관객6 : 목소리가 좋고 신뢰감을 줘서 그게 정말 좋은 것 같아.

연출가 : 지금 칭찬한 것들 기억나세요? 기억나는 대로 말해 보시죠.

김호식 : 내 사람을 잘 챙기고, 키가 크고, 나름 멋있고, 목소리가 좋고 그 목소리에서 신뢰감이 느껴지고.

연출가 : 지금 나온 칭찬을 들어 본 느낌이 어때요? 믿어지나요? 가장 좋은 칭찬이 있나요?

김호식 : 목소리가 좋다는 이야기는 가장 친한 친구가 전부터 말해 줬었는데 제가 인정하지 않았던 것 같아요. 그게 중요한 재능이 아니라고 생각했던 것 같아요. 전 카리스마 있는 모습을 원하는데 부드러운 목소리는 그리 좋은 게 아니라고 생각했어요.

연출가 : 자신이 새롭게 느껴지는 부분이 있나요?

김호식 : 근래 들어 제가 꾸미면 주변에서 멋있게 봐 주니까 그게 좋아요. 변화를 주면 사람들이 알아봐 주는 게 좋네요.

연출가 : 과거에 이성에게 가졌던 부정적인 경험을 극복하고 자신이 하고 싶은 이야기를 편하게 할 수 있는 자리를 만들어 보죠. 그리고 그걸 해낸 자신이 이 의자에 앉아 있습니다. 그런 자신에게 해 주고 싶은 말이 있다면 해 주세요.

(김호식이 빈 의자를 보며 성장한 자신에게 이야기한다.)

김호식 : 너 멋있다. 거기까지 갔구나. 한 20년 걸린 것 같네. 조금 예쁜 사람 만나면 주눅들고 그랬잖아? 근데 네가 가진 게 괜찮았어. 손질을 안 했을 뿐이야. 관리가 좀 필요했던 거야. 이 정도 성장했으니까 앞으로 더 노력하면 네가 가고 싶은 그곳까지 갈 수 있겠어.
연출가 : 네. 여기까지 오느라 고생 많았습니다. 여기서 드라마를 마무리하고 주인공 한 분 한 분의 느낌을 듣도록 하지요.

(사이코드라마가 끝나고 주인공으로 참여했던 서경과 김호식, 그리고 관객들과 느낌을 공유하는 시간이 이어진다.)

서경 : 미련이라는 것이 사람이 되어 날 잡는 것이 신기한 경험이었어요. 몸으로 느낄 수 있어서 좋았어요. 젖먹던 힘까지 내서 탈출했을 때 정말 내 안의 거인을 느낄 수 있었던 것 같아요. 과거의 일을 너무 극화하는건 아닐까 의아했지만 흥미롭고 통찰이 온 것 같아요.
연출가 : 이번 작업을 통해 현실에서 어떤 변화가 있을까요?
서경 : 현실에 복귀한다면 이제는 미련을 제대로 직면할 수 있을 것 같아요. 이겨 냈으니까요.
연출가 : 혹시 다음에 다루고 싶은 장면이 있다면요? 얼핏 아버지 이야기가 나왔었는데.
서경 : 아버지와 함께 사는데, 아버지께서 우울증이 있으신 것 같아요. 그 부분 때문에 아버지와 관계가 좀 힘든 것 같아요.
연출가 : 그래요. 다음 번에는 아버지와의 관계를 다루어 보도록 하죠. 수고했어요.

(이어 김호식의 이야기가 이어진다.)

김호식 : 첫 장면에서 제 첫사랑이 생각나서 극에 몰입하기 좋았던 것 같고요. 제가 모든 것에 너무 극단적으로 생각하고 있다는 것을 느꼈어요. 이성을 대하는 것에도요. 자신은 무가치하게 생각하고 최고만을 원하고 인정하는 것 같아요. 그래서 이상형도 연예인으로 설정해 놓고 그게 안 되면 보지도 않고 막상 예쁜 사람을 만나면 긴장하고 결국 도망가는 것을 반복해요.

서경 : (김호식에게) 멋진 남자는 이러이러해야 한다는 어떤 고정된 틀을 가지고 계신 것 같아요. 특히 카리스마 있고 마초적인 남자가 멋있다고 생각하시는 것 같은데 저는 그런 스타일 별로 안 좋아하거든요. 그렇게 한 가지 틀을 가지고 바라보면 누가 칭찬을 해 줘도 스스로 자신의 장점을 발견하고 인정하기 힘드실 것 같아요. 그 틀을 내려놓는 것부터가 새로운 시작이 될 수 있을 것 같다는 생각을 해 봅니다.

연출가 : 영혼을 보고 사랑할 수 있는 경험이 필요할 것 같습니다. 외모가 아니라 그 너머를 볼 수 있는 기회를 꼭 가져보시길 바랄게요. 어떤 욕심 없이 누군가를 만나고 헤어지면 후회가 없어요. 미련도 없고요. 그럼 이만 드라마를 마치도록 하겠습니다.

■ 연출가의 시선 - 당신의 연인이 연기하는 역할연기

사랑은 사이코드라마에서 반복적으로 등장하는 주제이다. 사랑하고 있다는 느낌은 희망과 긍정적 에너지를 준다. 그런데 여기에는 과대희망과 가짜자기가 만들어 낸 긍정이 포함되어 있다. 가짜자기란 원하는 것을 상대방으로부터 얻기 위해 연기하는 역할연기 같은 것이다. 가짜자기가 만들어 낸 과대희망과 긍정은 무엇인가? 그것은 반대의 개념이 있는 감정들에 휘말릴 때 생겨나는 것들이다. 이미 그 안에 반대의 것이 포함되어 있어서 순식간에 그 반대의 것으로 바뀔 수 있는 것들이 있다. 사랑이라고 부르는 것들은 소유욕과 중독된 집착이기 때문에 한 순간 미움으로 변할 수 있다. 우리들이 말하는 사랑이란 소유와 중독된 집착의 다른 표현이다. 소유는 박탈감으로 집착은 허무함으로 순식간에 변질되어 고통체의 먹이가 된다. '사랑에 빠졌다.'고 믿는 어떤 남녀는 실제로는 그들의 고통체가 상호보완적이기 때문에 서로에게 끌리고 있는 것이다. 당신의 결핍감 때문에 그 사람에 대해 당신이 갖고 있는 이미지에 중독되는 것이다. 싸우고 난 뒤 그들의 눈빛은 비난, 고통, 슬픔, 분노를 띤다. 그때 말하고 있는 것은 당신의 연인이 아니다. 고통체가 말하고 있는 것이다. 그것은 고통스럽기를 자처한 고통체의 완벽히 왜곡된 현실이다. 반복적으로 연인관계에서 고통체가 벌이는 사건은 무엇인가? 그 고통체는 당신 삶의 역사만큼이나 오랫동안 축적되어 당신 안에 있다. 아주 사소한 감정으로도 언제든지 활성화될 준비를 하고 있다.

아예 연애를 못 하는 사람이나(또는 그렇다고 스스로가 믿는 사람) 바람둥이처럼 여기저기 연애하는 사람(또는 그렇다고 스스로가 믿는 사람)이나 그 근본원인은 같다. 초기 부모로부터 애착관계에 실패하면 믿음, 신뢰, 안전, 통제의 개념이 왜곡됨으로부터 출발한다. 이성에 대한 오래된 패턴은 고통체로부터 기인한다. 연애가 내 뜻대로 안 된다고 할 때, 내 뜻은 무엇인가? 그것은 자기가 그려 놓은 이미지에 상대방이 들어오지 않는다는 것을 말한다. 믿기지 않겠지만 상대방을 내 앞에 무릎을 꿇리게 하는 것과 다름없다. 복종과 통제의 원형을 알아차려야 한다. 고통체는 통제에 대해 무엇을 기억하고 있는가를 자문해 봐야 한다. 그것은 생존의 위협이다. 통제와 생존. 통제를 할 수 없으면 생존의 위협을 느끼는 것인가? 그렇다 적어도 이 아이에게는 통제와 생존은 같은 무게를 지닌다.

"Stop! 그 칼을 내려놓으시오." 뱃속의 아이는 병원의 의사에게 그렇게 말한다.

"Stop! 어머니 나를 보내주시오." 뱃속의 아이는 어머니 자궁에게 그렇게 말한다. 그러나 그 자궁은 두 번의 임신중절의 기억을 하고 있다. 세 번째 아이는 그 위험한 자궁 안에 들어 있고 모든 것은 통제 불능이다. 자신이 할 수 있는 것은 아무 것도 없다. 그저 신의 자비를 바랄뿐이다.

제대로 양육을 받지 못했거나, 결손 가정에서 자라난 아이도 경중은 다르지만 같은 상황에 노출된다. 양육을 받지 못한 아이는 자신이 사랑받아야 하는 존재로 느끼지 못한다. 어른이 되어서도 같은 이유로 아이에게 사랑을 줄 수 없다. 부모로서 기능적 역할을 할 뿐 깊은 유대관계에서 오는 일체감은 느끼기 어렵다. 아이는 자기가 버려질까 하는 불신과 불안감, 이 모든 것이 자기 때문인 것 같은 죄책감, 상황을 안전하게 제어하려는 통제감 등이 싹튼다. '나는 완벽한 어린 시절을 보냈어요.' 하는 사람도 그다지 신뢰할 만하지는 않다. 자기도 모르는 일들이 무의식에 저장된 것을 스스로도 인지하지 못하기 때문이다. 가짜사랑은 아이도 금방 알아차린다. 말은 거짓말해도 에너지장은 거짓말하지 않는다. 아이들은 그 무엇보다 거기에 민감한 센서를 가지고 있다. 그러니 "우리 이제 애 앞에서는 싸우지 말아요." 하는 것은 고통 속에서 거짓웃음을 보이는 것과 같다.

자신만의 창조성의 모태로 찾아가 보라. 창조성의 모태, 나만의 자궁을 찾는 것이 필요하다.

그것이 아지트이든, 창고이든, 차 안이든 상관없다. 오롯이 혼자 있을 수 있는 공간이면 충분하다. 채널링을 통해서 소리가 들려옴이 느껴질 것이다. "너 역시 복종당하고 싶구나. 통제당하고 싶구나. 아주 안전한 공간에서 말이다. 그것이 사람에게 투사되어서 사랑을 그렇게 찾아다니고 있었구나." 좀 더 심리학적으로 말하면 이러한 것을 깨닫게 된다.

"네가 말한 사랑은 신뢰, 안전, 복종의 투사이구나. 너의 투사는 바로 이것이었구나. 그리하여 투사적 동일시를 하는구나. 그 대상이 너에게 신뢰감을 느끼도록, 그 대상이 너에게 안전함을 느끼도록, 그 대상이 너에게 복종하기를 너의 결핍감을 상대에게 강요하고 있었구나."

고통체를 전혀 가지고 있지 않은 연인을 만나기는 쉽지 않지만, 적어도 고통체의 무게가 적은 연인을 선택할 수는 있다. 여러 개의 상황에서 단 하나만 선택할 수밖에 없을 때 그것을 중독이라고 한다. 다시 말해 선택을 할 수 없는 상황에 이를 때 중독된 것이다. 선택이란 중독된 상황에 벗어날 수 있게 하는 인간의 자유의지이다. 고통체인 당신이 다른 고통체인 타인을 구원할 수 없다. 그러나 이것을 잘 알고 있다 하더라도 연인과의 관계를 포기할 수 없는 경우도 있다. 그럴 때는 끝까지 가 보아야 한다. 심리학적으로 말하면 반복강박의 굴레에 갇히는 것이다. 자아가 과거의 경험으로부터 교훈을 얻지 못할 때 그 일은 계속적으로 반복된다. 자신으로부터 투사된 감정을 깨달을 때까지 가슴 아픈 사랑을 계속해야 한다. "더 이상 이대로는 살 수가 없어! 이제는 나한테조차도 지겨워!" 라는 말이 나올 때까지. 그때서야 자신의 목소리에 귀를 기울이고 소중히 대하는 시간이 찾아온다. 잃는 것은 분명히 있다. 그러나 얻는 것도 분명히 있다. 얻는 것이 훨씬 크다는 것은 진리이다.

대중가요도 이 단순한 논리를 노래하고 있다. '너무 아픈 사랑은 사랑이 아니었음을'

2. 네가 그런 남자면 안 돼? 난 이런 여자면 안 돼?

인생의 깨달음을 위해 성인의 족적을 따라가고자 하는 구도자가 있다. 그 남자의 SNS 프로필은 스스로를 "내 삶의 구도자"라고 소개하고 있다. 그는 원초적 본능과 깨달음의 상(想)사이에서 갈등한다. 그는 사랑이 두려운 남자(김무석) 주인공으로 등장한다. 그의 사랑의 이야기를 따라가 보자.

(관객 중의 여성 손희선이 초대되어 김무석과 무대 위에 마주보고 앉는다.)

연출가 : 서로 인사 나누시구요.

김무석 : 안녕.

손희선 : 안녕.

연출가 : 웃음기가 사라질 때까지 서로를 바라보십시오. 불편함이 올라올 때까지 응시하세요. 웃음이 나올 수 있습니다. 허락하세요. 몇 번 더 웃을 수 있습니다. 다 허락하세요. 웃음기가 모두 가실 때까지 서로를 응시하세요. 불편함이 최고조로 올라온다는 느낌이 들 때, 무슨 말이든 해 보세요. 말을 걸어도 괜찮고, 혼잣말도 좋습니다.

손희선 : 너 나 좋아하지?

김무석 : 응

손희선 : 많이 좋아하지?

김무석 : 응

손희선 : 내가 생각하는 것 이상으로 날 좋아하지?

김무석 : 응 그런데 나 이곳이 불편해졌어. 익숙해졌다고 생각했는데, 다시 어색함이 느껴져.

손희선 : 나 때문에?

김무석 : 그런 것도 있고. 다른 이유도 있어.
손희선 : 다른 이유는 뭐야?
김무석 : 이곳(치료집단)의 철학이 너무 이상적이라는 생각이 들어. 우리가 가려는 길이 너무 이상적인 것 같아.

(김무석은 손희선에 대한 미해결된 욕망을 치료집단의 철학이 자신을 불편하게 한다고 도피한다. 성욕이 무의식을 뚫고 의식으로 올라올 때 마음은 정교한 심리적 장벽을 쌓아 그것을 방어하기 시작한다. 불안을 느끼고 외부요인을 들어서 현재의 자신을 합리화하기 시작한다.)

손희선 : 처음부터 그렇게 느낀거야?
김무석 : 아니 근래에 갑자기 든 생각이다. 신인류? 새로운 공동체? 그게 과연 가능할까? 그것도 내가? 많이 나아졌다고 생각했는데 이렇게 같은 문제로 계속 아프고 힘드니까 지치고 회의감이 들었어. 이곳이 아니어도 네가 아니어도 난 똑같이 반응할 거야. 상황만 달라질 뿐 내 안의 문제는 해결되지 않았으니까. 그게 날 지치게 해.
손희선 : 네 시간을 가져. 우린 강요하지 않아.
김무석 : 요즘 많이 지친 것 같아. 넌 치료집단의 여러 가지 프로그램에 충실히 임하고 있고, 옆에서 보면 즐겁게 참여하는 것이 느껴져. 그런데 나는 내 생각뿐이거든. 내 성장에만 관심이 있어. 그런데 여러 프로그램을 경험해도 결국 본질은 바뀌지 않을 것이라는 느낌이 들어. 그게 날 힘들게 해.
손희선 : 누구나 꿈을 꿔. 꿈인지 환상인지 구별이 안 될 때가 있지. 넌 잠시 환상에 와 있었을 뿐 아니야?
김무석 : 맞아. 내가 좀 환상에 젖어 있었던 것 같아. 하지만 눈을 떠보니 난 땅위에 서 있더라고. 구름 위가 아니라. 솔직히 이야기하면 널

보는 것도 힘들고 지난 번에 네가 나를 대상으로 사이코드라마를 진행했을 때도 많이 힘들었고 그런데도 변화는 없고.

손희선 : 그건 불장난이야. 우린 사이코드라마라는 신의 무기를 함부로 쓴 거야.

김무석 : 그래도 재미있었어. 집중이 되더라. 네가 잘 해서 그런 건가. 아니면 내가 집중해서 그런 건가.

손희선 : (뜬금없이 훅 들어온다.) 둘러서 표현하지 않을게. 너 나 갖고 싶지?

김무석 : 전에도 말했잖아. 너를 물건으로 생각하는 것 같다고.

손희선 : 나랑 자고 싶지?

김무석 : 그런 상상도 하지.

손희선 : 너 나랑 자고 싶지?

김무석 : 어.

손희선 : 나 어제 전 남자친구와 같이 잤어. 그는 아주 깨어 있는 사람이야. 나에게 많은 지혜와 영감을 주는 사람이기도 해.

김무석 : 그래 언젠가는 우리도 소유와 집착을 넘어서 그 단계에 가자고 했으니 그럴 수 있지. 내가 널 소유하고 싶어 하는 건 확실한 것 같아. 너에게 나는 아무런 존재도 아닌데 그런 말을 들으면 짜증도 나고 화가 나.

손희선 : 지금도 짜증나?

김무석 : 어. 기분이 좋진 않네.

손희선 : 설명하지 말고 표현해 봐. 초대하고 싶은 사람 있어?

김무석 : 네 남편을 초대하고 싶어.

(의자가 놓여지고, 김무석은 보조자아로 손희선의 남편을 초대한다.)

김무석 : 형님 안녕하세요. 정말 만나고 싶었어요. 제가 그녀를 좋아한

다는 것을 아시잖아요? 그런데 형님은 제게 어떤 말을 하거나 불편함을 표현하지 않으시더라구요. 그게 궁금했습니다. 정말 관심이 없으신 건지?

손희선 남편 : 내가 왜 그걸 표현해야 하지?

김무석 : 같이 살고 있는 사람이고 부부잖아요. 그런데 왜 관여하지 않으시는 거죠?

손희선 남편 : 너는 견제할 만한 수준이 안 돼. 그리고 이건 희선이 문제니까 희선이에게 맡길 거야.

김무석 : 희선이를 믿으시는 거네요?

손희선 남편 : 아니 존중해.

김무석 : 아 존중이요.

손희선 남편 : 너는 내가 희선이를 만나지 말라면 안 만나고, 만나라면 만날 거야? 내 말 들을 거야?

김무석 : 아니요. 그렇진 않을 테지만 형님의 의중이 궁금했습니다.

손희선 남편 : 난 희선이를 존중해. 그리고 내 문제로도 바쁘고 여유가 없어. 희선이는 자기 문제는 자기가 해결할 애야. 듣고 보니 내가 말해줄 건 더 이상 없는 것 같은데?

김무석 : 아! 믿으시는군요.

손희선 남편 : 아니 믿지 않아. 존중해.

김무석 : 둘 다 같은 말 아닌가요? 뭐가 다른지 모르겠네요.

손희선 남편 : 믿음은 배신감을 동반하지. 하지만 존중은 그렇지 않아. 있는 그대로를 인정해 주는 거야.

김무석 : 이해했습니다. 알겠습니다.

손희선 남편 : 난 희선이를 존중하고 너도 좋아해. 네가 나쁜 사람은 아닌 거 같으니까.

김무석 : 네 형님. 저 좋아하시는 거 알아요. 근데 저 나쁜 놈일 수도

있습니다.

손희선 남편 : 나도 좋은 놈은 아니야.

김무석 : 알아요. 형님 좀 무책임하신 거 같아요. 감정적인 부분을 너무 관심 갖지 않으시고. 그 부분만 보완하셔도 서로 잘 지내실 텐데.

손희선 남편 : 그건 내 문제야. 네가 신경 쓸 필요는 없을 것 같다. 내가 여기 더 있어야 하나?

김무석 : 아니요. 이제 가셔도 됩니다. 말하다 보니 이건 제 문제인데 괜히 형님 탓을 했던 것 같습니다. 죄송합니다.

(손희선 남편 퇴장한다.)

손희선 : 남편 만났다면서?

김무석 : 어 만났어. 하고 싶은 말이 있었거든.

손희선 : 그래서 달라진 건 있었어?

김무석 : 하고 싶은 말 다 했는데 달라진 게 없네. 아니 하나 알았다. 이건 내 문제라는 거.

손희선 : 너 빼고 세상 잘 돌아가고 있어. 나 어제 전 남자친구와 잤는데 지금 내 기분이 어떨 것 같아?

김무석 : 글쎄. 별거 없을 것 같은데.

손희선 : 너 나랑 잘 거야?

김무석 : 아니 넌 나랑은 안 잘 것 같아!

손희석 : 그걸 왜 네가 판단해? 다들 나한테 넘어왔는걸. 거기다 너 나 좋아하잖아.

김무석 : 나 도망갈 거야.

손희석 : 왜? 나랑 하는 것이 불편해?

김무석 : 나는 후회할거야. 자책할 거고 힘들어할 거야. 그러다 완전히

멀어지겠지.

손희선 : 완전히 멀어지는구나. 잘 됐네. 네 결정에 가속도가 붙겠네. 네가 정말 말하고 싶은 걸 말해 봐. 우리는 지금 소유와 섹스 그리고 너의 불편함에 대해 말하고 있어.

김무석 : 내 솔직한 심정은 널 갖고 싶지.

손희선 : 너 도망간다며? 어떤 게 진짜야? 네가 도망가면 내가 널 잡을 것 같아? 매달릴 것 같아?

김무석 : …….

(손희선의 전 남자친구가 보조자로 등장한다.)

남자친구 : 왜 내 이야기는 안 하니?

김무석 : 어떤 이야기를 원하시나요?

남자친구 : 네가 원하던 걸 내가 했는데 할 말 없어? 분노가 안 느껴져?

김무석 : 글쎄요. 당신이야 뭐 그런 스타일이니까. 그러려니 하는데요.

남자친구 : 그럼 나는 가도 되는 거야?

김무석 : 네.

(보조자 모두 퇴장하고 주인공 김무석 혼자 남아서 빈 의자를 바라본다.)

연출가 : 지금까지 이야기했던 자신이 여기 앉아 있습니다. 어때 보이시나요?

김무석 : 불편해 보여요. 삐져 있는 것 같기도 하고 표정도 굳어 있고 말하는 것과 표정이 안 맞네요. 평소 모습이 아니에요.

연출가 : 어떻게 하면 좋을까요? 지금 무척 어색해 보이니까. 그냥 평소처럼 직설적으로 말하는 게 좋을 것 같아요.

김무석 : 희선이의 전 남자친구에게 말하고 싶어요.

(보조자아로서 손희선의 전 남자친구가 등장한다.)

김무석 : 어떻게 그러실 수 있죠? 제가 충분히 힘들어 하는 걸 아시면서 아주 보기 좋게 선제공격을 날리셨네요.
남자친구 : 그걸 왜 나한테 이야기하지?
김무석 : 짜증이 납니다. "젠장. 이게 뭐지"라는 생각이 드네요.
남자친구 : 욕하고 싶구나. 마음껏 욕해. 네 감정에 집중해. 예의 그런 거 찾지 말고.
김무석 : 이게 지금 뭐하는 것인지 모르겠어요. 당신이 말하는 그런 높은 경지까지 저는 안 될 것 같구요. 뭔가를 배우는데 변하는 것 없고 힘드네요.
남자친구 : 지금 나한테 화내는 거니?
김무석 : 아니요. 저한테 화내는 것 같네요.
남자친구 : 왜 건너 뛰어. 나한테 화가 난 것 같은데.
김무석 : 당신은 너무 이상적이에요. 자신은 이미 다 배운 것처럼 생각하는 거 같은데, 그게 이상하다는 말을 하기에는 내 수준이 미천하고 그래서 화가 나네요.
남자친구 : 내 생각을 네가 이해할 날이 올까? 그날이 올까?
김무석 : 글쎄요.
남자친구 : 내가 네 약점 찔러볼까? 네가 과연 그만한 그릇이 될까?
김무석 : 그릇이요. 가 봐야 알겠죠.
남자친구 : 화나지 않아?
김무석 : 화나요. 제 능력을 건드리면 진짜 화가 나요. "네가 되겠냐?" 이 말이 제일 싫어요.

남자친구 : 내가 어떻게 해 줄까?

김무석 : 글쎄요. 당신이 무언가 해 주신다고 해도 제가 받아들일지 모르겠네요.

(손희선의 전 남자친구는 퇴장하고 손희선 남편이 등장한다.)

손희선 남편 : 내가 뭘 도와주면 되지?

김무석 : 글쎄요.

손희선 남편 : 넌 내게 너의 죄책감을 가져가라 하고 있잖아. 내가 왜 너의 죄책감을 덜어 줘야 하지? 자기 일은 자기가 책임지는 거야. 네가 싼 똥을 왜 내게 치워 달라는 거야?

김무석 : 그러네요. 제가 핑계를 찾고 있었네요.

손희선 남편 : 하고 싶은 이야기 있어?

김무석 : 없습니다. 죄송합니다.

(손희선 남편 퇴장하고 손희선 등장한다.)

연출가 : 불편해질 때까지 서로를 바라봅니다. 불안감과 불편함이 1~10점까지라고 하면 몇 점 정도 되나요?

김무석 : 7~8점 정도 되는 것 같습니다.

손희선 : 2점이요.

연출가 : 두 분 모두 순서에 상관없이 심리적 거리만큼 의자를 앞으로 당겨 앉아보세요.

(말이 끝나자마자 손희선은 바로 앞으로 의자를 당겨 앉는다. 김무석은 자리이동이 없이 그 자리에 앉아 있다.)

연출가 : (손희선에게) 거침이 없네요. 불안감도 없고요. 확실함이 있네요?
손희선 : 네.
연출가 : 다시 한번 심리적 거리만큼 자리를 당겨 앉아 보세요.

(이번에도 손희선이 먼저 김무석쪽으로 의자를 당겨 앉는다. 김무석은 앉은 자리에서 움직이지 않는다.)

연출가 : 이제 상대방이 다가오려고 하면 누구든 손을 들어 정지를 외칠 수 있습니다. 다시 한번 자리를 당겨 앉아 보세요.

(손희선이 이번에도 김무석방향으로 다가 가자 김무석은 손을 들어 정지 표시를 한다.)

연출가 : (김무석을 향해) 주인공이 먼저 움직여 보시죠. 앞으로 이동해 보세요.

(김무석은 미동이 없다.)

연출가 : 전진했나요?
김무석 : 아니요.
손희선 : 너 나 감당할 수 있어?
김무석 : 아니.
손희선 : 근데 왜 덤벼? 나 가지고 싶다며?
김무석 : 아니, 이제 안 할 거야.
손희선 : 그럼 불편함도 없겠네. 그런데 왜 그렇게 불편해 하고 있어?
김무석 : 멀어지는 중이야. 노력 중이라고.

손희선 : 그게 노력해서 돼?

김무석 : 모르겠어. 그런데 딱히 방법이 없잖아. 무슨 좋은 방법이라도 있으면 알려 줄래?

손희선 : 내가 방법을 알려 줄게.

(환했던 무대조명이 꺼지고 어두운 조명으로 바뀌면서 무대는 호텔로 바뀐다. 둘이 호텔에서 하룻밤을 지낸다.)

김무석 : 자꾸 화가 나네.

손희선 : 왜? 어떤 부분이 그런지 말해 줄 수 있어? 내가 너랑 잔 게? 자괴감이야?

김무석 : 어. 자괴감이 드네.

손희선 : 네가 그런 남자면 안 돼? 난 이런 여자면 안 돼?

김무석 : 응. 내가 그렇게 생각하고 있는 것 같아. 이렇게 안 되려고 계속 피한 건데 결국 이렇게 되니까 진심으로 나한테 화가 나네.

(무대조명이 환해지고 연출가가 치료집단의 선생님 역할로 등장한다.)

선생님 : 너 어제 희선이랑 잤다며?

김무석 : 아 네.

선생님 : 기분이 어때?

김무석 : 인간되기는 글렀습니다.

선생님 : 무슨 말이니?

김무석 : 인간 말종 짓을 했어요.

선생님 : 그게 뭔데?

김무석 : 책임지지 못할 일을 저지르는 거요. 욕정이 이끄는 대로 사는

거요.

선생님 : 그럼 스님이 되면 되겠네. 그럼 희선이도 널 인간 말종으로 생각한 거야?

김무석 : 아니요. 그건 잘 모르겠어요. 그냥 제 자신이 싫어지네요.

손희선 : (김무석에게) 전에도 그런 경험있다고 하지 않았어?

김무석 : 어. 있었지. 그래서 같은 실수를 반복하지 않으려고 그랬는데 그게 마음먹은 대로 안 되네.

선생님 : 희선이 사랑하지 않아? 아껴주고 싶고 잘해 주고 싶지? 그런 게 사랑 아니야?

김무석 : 네 그렇게 대해 주고 싶어요. 그런데 이게 사랑인가요?

선생님 : 높은 수준의 이야기는 잊어버려라. 현상만 생각해. 희선이한테 맛있는거 사 주고 싶고 함께 하고 싶잖아?

김무석 : 네.

선생님 : 너 다른 사람한테는 네 돈이랑 시간 쓰면 아깝지?

김무석 : 네 그런 사람들이 있죠.

선생님 : 근대 희선이에게는 그렇지 않지? 그게 인간이 느끼는 사랑이야. 근데 왜 욕정에 대해서만 이야기하지? 네가 철학가야? 명상가야?

김무석 : 아니요. 철학을 좋아하지만 철학가는 아닙니다.

선생님 : 참 복잡하구나.

김무석 : 그러니까요. 선생님은 이제 다른 세계로 승천하셔도 될 것 같은데 왜 굳이 제 옆에 계시는 건지 모르겠습니다.

선생님 : 때를 기다리는 중이다.

김무석 : 선생님은 어느 경지에 오르셨는데 유독 사람과의 관계에서 상처받는 것에 민감하시는 거 같아요. 그 부분에 걸려 있으신 거 같습니다.

선생님 : 누구나 아픈 부분은 있지. 그걸 느끼면서 또 걸어가는 거지. 한 번 다리를 건너 본 사람은 알지. 끊어질 듯 출렁거려도 결국에는

건널 수 있다는 것을 알아. 너희들은 이제야 첫 걸음을 내딛은 거야.

김무석 : 아직도 멀었네요. 슬퍼지네요.

선생님 : 이유없는 슬픔을 연민이라고들 하지. 난 너희를 보면 연민을 느낀다. 그게 내 역사이기도 하고. 그런데 때가 되면 놓아 버릴 거야. 마음을 줬으니까 할 수 있는 만큼 해 보는 거지. 곁에 있어주는 게 얼마나 중요한 건지 알아?

김무석 : 어려운 일이죠. 정말 어려운 일입니다.

선생님 : 나는 뱃속에 있을 때부터 생명에 위협을 받았어. 내 위에 두 형들이 이미 그렇게 세상 빛도 못보고 떠났고. 그 뒤의 역사는 끝없이 이어져 지금에 이르고 있지. 비가 내리고 나 홀로 집에 있고, 잠이 깨도 비는 계속 내리고 나는 계속 혼자 있었지. 그게 내 역사야. 어쩌면 다시는 누군가를 가르치는 거 안 할지도 몰라. 만약에 그 순간이 찾아온다면 너희가 마지막 인연이 될 거다. 너희를 보면서 내 과거의 아픔과 조우하기도 해. 지금은 태풍의 중심에 있으니 볼 수 있는 거야. 상처? 상처가 있으니까 치료사로 생활하는 거겠지. 상처받은 사람들의 마음을 아니까. 상처받은 만큼 치료할 수 있는 거니까.

김무석 : 저도 그만큼 성장하고 싶은데 쉽지 않네요.

선생님 : 성장은 지금도 일어나고 있어. 단지 지속성과 연속성을 갖지 못할 뿐이지. 깨달음의 횟수로 치면 넌 이미 수준에 오른 거야. 신이 약속한 것은 내게는 재능을 주고 끈기를 뺏어가셨지.

김무석 : 저는 그 반대인 것 같습니다. 저는 재능은 없고 끈기만 있는 것 같습니다.

선생님 : 그건 그렇고 너 지금 자괴감에 빠져 있다면서? 네가 그토록 믿고 있던 철학이 송두리째 무너져 내리고 인간 말종이 됐다 생각한다면서?

김무석 : 네. 근데 저도 여자친구랑 스킨십도 하며 즐겁게 연애하고 싶

거든요. 그런데 왜 연애는 안 되고 매력이 느껴지는 여자는 다 짝이 있는지. 그 상황이 너무 짜증이 나요.

선생님 : 원래 그래. 사는 게 그런 거야.

(연출가는 선생님 역할을 벗고 연출가로 되돌아온다. 빈 의자에 다른 여자가 앉아 있다. 연출가는 김무석에게 여러 여성을 만나는 상황을 제시한다.)

연출가 : 다른 이성이 앉아 있습니다. 이성과 뜨거운 밤을 보냈어요. 어떤가요?

김무석 : 네! 보냈습니다. (자신감에 차서) 이제 사귀면 됩니다!

(그 옆자리에 그 여성의 남자친구가 등장한다.)

연출가 : 알고 보니 그 여성에겐 남자친구가 있었어요.

김무석 : 아. 씨발 또 이러네. 왜 나한테만 이런 일이 생기는 거야. 그냥 지들끼리 잘 만나지.

연출가 : 원인을 외부에서 찾으시네요?

(무대 위에 또 다른 이성이 등장한다.)

연출가 : 정말 오랜만에 싱글 여성과 뜨거운 밤을 보냈습니다. 그런데 그 여성은 당신의 기준에 훨씬 못 미칩니다.

김무석 : 아. 내가 변태인건가. 싱글은 못마땅하고 맘에 드는 여자는 짝이 있고. 왜 나는 짝 있는 여자만 좋아하는 거야.

여성 : 아니, 넌 스크루지야. 스크루지 영감. 감정의 스크루지.

김무석 : 아. 젠장. 그렇구나. 감정이 메마른 스크루지.

(무대 위에 김무석, 손희선, 선생님 역할로 연출가가 등장한다.)

손희선 : (김무석에게) 너 나 믿니?

김무석 : 아니.

선생님 : (김무석에게) 너 나 믿니?

김무석 : 아니요.

김무석 : (김무석 자신에게 스스로 묻는다.) 너나 믿니?

김무석 : 아니.

연출가 : (선생님 역할을 벗고 연출가로 되돌아와 김무석에게 묻는다.) 희선이의 어떤 부분을 못 믿나요?

김무석 : 희선이는 제가 믿었다가 잘 안되면 너무 아플 것 같아요. 회복되지 못할 정도로.

연출가 : (김무석에게) 선생님은 어떤 부분을 못 믿나요?

김무석 : 정작 중요한 이야기는 하지 않으실 것 같아요. 네가 직접 구해야 한다며 지켜보기만 하실 것 같아요.

연출가 : 자기 자신의 어떤 부분을 못 믿나요?

김무석 : 제 자신은 안정감이 없어요. 기준이 없어요. 너무 방방뜨고. 힘도 없어요.

연출가 : 셋 중에 하나는 믿고 가야 돼요. 누굴 선택하실래요?

김무석 : … 저요. 틀릴까봐 두렵지만. 그래도 저를 선택하겠습니다.

연출가 : "난 널 믿는다."라고 말해 보세요.

김무석 : (자신에게) 난 널 믿는다.

연출가 : 믿음이 생길 때까지 말해보세요.

김무석 : 난 널 믿는다. 난 널 믿는다. 나..는 너를 믿…는다.

연출가 : 저기 빈 의자에 당신이 있습니다. 그 믿음에 따라 의자 쪽으로 다가가십시오. 그리고 자신과 하나가 되면 의자에 앉습니다.

김무석 : 난 널 믿는다.... 난 널 믿는다.
연출가 : 생명과 기운을 담아 말해 보세요.
김무석 : 지금은 부족하지만, 결국 해낼 거라 믿는다. 난 널 믿는다.

(김무석은 빈 의자에 앉으면서 하나가 된다.)

연출가 : 여기 희선이가 있습니다. 믿나요?
김무석 : 글쎄요. 사실 좀 두렵네요.
연출가 : 자신을 믿는 그 마음으로 대해 보세요.
김무석 : 믿습니다. 죽기야 하겠습니까. 믿습니다.
연출가 : 여기 선생님이 있습니다. 믿나요?
김무석 : 믿습니다.

(연출가는 치료집단의 선생님 역할을 맡는다.)

선생님 : 그 믿음이 어디서 왔어?
김무석 : 진짜 못났었는데, 그래도 이만큼 성장했잖아요. 내 경험을 믿기로 했어요.
선생님 : 네 경험이 뭔데?
김무석 : 다양한 경험을 통해 끝까지 배우려는 자세가 있으니까. 그럼 계속 성장할 테니 그걸 믿는 거지요.
선생님 : 네 옆을 봐. 네 옆에 누가 있어?
김무석 : 나. 내가 있어요. 이게 왜요?
선생님 : 네 믿음이 타인을 믿게 해 준 거야.
김무석 : 아. 그렇구나.
선생님 : 네가 너를 못 믿는데, 누굴 믿겠어.

김무석 : 맞네요.

선생님 : 자신을 믿으면 만인을 믿게 돼.

김무석 : 그런데 내가 나를 너무 믿어버려서 아집에 빠져버리면 어떻게 해요?

선생님 : 언젠가는 그렇게 되겠지.

김무석 : 제가요?

선생님 : 원래 열등한 학생이 노력하는 법이야. 그러다 유능감을 획득하게 되지. 그때가 오면 듣는 귀가 사라진다. 돈 없던 사람이 부자가 되면 졸부라고 하지. 졸부들이 돈을 어떻게 쓰는지 알지?

김무석 : 네.

선생님 : 너도 그런 때가 올 거야. 사람은 갑자기 성장할 수 없다. 다 거쳐 가야 하는 거야. 그때가 분명히 온다.

김무석 : 하하. 그렇군요.

선생님 : 웃는 모습이 선하구나. 그거면 됐다.

김무석 : 저는 죽을 때까지 배우면서 아집에 빠지지 않고 싶은데, 아무리 그러더라도 피할 수 없는 게 있군요.

선생님 : 네가 칼을 쓸 때가 온다. 네 마음속에는 이미 오랜 시간 칼을 갈아 온 거야. 무기만 주어지면 그 칼을 마음껏 쓰려 할 거야. 그때까지 우리의 인연이 닿아 있다면 그건 그때 가서 이야기하자.

김무석 : 네, 정말 그런 때가 오면 따끔하게 혼내주십시오. 그런데 정말 무기가 생기면 원 없이 쓸 것 같습니다. 저를 무시했던 사람들에게 제 존재감을 마음껏 선보일 거예요.

선생님 : 아무도 널 무시하지 않았어. 생각보다 길이 멀구나.

(무대에 손희선과 김무석 둘만 남는다.)

손희선 : 우리의 문제는 단 한 치도 나아지지 않았어. 우리는 단 한걸음도 다가가지 않았어. 우리 이야기는 진전된 게 없어. 사이코드라마를 해도 원점이야.

김무석 : 그래. 맞네.

손희선 : 내가 이해한 걸 말해 볼게. 넌 나 좋아해. 날 가지고 싶어. 나랑 잠을 자고 싶고. 그런데 넌 도망가려고 해. 우린 하룻밤을 지냈어. 그러자 넌 자괴감에 빠졌어. 짜증을 냈고, 자신을 못마땅하게 생각했어. 나와의 이야기는 여기까지야. 네 진실을 이야기해 봐. 여긴 무대잖아.

김무석 : 다 맞아. 네가 너무 좋은데, 네 옆에 있을 용기는 없으니까. 그래서 도망가려는 거야. 이런 내가 나도 싫어...

손희선 : 내가 너의 믿음에 대해 배신하는 행위가 뭐야? 나 때문에 네 신념이나 행동에 어떤 부분이 깨져?

김무석 : ...

(연출가는 김무석의 이중자아 역할로 들어가 김무석의 내면이야기를 한다.)

연출가(김무석의 이중자아) : 이제부터 내 환상과 망상에 대해 이야기할게. 이건 그저 상상일 뿐이야.

손희선 : 응.

연출가(김무석의 이중자아) : 넌 내 여자야. 그래서 남과 함께 나눌 수 없어. 난 상처받을 거야. 죽어버린다고 널 협박할지도 몰라. 이건 상상이야. 내 망상이고. 그래서 계속 내 환상을 이야기해 볼게. 난 널 갖고 싶어 할 거야. 그래서 네 모든 것에 내 에너지를 쏟으려 할 거고. 그러다 내 마음에 안 드는 게 있으면 네게 짜증을 낼 거야. 그럼 넌 불편해 할 거고. 그게 쌓이면 내 분노가 언젠가 폭발할 것이고. 너도 나도 상처받을 거야. 회복하기 힘든 상처를. 완전히 쓰러져 버릴 거야. 바닥을 칠 거고. 난 그렇게 되는 게 두려운 거야.

손희선 : 정확히 봤어. 그렇게 될 거야. 그 어떤 것도 피해갈 수 없어. 욕심을 부린 것에 대해서는 대가가 필요한 거니까. 나 스스로도 날 가질 수 없어. 근데 네가 날 가지겠다고? 대가를 치를 거야. 네 영혼이 파멸될 거야. 나쁜 여자로 몰아가는데 난 나쁜 여자 아니야.

김무석 : 알아.

손희선 : 너의 기도는 늘 대가를 바래. 보상을 요구하지.

(연출가는 김무석의 이중자아 역할을 벗고 연출가로 돌아온다.)

김무석 : 그게 기도 아닌가?

손희선 : 그건 거지들이 하는 기도야.

김무석 : 그럼 성자들은 어떤 기도를 하는데?

손희선 : 그저 존재에 대해 감사하는 것이 기도지. 선생님이 말씀하신 거 기억나? 새로운 인류. 새로운 지구.

김무석 : 그게 신인류라면 난 그만둘래. 여기까지 할래. 도망가야겠어. 이 말도 기억나지? 감당할 수 없을 땐 도망가라고. 난 도망갈 거야. 선생님도 힘들면 도망가셨댔어. 35계까지 다 쓰면 36계 줄행랑을 치는 거지.

손희선 : 우리 이야기가 조금이라도 진전이 된 거 같아? 앞으로 우리에게 벌어질 일을 네가 다 말했잖아.

김무석 : 아. 그랬지. 내가 다 말했지. 알고 있었는데 주저하고 있던 거지.

손희선 : 너는 왜 직접 손대 보지도 않고 뜨겁다고 말해? 너 아파 본 적 없잖아? 넌 늘 머리로 생각하고 판단하잖아. 넌 널 가르치는 스승도 판단하잖아?

김무석 : 그래, 난 누구든 판단해. 의심이 뚜렷한 아이니까.
손희선 : 좋은 거야. 그게 철학하는 자의 자세지.
김무석 : 대신 난 이해가 되면 확실히 받아들여.

(관객 3명 등장한다. 관객1, 관객2, 관객3은 5천 년을 살아온 요정 역할을 맡는다. 주인공 김무성은 요정들에게 묻는다.)

김무석 : 제가 어떻게 하면 될까요?
요정1 : 뭐든 하시면 될 거 같은데요.
김무석 : 누군가를 좋아하는데 가까이 가면 안 되니까 너무 힘들어요. 제가 어떻게 하면 될까요?
요정2 : 사람이 사람을 만나지 못할 이유는 없다고 생각해요. 가진 모든 걸 던져서 쟁취하세요. 살면서 그런 순간이 그리 흔치 않아요. 도전하세요.
김무석 : 저는 한 여자를 사랑합니다. 그런데 그녀에게는 짝이 있어요. 처음 그녀를 만났을 땐 이성으로서의 감정이 하나도 없었습니다. 시간이 갈수록 가까워졌어요. 그 친구는 절 친구로 잘 대해 주는데, 저는 그녀를 이성으로 바라보기 시작했어요. 이 상황을 완전히 벗어날 수 없는 상태라 제 마음을 억누르는 데 에너지를 많이 쓰다보니 제가 지쳤어요. 이렇게 힘들다고 제가 말을 했는데도 그 친구는 여전히 저를 반가워하고 아껴줘요. 전 어떻게 해야 될까요?
요정3 : 마음은 서로 확인하신 건가요? 사랑하는 마음이 있는지 정확히 확인한 거예요?
김무석 : 네. 저는 마음을 전달했습니다. 그런데 반응을 보면 그녀는 절 친구로 생각하는 것 같아요.
요정3 : 그 정도로 힘들다면 최선을 다해 밀어붙이는 게 좋을 것 같은

데요. 저는 제가 사랑하는 남자를 제 친구에게 빼앗겨 본 경험이 있어요. 그때는 배신이라고 생각했었는데, 지나고 보니까 그 남자에 대한 저의 사랑보다 그 친구의 사랑이 컸던 거죠. 사랑에 선과 악은 없는 것 같아요. 만약에 그분과 잘 되면 서로의 사랑이 더 잘 맞는 거지, 그게 뺏는 건 아닌 거 같아요.

김무석 : 걱정이 하나 더 있어요. 만약에 정말 그녀와 사귀었다가 다시 뺏길까 두려워요.

요정3 : 막상 만나 보면 그게 두렵지 않을 수 있어요. 그건 모르는 거예요.

김무석 : (다시 관객1에게 다가가서 묻는다.) 사실 어제 그녀랑 잤어요. 그런데 그것 때문에 미치겠어요. 이것밖에 안 되는 인간인가라는 후회도 되고. 도덕적이지 못하다고 그렇게 욕하던 모습을 제가 하고나니 저 자신이 너무 싫어요. 자괴감이 드네요. 그녀를 갖고 싶었어요. 이게 사랑인지는 모르겠으나 아무튼 그녀를 좋아하는데, 이 화나는 감정은 뭘까요?

요정1 : 그녀에 대한 당신의 마음을 조금 더 확실히 하시는 게 좋을 것 같아요. 정말 사랑하는 마음이 있다면 전진하는 거고, 그렇지 않으면 그때 가서 깨끗이 포기하면 되잖아요.

김무석 : 지금 좀 쉬면 나아지겠죠? 너무 지친 거 같아요.

요정3 : 근데 사랑이 쉬어져요? 쉴 수 있다면 사랑이 아닌 거 같은데.

김무석 : 그럼. 어떻게 해야 되죠?

요정3 : 아파도 사랑을 계속 하던지. 그러니까 쟁취하던지. 그만두던지. 둘 중에 하나 아닐까요.

김무석 : 쟁취해도 문제예요. 그녀를 못 믿겠어요.

요정3 : 그건 그때 가서 생각할 일 같은데요. 너무 생각만 하시는 거 같네요.

김무석 : 아. 그렇군요. 그런데 시간이 흐르면 좀 나아지지 않을까요.

무뎌지기도 하잖아요.

요정3 : 무뎌질 것도 예상하고 계시네요?

연출가 : 이 친구는 논리와 예측이 뛰어난 사람입니다. 그래서 항상 미리 짐작하는 버릇이 있어요.

요정3 : 사람 마음은 예측이 안 되는 것 중에 하나죠. 누구도 완벽하게 맞출 수 없어요.

김무석 : 맞아요. 그래서 더 힘든 것 같아요. 종잡을 수가 없어요.

연출가 : 김무석 씨 전에 당신이 블로그에 쓴 글 기억나요? 힘들었던 상황을 피하지 않고 직면했던 경험을 썼던 글이요. 그때와는 다른 행동을 보이시네요?

김무석 : 그때는 개인 대 개인이 아닌 집단에서 일어난 일이어서, 제가 숨 쉴 틈이 있었는데 이성과의 관계는 개인적인 부분이다 보니 피할 틈이 없잖아요. 그래서 더 힘든 것 같아요.

(연출가는 김무석에게 관객쪽으로 다가가서 사귀자는 말을 하라 요청한다. 주인공 김무석이 무대 앞으로 나가서 관객에게 요청한다.)

김무석 : 저랑 사귀실래요?

관객1 : 아니요.

김무석 : 괜찮습니다. 전 항상 거절당할 준비가 되어 있거든요. 저랑 사귀실래요?

관객2 : 아니요.

김무석 : 괜찮습니다. 저랑 사귀실래요?

관객3 : 아니요.

(주인공 김무석 무대로 돌아가 관객을 등지고 뒤돌아 앉는다.)

연출가 : 관객 분들께 묻겠습니다. 왜 그를 거절하셨나요?

관객1 : 사귀자고 말은 하지만, 저를 사랑해 주지 않을 것 같아요.

김무석 : 어디서 그런 느낌을 받으셨나요?

관객1 : 간절함이 느껴지지 않았고 의심이 많은 사람으로 보였어요. 사랑해 주기보다 의심으로 저를 대할 것 같았어요.

관객2 : 저는 이제 그 누구와도 사랑을 못합니다. 지난날 사랑하는 사람을 빼앗긴 이후로 진심으로 누군가를 사랑해 본 적이 없어요. 남편도 있지만, 마음을 준적은 없어요. (관객으로 참여하다가 자신의 문제를 털어놓기 시작한다. 이 관객은 나중에 사이코드라마의 새로운 주인공이 된다.)

관객3 : 확신이 없어 보였어요. 남자다움도 없어 보이고 의심이 많은 사람 같아요. 저를 못 믿어 줄 것 같았어요. 믿음이 없을 것 같아요.

연출가 : 김무석 씨. 이 빈 의자에 누구를 초대하고 싶으신가요? 만약 지혜를 줄 수 있는 사람이 있다면 누가 있을까요?

김무석 : 깨달은 사람. 성인. 구체적인 인물은 떠오르지 않네요.

연출가 : 좋습니다. 깨달은 자를 상징하는 천을 꺼내 오셔서 의자에 두시고요. 당신이 하고 싶은 질문이나 속마음을 이야기해 보는 것으로 극을 마무리하도록 하겠습니다.

김무석 : (빈 의자에 앉아 있는 성인에게) 저는 참 부유한 환경에서 잘 자란 것 같아요. 좋은 사람들도 많이 만났구요. 그런데 유독 이성관계가 너무 어렵습니다. 연애 자체가 어려워요. 혼자 있는 걸 좋아하지만, 그렇다고 평생 혼자 살기는 싫어요. 그런데 어떻게 해야 할지를 모르겠어요.

(주인공은 깨달은 자의 자리에 앉아 역할을 교대한다. 연출가가 주인공 역할을 대신한다.)

연출가(김무석) : 많은 인간 군상들을 보셨겠죠? 저 너무 힘들어요. 자존감도 낮고 힘도 없어요.

김무석(깨달은자) : 그래 보이는구나.

연출가(김무석) : 그런데 목소리는 좋아요. 키도 크구요. 집중력도 있구요.

김무석(깨달은자) : 신이 야박하지는 않으셨네. 좋은 걸 주셨으니.

연출가(김무석) : 그런데 그런 집중하는 순간이 끝나면, 자신감도 사라져요. 여자 앞에서 항상 작아져요. 사랑이 너무 힘들고 어려워요. 저 자신이 불안해요. 스스로에 대한 믿음이 없어요. 이렇게 사는 게 맞는지도 잘 모르겠어요. 이 사람을 좋아해도 되는 건지, 사랑하는 감정이 맞는지 그것도 잘 구별이 안 가요. 그래서 더 불안해요. 늘 혼돈 속에 있는 것 같고, 가다가 돌아오게 되고. 제자리걸음하는 것 같고. 도망치고 회피하고. 매번 그런 식이었어요. 그러다 잠자리라도 하고 나면 저 자신에게 너무 짜증이 나는 거예요. 저는 제가 생각하는 자아상이 있는데, 그걸 위반하고 나니까 스스로가 너무 허접하게 느껴져요. 인간 말종 같아요. 전 누굴 좋아하고 섹스도 하고 그러면 안 되는 건가요. 이젠 뭐가 뭔지 하나도 모르겠어요. 가끔씩은 저 자신을 못 믿기도 해요. 어떤 사람은 제게 믿음이 없다고 말해요. 맞아요. 저도 알아요.

간략하게 말할게요. 그녀를 보면 마음이 요동쳐요. 어쩔 수가 없더라구요. 그래서 좀 쉴려구요. 아니, 도망갈려고요. 제 인생의 가장 힘든 순간 중 하나 같아요. 전 어떻게 해야 할까요?

김무석(깨달은자) : 내가 보기에는 너는 머리보다 몸에 더 의존하는 사람이야. 몸으로 배우고 난 다음에 머리로 해석을 하니까 사람들이 보기에는 머리를 잘 쓰는 것처럼 보일 테지만. 넌 그 반대 유형이라고 보면 돼. 모든 인간관계가 어렵다는 근본적인 문제가 있겠지만, 넌 유독 이성 관계에 더 힘들어하지. 왜 그럴까? 엄마 탓을 하고 싶겠지만 이젠 다 컸잖아? 좀 더 그럴싸한 이유를 찾아보자구. 그리고 네가 변화시킬 수 있는 부분을 말이야. 말했듯이 넌 몸으로 배우는 사람이야. 그렇게 몸으로 많이 겪어야 겨우 배우는 타입인데 이성 관계를 알기에 경험이 너무 적어. 데이터가 없지. 그러니 두렵고 힘든 거야. 네 예상대로 안 되니까. 아니 예상조차 못 하는 거지.

연출가(김무석) : 그럼 경험이 더 필요한 거네요. 몸으로 체득하는 거요?

김무석(깨달은자) : 그렇지. 몸으로 배워야지. 직접 부딪쳐서 경험해라.

연출가(김무석) : 제가 그녀에게 부탁할 수 있는 부분이 있을까요? 조금 더 솔직해져야 할까요?

김무석(깨달은자) : 무조건 솔직하게 말해야지. 그래야 서로가 어디쯤 있는지 알 수 있으니까. 서로의 진실을 말해야 네가 느끼는 감정도 더 명확해질 거야.

연출가(김무석) : 남녀가 친구로 지낼 수 있을까요?

김무석(깨달은자) : 가능하지. 서로가 정말 친구로 대한다면.

연출가(김무석) : 저는 그녀와 친구로 지낼 수 있을까요?

김무석(깨달은자) : 그건 가 봐야 알겠지.

연출가(김무석) : 솔직해져라. 정확하게 표현하고 피드백 받아라. 그리고 서로의 거리를 정확히 인식하라는 말씀이 기억에 남네요. 그런데 제 의심은 어떻게 하죠? 약이라도 먹어야 할까요?

김무석(깨달은자) : 중요한 시험볼 때도 안 먹던 걸 이제 와서 먹겠다고? 그냥 말해. 솔직하게 말해야 상대도 알고, 반응을 보이겠지.

연출가(김무석) : 그런데 사실을 알게 되면 어떻게 되요? 저 화를 못 참고 속 터질 텐데.

김무석(깨달은자) : 받아들여야지. 내가 화났다는 걸 받아들이고, 그래도 계속 그 상황이 이어지다보면 네가 스스로 단념할 때가 오겠지.

연출가(김무석) : 그럼 너무 슬프고, 아프잖아요.

김무석(깨달은자) : 원래 인생이 그런 거지. 아프고 힘들고, 슬프고 다 그런 거야.

연출가(김무석) : 어떻게 하면 당신처럼 살 수 있나요?

김무석(깨달은자) : 살아가며 몇 십번, 몇 백번을 더 경험해야지. 이번 생애 안 될 수도 있다. 너무 욕심내지 말고 천천히 걸어가. 그러다 보면 어딘가에는 도달하겠지.

(주인공과 연출가 역할을 벗고 다시 제자리로 돌아온다.)

연출가 : 어떤 생각이 들어요?

김무석 : 제 안에 답이 있었네요. 그걸 모른 체했던 것 같아요.

연출가 : 김무석 씨. 노래 잘 하죠?

김무석 : 고음은 안 됩니다.

연출가 : 김광석의 노래 중에 "너무 아픈 사랑은 사랑이 아니었음을~" 그 파트 불러 봐요.

김무석 : (노래한다.) 너무 아픈 사랑은..사랑이 아니었음을.

(김무석은 하고 싶은 이야기를 독백하면서 사이코드라마는 마무리된다.)

김무석 : 가끔 '난 왜 이렇게 태어난 걸까?'라는 생각을 하는데, 요즘 특히 그 생각을 더 많이 하는 것 같아. 나도 그냥 주변 사람들처럼 평범하게 살면 안 되는 건가. 올해 정말 바지런히 돌아다니느라 고생했고, 이제 내년부터는 밤의 시기를 지내야 하는데. 걱정이 되네. 어려운 일이 겹치니까 요즘 너무 힘드네. 그래도 어쩔 수 없잖아. 가던 길 가야지. 설마 죽기야 하겠어. 조금 더 가 보자. 좀 더 힘내자.

(연출가는 주인공에게 녹음한 드라마 내용을 녹취록으로 작성해 보도록 요청했다. 다음은 그 작업에서 본인이 느낀 것이다.)

사이코드라마를 녹음해서 녹취록을 만들어 보았다. 사이코드라마 녹취록을 작업하는 데 녹음 시간의 두 배인 300분(5시간)이 걸렸다. 무엇이 이토록 긴 시간을 할애하게 만든 것일까.

나는 사이코드라마에 참여하는 사람이나 집단상담 프로그램에서 저항이나 방어가 강한 사람을 보면 못마땅한 눈으로 그들을 응시하곤 했었다. '돈 내고 왔으면 제대로 해야지, 저럴 거면 왜 온거야?'라는 게 내 생각이다. 그런데 2시간 30분 동안 고집불통으로 집요하게 자신을 속고 속이며 저항하는 나를 발견했다. 누구의 말도 듣지 않고, 자기 안에 갇혀 허우적대는 모습이 우물에 빠진 생쥐 같았다.

상담 프로그램이나 사이코드라마에 집중을 잘 하는 편이지만, 이번 극만큼은 그렇질 못했다. 녹취를 해 보니 그 상태가 내가 생각했던 것 보다 훨씬 안 좋았음을 느꼈다. 1에서 10을 기준으로 2정도 집중했던 것 같다. 연출가와 보조자들이 많은 도움의 손길을 내밀어 주는데도 자기 생각에 빠져 제자리를 돌고 또 돌았다. 하다 하다 지친 연출가는 결국 마지막에 답을 주었으나 주인공은 그 순간에도 자기 생각에 빠져 듣지 않고 있었다. 부끄럽다. 정말 답 없는 녀석이 맞다.

솔직담백한 게 내 매력이라고 생각했는데 이토록 자기 기만적이라니. 그렇게 피하고 싶었구나. 아프고 싶지 않았구나. 그러면서도 사랑하고 싶었구나. 뭔가 그런 복잡한 심경이 녹취를 하는 도중에 올라왔다. 가슴이 답답해짐을 느꼈고, 가슴이 아팠다. 마치 눈앞에서 다시 드라마가 재현되는 느낌이었다.

그러면서도 한편으로 이 방법을 활용하면 좋겠다는 생각도 들었다. 나처럼 조용하고 완강한 내담자들 같은 경우 특히 현장에서 제대로 집중하지 못한 사람에게 녹음본을 주면서 스스로 녹취해 보도록 하는 것이다. 백 번 말해 봐야 듣지도 않을 뿐더러 무슨 말인지 이해 못하는 사람. 내가 당사자가 되어 보니 그 마음을 이제야 알 것 같다. 어쩐지, 녹취하기가 싫어지더라니. 그 이유를 이제야 알 것 같다. 나는 정말 나를 대면하고 있는가? 제대로 깨어 있는가에 대한 질문을 던질 수 있는 시간이었다. 그리고 내 마음을 다시 한번 느낄 수 있었다. 난 사랑에 빠졌다. 그리고 난 앞으로 계속 사랑할 것이며, 사랑하며 살 것이다.

선생님은 전생에 죄가 많은 게 분명하다. 이런 덜된 인간인 나를 가르치느니 차라리 꼬맹이들 몇을 키우는 게 속 편하실 텐데. 자신도 믿지 못하는 나를 믿어주는 선생님과 동료에게 감사의 말을 전하고 싶다.

■ 연출가의 시선 – 사랑인 듯 사랑 아닌, 사랑 같은

이것은 사랑의 이야기가 아니다. 많은 사람들이 사랑의 이야기라고 생각하겠지만 그것은 사랑에 관한 이야기일 뿐이다. 사랑에 관한 한 남자의 에고에 관한 이야기이다. 그리고 인류의 집단장애에 관한 이야기이다. 우리는 사랑의 이야기엔 관심이 없다. 다만, 사랑에 관한 이야기에 관심이 많다. '사랑의 이야기'와 '사랑에 관한 이야기'는 전적으로 다르다.

모든 게 평화로웠다. 단, 머릿속 전화벨이 울리기 전까지는.

깨달음을 구하는 구도자는 아침에 일어나 요가를 하고 모닝페이지를 쓴다. 심리학 서적을 읽으며 밑줄을 긋고 각성을 일깨운다. 인터넷을 뒤지며 좋은 글을 모아 둔다. 에니어그램의 자기 유형을 찾아 모임에 참석한다. 여행이 시작된다는 느낌을 받는다.

이 구도자는 머릿속 전화를 받기 전까지는 아무 문제없다. 마음의 평화를 유지하기 위해 별 어려움이 없어 보인다. 어느 날 전화가 걸려

온다. 전화기 속 목소리는 “넌 사랑에 빠졌어. 어떡할래?”라는 소리를 남기고 끊어버린다. 설렘과 두려움, 기쁨과 슬픔, 확신과 불신이 교차한다. 사랑에 대한 실패한 경험으로 남아 있는 축적된 고통체가 전화 한 통으로 활성화되기 시작한다. 머릿속 목소리는 이제 걷잡을 수없이 퍼져나가고 생각은 마음의 견해를 물어볼 틈도 없이 자신을 감싼다. 어느새 생각은 수많은 자기복제로 한 구도자를 정복한다. 자기복제의 생각이 스스로 드라마를 쓰기 시작한다.

“넌 내 여자야. 그래서 타인과 함께 나눌 수 없어. 난 상처받을 거야. 뛰어내린다고 널 협박할지도 몰라. 난 널 갖고 싶어 할 거야. 그래서 네 모든 것에 내 에너지를 쏟으려 할 거고 그러다 내 마음에 안 드는 게 있으면 네게 짜증을 낼 거야. 그럼 넌 불편해 할 거고. 그게 쌓이면 내 분노가 언젠가 폭발할거야. 너도 나도 상처 받을 거야. 회복하기 힘든 상처를. 완전히 쓰러져 버릴 거야. 바닥을 칠 거고. 난 그렇게 되는 게 두려운 거야.”

생각을 에고에 넘겨 준 구도자는 이제 자신의 철학을 공격한다.

“이곳(치료집단)의 철학이 너무 이상적이라는 생각이 들어. 우리가 가려는 길이 너무 이상적인 것 같아. 신인류? 새로운 공동체? 그게 과연 가능할까?”

고통과 갈등을 느끼면서 과거의 축적된 경험의 고통체에 고통하나를 더한다. 마치 바다에 소금 알갱이 하나 던져 놓듯이. 거룩한 깨달음과 충족해서는 안 되는 욕망 사이에 싸움이 시작된다. 깨달음을 향해 갈수록 깨달음은 멀어지고 욕망을 멀리할수록 욕망에 휩싸인다. 이런 구조에서 인간은 욕망에게 자신을 내어 준다. 그리고 사랑이 주는 쾌락으로 욕망을 실컷 충족한다.

사랑과 사랑에 관한 이야기로 돌아가 보자.

사랑은 반대의 의미가 없다. 다만 그 에너지의 의식수준이 낮아 질

수는 있어도 사랑 자체는 반대 개념이 없다. '사랑에 관한'은 반대의 것으로 순식간에 변하는 성질을 담고 있다. 사랑은 그 자체로 이해될 수 없음으로 '사랑에 관한' 것으로 인간은 해석한다. 그립고 보고 싶고 함께 있고 싶음은 곧 집착으로 변한다. 한순간도 떨어져 있을 수 없다고 머릿속 전화벨이 쉴 새 없이 울려 댄다. 그 전화에 반응하지 않으면 에고는 너무 고통스러워한다. 또한 그 집착은 소중하고 특별한 것이라는 가면을 쓴 소유의 중독으로 넘어간다. 내 것이라는 개념이 들어서는 순간 특별한 의미를 가진다. 그 누구와도 나누고 싶지 않다. 오로지 내 것은 나만이 소유하고 그 소유물 또한 오로지 나만을 소유해야 한다. 그 보이지 않는 암묵적 조건이 깨어질 때 분노하고 슬픔과 괴로움의 피해자로 순식간에 전락해 버린다. 심지어는 잠시 어디 다녀오는 것조차 허락하지 않는다. 바람이라도 피면 마음의 문을 닫아 걸어 잠근다. 무언가 자신의 상처가 된 것처럼 아파 온다. 그러나 사랑은 그렇게 좁은 자기 안에 가둘 수가 없다. 그것은 불가능하다. 장벽을 만들지 않는다. 구도자는 가슴이 열린 사람들이다. 4번째 차크라에 도달할 때 가슴이 열린다. 그것은 7차크라의 정중앙이다. 구도자는 가슴으로 깨닫는 길을 걸어간다.

이것은 한 남자의 이야기이면서 인류의 에고이야기이다. 인류는 오래된 에고의 역사를 가지고 있다. 에고란 무엇인가? 자기라고 생각되어지는 그 모든 것이 에고라고 일단 알아 두자. 나는 누구인가? 이 질문에 나오는 대답의 다수는 자신을 말해 주는 것들이다. 개념이 어렵겠지만 그 대답의 전체가 에고라고 가정해 보자. 영화 '매트릭스'를 보면, 2199년의 인류는 인공지능 로봇의 에너지원을 위해 태어나면서부터 벌집같은 주머니에서 길러진다. 그리고 각자의 인간의 뇌에 가상현실의 자아라는 개념을 프로그래밍해서 1990년도에 살게 만든다. 기억도 삽입되고 삭제되는 세상, 진짜보다 더 진짜 같은 가상현실에서 현실을 인식할 수 없게 재배되는 인간들이 주머니 속에서 꿈을 꾸고 있다. 꿈속에 있는 자는 자신이 꿈속에 있다는 것을 알아차리지 못한다. 에고는 꿈꾸는 상태이다. 그것은 진정한 자신이 아니다. 의식이 깨어나게 되면 에고가 보이기 시작한다. 여태까지 자기 행세를 하며 그 이름으로 살아왔던 가짜가 드러난다. 모든 감정과 생각의 실체가 X선에 투과되듯이 선명해진다.

본 드라마에서 주인공은 구도자의 길을 걷고자 하는 사람이다. 작은 자기로 살아가려면 아무렴 어떠하겠느냐만 그의 길이 구도자라면 마땅히 깨달음의 길을 가야 하지 않겠는가? 그는 자신의 생각과 감정에 동일시하여 자신을 한계 짓는다. 나는 그에게 자신이 누구라고 규정짓지 말라고 말한다. 못난이라고도 규정짓지 마라, 구도자라고도 규정짓지 마라. 자신을 규정짓는 일은 그만두라. 책으로 읽은 영성의 결과는 현상계의 접촉이나 수행의 축적으로 깨어난 의식이 아니라면 오래가지 못한다. 생각으로는 그 어디에도 도달할 수 없다. 행동 또한 생각의 반영이고 감정은 생각에 대한 몸의 반응이다. 그 생각을 넘어서라. 그렇지 않다면 깨달음은 영성이라는 가면을 쓰고 당신 앞에 나타나 에고만 더 키울 것이다.

3. 말 잘 듣고, 회사 잘 다니는 남자가 하나 필요했어요.

'네가 그런 남자면 안 돼? 난 이런 여자면 안 돼?'의 주인공 김무석의 사이코드라마 관객으로 참여했다가 젊은 시절 친구에게 사랑을 빼앗긴 아픈 경험을 호소하며 무대에 올라 온 여성이 있다. 결혼해서도 남편을 사랑하지 않으며 다른 누구도 사랑할 수 없게 되었다는 은희가 무대 위에 앉아 있다.

연출가 : 남편을 사랑하지 않나요?

은희 : 네.

연출가 : 사랑해서 결혼하신 거 아닌가요?

은희 : 결혼할 때도 사랑한다는 느낌은 없었어요.

연출가 : 아이들이 있나요?

은희 : 둘 있습니다.

연출가 : 아이들 때문에 사시는 건가요?

은희 : 아니요. 꼭 아이들 때문만은 아니지만 그래도 좋은 환경에서 자라게 해 주고 싶은 마음은 있어요.

연출가 : 남편보다는 아이들을 우선시하는 것은 맞나요?

은희 : 네.

연출가 : 눈 뜨고 일어났는데 남편이 사라졌습니다. 어떻게 하실 건가요?

은희 : 찾을 것 같은데요.

연출가 : 얼마나 찾으실 건가요?

은희 : 하루나 이틀 정도요.

연출가 : 그렇군요. 일어나 보실까요. "관객들에게 사랑이란 무엇일까요?"라고 질문해 보세요.

(은희는 관객 앞에 서서 질문을 던진다.)

은희 : 사랑이 뭐예요?

관객1 : 내가 만들어 가는 것이죠.

은희 : 사랑이 뭐예요?

관객2 : 살아가는 힘인 것 같아요

은희 : 사랑이 뭐예요?

관객3 : 배려하고 존중하는 마음예요.
은희 : 사랑이 뭐예요?
관객4 : 아껴주는 것입니다.

(연출가는 은희에게 자기를 아끼고 사랑해 달라고 관객에게 요청할 것을 주문한다.)

은희 : 저를 아껴주세요.
관객1 : 왜요?
은희 : 사랑받고 싶으니까요.
관객1 : 머리를 쓰담쓰담해 줘도 될까요?
은희 : 네.
관객1 : (은희의 머리를 쓰다듬는다.)
은희 : 저를 아껴주세요. 사랑받고 싶어요.
관객2 : 이미 당신을 사랑하고 있어요.
은희 : 고마워요. 저를 아껴주세요. 사랑받고 싶어요.
관객2 : 네, 앞으로 더 잘 해 드릴게요.
은희 : 저를 아껴주세요. 사랑받고 싶어요.
관객3 : 제가 어떻게 해 드리면 될까요?
은희 : 사랑을 주세요.
관객3 : 제 마음을 담아 드릴게요.
은희 : 사랑받는다는 느낌은 어떤 느낌인가요?
관객3 : 따뜻하고 포근한 느낌이에요. 내 편이 항상 있다는 느낌이요.
은희 : 사랑받는다는 느낌은 뭘까요? 전 그걸 잃어버렸어요.

(관객들은 사랑받는 느낌에 대해 이야기한다. '뭉클한 느낌이요.', '어떤 조건 없이

내가 쉴 수 있는 곳이 있다는 거예요.', '내 사람이 있다는 것이지요.', '내가 너무 힘들 때, 아무것도 의지할 것이 없을 때 누군가 따뜻하게 안아주는 것. 그것이 사랑받는 느낌일 것 같아요.' 관객들은 각자 자기만의 느낌으로 사랑에 대해 말하고 있다.)

은희 : 갑자기 눈물이 나요.

연출가 : 울어도 괜찮습니다. 지금 당신의 사랑을 찾아가는 중이니까요.

은희 : 사랑받는다는 느낌은 뭘까요? 전 그걸 잃어버렸어요. (계속 눈물을 흘린다.)

(주인공을 무대 중앙에 반듯하게 눕게 한다. 천으로 몸을 덮은 후 죽음을 느끼게 한다. 관객들은 보조자아 역할로 무대로 나와 은희에 대해 이야기한다.)

연출가 : (보조자아 역할 관객들에게) 사랑에 대해 자신이 했었던 말을 떠올려 누워 있는 은희에게 전달해 주는 것입니다. 한 분씩 말씀해 볼까요.

관객1 : 사랑받는다는 느낌은 가슴이 뭉클해지는 것.

관객2 : 사랑을 받는다는 것은 아무 걱정 없이 쉴 수 있는 것.

관객3 : 사랑받는다는 것은 따뜻하고 편안한 느낌이 들고, 날 믿어 주는 내 편이 있는 것.

관객4 : 사랑받는다는 것은 힘들고 지칠 때 기댈 수 있고, 따뜻하게 안길 수 있는 것.

연출가 : 여기에 은희가 누워 있습니다. 이제 곧 죽을 거예요. 여기 계신 분들은 은희에게 의미 있는 사람들이구요. 이제부터 은희를 떠올리며 마지막으로 하고 싶은 말을 하세요.

관객1 : 당신은 가슴이 참 따뜻한 사람이었지. 늘 사랑이 넘치는 사람이었고, 뜨거운 가슴을 가진 사람이었어. 당신으로 인해 사랑이 무엇인지 알게 되었어. 당신은 내게 그런 사람이었어.

관객2 : 당신은 내가 힘들고 외로워서 주변에 아무도 없다고 생각할 때 생각나는 사람이었고, 사랑이 많은 사람이고, 지친 마음을 위로해 줄 수 있는 사람이고, 따뜻하고 멋진 사람이었어.

관객3 : 당신은 내가 기댈 수 있는 든든한 사람이고, 내가 힘들어 이제 포기하려 할 때 나를 따뜻하게 안아주며 응원해 줬던 사람이었습니다.

관객4 : 당신은 편안하고 따뜻한 보금자리였어요. 언제 불러도 내게 달려와 주고, 내편이 되어 주고, 함께 의논해 주던 내게 가장 큰 힘이 되어주었던 사랑 가득한 사람이었습니다.

연출가 : 이제 5분 후면 은희 씨는 죽습니다. 당신을 떠나보내려고 모인 사람들에게 당신은 어떤 말을 해 주고 싶나요?

은희 : 사랑으로 대해 주고 나를 믿고 의지해 줘서 고마워. 먼저 죽어서 미안해.

연출가 : 자신의 죽음을 받아들이시나요?

은희 : 네.

연출가 : 당신의 영혼이 육체로부터 나왔습니다. 여기 당신의 육체가 누워있어요. 당신은 당신 자신에게 무슨 말을 해 주고 싶나요?

은희 : 네가 따뜻한 사람이었다고 말해 주는 사람들이 여기 이렇게 왔네. 너는 사랑받고, 사랑하기를 간절히 바랬었구나.

(은희는 일어나서 무대 중앙에 앉는다. 관객들이 저승세계의 재판관 역할을 맡는다.)

연출가 : 사람이 죽으면 천국과 지옥으로 가기 전에 재판을 받습니다. 당신은 지금 저승세계로 온 것입니다. 앞에 계신 분들은 죽은 자를

심판하는 재판관입니다. 그들의 물음에 답하시면 됩니다.

재판관 : 너의 삶은 어떠하였느냐?

은희 : 저의 삶은 전투적이었고 힘들었습니다. 모든 걸 혼자서 해결해야 했고, 하루하루 열심히 살았는데 이제는 지친 것 같습니다.

재판관 : 왜 전투적으로 살 수밖에 없었느냐?

은희 : 사회적 지위를 빨리 얻고 싶었고 잘 살고 싶었어요. 사람들에게 대접받고 싶었어요. 끝까지 올라가 보고 싶었어요. 치열하게 살지 않으면 아무것도 안 하는 거 같아서 열심히 살았어요. 전투에서 이겼을 때의 즐거움도 좋았고요.

재판관 : 그래서 꿈을 이루었느냐?

은희 : 비록 규모는 크지 않지만 한 업체의 사장이 되어서 첫 번째 꿈은 이루었습니다. 하지만 아직 더 올라가 보고 싶어요.

재판관 : 남편을 사랑하지 않은 죄에 대해 말해 보거라.

은희 : 남편을 사랑하지 않은 것이 죄인가요?

재판관 : 왜 죄가 아니라고 생각하느냐?

은희 : 사랑하지 않은 것은 죄가 아닙니다. 남편을 사랑하지는 않지만, 결혼생활을 유지하기 위해 노력했고, 바람도 피우지 않았습니다. 돈도 벌고, 밥도 챙겨주고, 애도 잘 키웠어요. 사랑은 마음에서 우러나와야 하는 것이니까요. 죄가 아니라고 생각합니다.

재판관 : 그래? 그렇다면 남편을 이용한 죄에 대해 말해 보거라.

은희 : 남편을 이용한 것은 죄가 맞는 거 같아요.

재판관 : 우린 다 알고 있다. 그것에 대해 말해 보거라.

은희 : 말 잘 듣고, 회사 잘 다니는 남자가 하나 필요했어요. 밥 잘 챙겨주면서 같이 살아가면 그렇게 살아도 될 것 같았어요. 꼭 사랑하지 않아도, 가정을 이루고 그냥 살면 될 것 같았어요. 마음에서 우러나오는 사랑이 아니어도, 죄는 아니라고 생각했어요.

(관객 중 남자가 남편 역할로 등장한다. 의자에 앉아 은희와 마주한다.)

은희 : 자기 나 사랑해? 도대체 내가 싫다는 것들을 왜 그렇게 계속 하는 거야?

남편 : 뭘?

은희 : 그냥 모두 다. 내가 싫어하는 것들 있잖아. 내가 해 달라는 건 하나도 안 해 주고. 자기 하고 싶은 것만 하고. 게임만 하고 집안일도 안 도와주고.

남편 : 그거 다 해 주면 나 사랑해 줄 거야?

은희 : 사랑은... (머뭇거린다.) 못 해. 처음부터 사랑이 없었으니까.

남편 : 그런데 왜 내게 강요해?

은희 : 같이 살려고 결혼한 거니까. 맡은 일에 책임은 져야지.

남편 : 나 이런 사람인거 몰랐어?

은희 : 나이가 들면 좀 바뀌어야지.

(남편의 생각을 알아보기 위해 은희가 남편 역할을 맡는다. 은희와 남편이 자리를 바꾸어 앉으며 역할이 바뀐다.)

남편(은희 역할) : 자기 나 사랑해?

은희(남편 역할) : 모르겠어.

(다시 자리를 바꾸어 앉으면서 원래 자기 역할로 돌아온다.)

연출가 : 남편은 은희 씨처럼 사랑이 없는 건 아니네요. 사랑하느냐의 질문에 '아니다.'라고 말하지는 않네요. 은희씨가 남편에 대한 사랑이 없는 것 같은데 맞나요?

은희 : 잘 모르겠어요.

연출가 : 남편은 단호히 "아니"라는 말이 안 나왔는데 이건 어떤 의미일까요?

은희 : 남편에게 물어본 적이 없는 것 같아요. 굳이 물어보지 않았어요.

연출가 : 왜 일까요? 내가 사랑하지 않으니 상대방이 사랑하느냐 않느냐는 중요치 않은 것인가요?

은희 : 네...

(다시 자리를 바꾼다. 은희는 남편 역할을 남편은 은희 역할을 맡는다.)

남편(은희 역할) : 왜 내가 싫어하는 것만 해? 왜 하지 말라는 것만 그렇게 꼭 하는 거야?

은희(남편 역할) : 그게 하고 싶으니까.

남편(은희 역할) : 내 입장은 생각 안 해 줘? 나만 애들 부모야? 나 혼자 살아? 내가 맨발의 억순이야? 아득바득 나만 힘들게 사는 것 같아!

연출가 : (남편 역할을 하고 있는 은희에게) 남편은 지금 어떤 마음 상태인가요?

은희(남편 역할) : 뭘 해야 하는지 모르는 것 같아요.

연출가: (은희 역할을 하고 있는 남편에게) 아내는 어떤 사람인가요? 매력이 있나요?

남편(은희 역할) : 열심히 사는 사람인데, 매력이 있는지는 모르겠어요.

연출가 : 아내가 당신을 사랑하고 있나요?

은희(남편 역할) : 아니요. 사랑하지 않아요.

연출가 : 그게 느껴지나요? 지금 기분이 어떠세요?

은희(남편 역할) : 기분이 좋지 않네요.

연출가 : 사랑 없는 아내와 왜 살아요? 의무감인가요?

은희(남편 역할) : 그냥 살아요. 그런데 제 마음을 잘 모르겠어요. 어떤 마음인지 감이 안와요.

(다시 자리를 바꾸어서 원래 자기 역할로 되돌아온다.)

남편 : (아내와 왜 사는지 질문에 답한다.) 나도 내 마음을 잘 모르겠어. 당신이 좀 말해 줘, 나에 대해 잘 알잖아.

은희 : 넌 생각이 없는 거야. 게임만 생각하고. 미래에 대한 계획도 없고, 그냥 하루하루만 보고 사는 것 같아. 밥 먹고, 게임하고, 회사가고, 휴대폰 보고.

남편 : 당신만 일하는 것은 아니잖아. 나도 회사에서 스트레스 많이 받아. 힘들다고.

은희 : 그래, 나도 알아. 그런데 집에 와서는 쉬잖아. 난 집에서도 일하는데.

남편 : 내가 집에서 쉬는 게 쉬는 것처럼 느껴지는 줄 아니?

은희 : 그럼 소파에 누워서 게임하는 게 일하는 거야?

남편 : 게임이라도 해야 스트레스가 풀리지. 너도 스트레스 풀 거 아무거나 해. 왜 나한테 그러는거야. (혼잣말로) '대가를 치루는 거지. 나 이런 거 알고 결혼한 거잖아.'

은희 : 되돌리고 싶다. 물리고 싶어.

남편 : 그럼 당장 이혼해. 마치 못 헤어지는 것처럼 말하고 있어.

은희 : 그래.. 못 물리는 건 나지.

남편 : 당신은 당신 자신을 사랑하기는 해?

은희 : 난 나를 사랑해. 그래서 이렇게 버티는 것이고. 내가 참는 건 너 때문이 아니야. 나 때문이지.

남편 : 그럼 내가 없어도 되겠네.

은희 : 사실, 그게 더 편할 수도 있어.
남편 : 그럼 헤어져. 계속 잔소리하고 눈치주지 말고.
은희 : 아이들에게 온전한 가정을 유지해 주고 싶어서 내가 참는 거야. 그래서 버티는 거라고.
남편 : 내가 어떻게 하면 헤어져 줄 거야?
은희 : 이 상태가 조금만 더 이어지면 내가 헤어지자고 할 것 같아. 이제 나도 지쳐.
남편 : 당신이 더 이상 못 참을 때까지야? 아니면 애들이 다 클 때까지야?
은희 : 목표는 애들이 다 클 때까지인데, 어쩌면 그전에 내가 못 참고 포기할 수도 있어.
남편 : 애들 위하는 척 하더니 애들보다 당신이 우선이구만.
은희 : 비슷하다고 생각해. 둘 다 중요해.

(남편이 무대에서 일어나 관객들에게 묻는다.)

남편 : 제가 이렇게 살아야 합니까?
관객1 : 이렇게 사는 건 아닌 것 같아요. 조금 더 나아지는 삶을 택하는 게 좋을 것 같아요.
남편 : 그게 뭘까요? 제가 노력해야 되는 겁니까?
관객2 : 함께 노력하셔야 할 것 같아요.
남편 : 제가 노력하면 사랑받을 수 있나요? 노력하면 기능적인 부분만 해결되는 거잖아요?
집안일 도와주고, 게임 안 하고 그런 거 다 기능적인 거잖아요. 노력하면 바뀔 수는 있지만, 그렇다고 사랑받을 수 있는 건 아니잖아요. 저는 왜 살아야 할까요? 저는 새로운 삶의 기회조차 없는 건가요?

관객1 : 글쎄요... 듣고 보니 잘 모르겠네요. 어떤 답변을 드려야 할지.

남편 : 제가 이렇게 살아야 합니까?

관객2 : 개선을 해야 하실 것 같아요. 애들도 보고, 아내와의 관계 개선을 위해 노력도 하시구요. 아내가 진심으로 원하는 것이 무엇인지 알려고 노력하셔야 할 것 같아요.

남편 : 그렇게만 하면 사랑받을 수 있나요? 사랑할 수 있나요?

관객2 : 왜 꼭 사랑이 필요하죠?

남편 : 저는 사랑을 느끼고 싶어 하니까요.

관객2 : 사랑을 원하는 만큼 노력하면 될 것 같은데요.

남편 : 정말 노력하면 사랑이 올까요?

관객2 : 글쎄요. 잘 모르겠네요.

남편 : 정말 노력하면 사랑이 올까요?

관객3 : 속이 많이 상했겠어요. 우선 심심한 위로의 말씀을 드리고 싶어요. 그런데 아내도 당신과 비슷하지 않을까요?

남편 : 그럼 전 어떻게 해야 할까요?

관객3 : 아내를 여자로 느낀 적이 언제였나요?

남편 : 글쎄요. 너무 오래전이라 기억이 안 나네요.

관객3 : 그 부분부터 다시 생각하셔야 할 것 같아요.

남편 : 그 느낌을 다시 되살리면, 아내도 저를 사랑해 줄까요?

관객3 : 서로 노력하면 가능할 것 같아요. 미리 생각만으로 단정짓기보다는 한 걸음씩 서로에게 다가서는 게 중요할 것 같아요.

남편 : 저는 나아갈 수 있지만 아내는 그렇지 않을 수 있잖아요.

관객3 : 두 분이 대화를 얼마나 하시나요?

남편 : 아내는 대화보다는 제게 시키기만 해요.

관객3 : 그건 대화가 아니에요. 일단 대화를 하셔야 할 것 같아요.

(관객에게 이야기를 들은 남편은 무대 중앙에 서서 팔을 벌려 말한다. "저는 자유롭고 싶습니다. 사랑받고 싶어요. 갈 겁니다. 자유를 찾아서. 나를 사랑해 주는 사람들이 있는 곳으로. 죽기 전에 그렇게 살아볼 거예요. 이제 떠날 겁니다." 남편은 무대를 벗어나서 밖으로 크게 한 바퀴 돈다.)

연출가 : 남편의 반란이 일어났습니다. 자유와 사랑을 찾으러 떠났네요. 어떤가요?

은희 : 기가 막히네요. 정말.

남편 : 왜?

은희 : 자유를 찾으려면 의무를 다 하고 찾아. 자유가 뭔지는 아냐? 사랑이 필요하긴 해? 사랑하는 척이라도 하며 살려면 서로 간의 예의를 지키고 존중해야 하는 거야. 배려도 하고. 나도 대접받고 자란 사람인데 온 집안일은 내가 다 하고. 그러면서 무슨 자유를 찾겠다는 거야. 뭘 좀 하면서 자유를 찾던지!

남편 : 그 일 해 줄 알맞은 사람 보내줄게. 그럼 내가 의무 다 안 해도 되잖아?

(관객들이 보조자아로 등장하여 "의무, 다했어!"라는 문장을 외치면서 은희 주변을 맴돌다 퇴장한다.)

남편 : 이제 됐지? 당신은 내가 필요한 게 아니잖아. 일 할 사람이 필요한 거지. 또 불만있어?

은희 : 내가 집안일을 많이 한다고 이러는 게 아니야. 당신이 당연히 집안일을 안 해도 된다고 생각하는 게 날 힘들게 하는 거야. 너 생각이 문제인거야. 그래도 우리 부부인데... 답답하다 정말.

남편 : 난 모르겠고 내 할 일 다 했으니 내 행복과 사랑을 찾아갈 거야.

(남편은 새로 만난 환경에서 여자들에게 둘러싸여 행복해 하는 장면이 연출된다.)

은희 : 그래, 그렇게라도 살아라. 뭐라도 하는 게 차라리 보기 좋네.

연출가 : 남편이 무척 행복해 보이는데, 괜찮으세요?

은희 : 정말 남편이 저렇게라도 살았으면 좋겠네요. 좋아하는 걸 찾고, 스스로 움직이면 좋겠어요.

연출가 : 질투하지 않는 걸 보니 정말 남편을 사랑하지 않는 것처럼 보이는 군요. 남편에게 진심으로 원하는 게 뭔가요?

은희 : 남편이 아무것도 하지 않아도 좋아요. 사랑하지 않아도 좋으니, 존중과 배려를 해줬으면 좋겠어요.

연출가 : 그런 남편이 한 생애를 마치고 죽음을 맞이할 거예요. 그 죽음 앞에서는 남편에 대한 핵심적인 감정이 무엇인지 알려줄지도 몰라요.

(남편은 검은 천에 덮여 죽은 채로 반듯이 누워있다.)

연출가 : 죽은 남편에게 하고 싶은 말을 해 주세요.

은희 : 행복했냐고 묻고 싶은데, 당신이 말할 수 없으니까 아쉽네. 생각해 보니 살아있을 때도 대답을 못 들었던 건 마찬가지였네. 당신이 뭘 원했는지 내가 알았더라면 답답해 하지 않고 살 수 있었을 것 같은데, 당신이 뭘 생각하는지 모르니까. 내가 너무 바가지 긁어서 미안했어.

연출가 : 사과를 하시는 건가요?

은희 : 네. 미안하네요. 그러나 미안한 건 미안한 거고. 잘 가.

연출가 : 어떤 감정인가요?

은희 : 답답한데, 남편이 죽어서 답답한 건지는 잘 모르겠어요.

연출가 : 막연함도 있나요?

은희 : 막연하게 좀 짠하네요. 그리고 답답해요.

연출가 : 답답함을 느끼는 부위는 어디인가요?

은희 : 가슴이요.

연출가 : 가슴을 치면서 답답하다고 말해 보세요.

은희 : … (말 없이 가슴을 친다.)

연출가 : 이제 가슴의 이야기가 나올 거예요. 가슴이 "답답함"에 대해 말할 거예요. 그 가슴은 무슨 말을 하고 싶어 하나요?

은희 : 잘 죽었다.

연출가 : 남편의 죽음이 당신의 삶을 어떻게 변화시키나요?

은희 : 이제 다시 시작해 볼까. 죽은 건 어쩔 수 없으니까요.

연출가 : '답답하지만 잘 죽었다.'가 맞나요?

은희 : 네. 집에서 누워 있기만 하는 거나 저렇게 죽어 누워 있는 거나 다를 게 없어요.

'자기가 뭘 좋아하고, 내가 무엇을 바랐는지 도대체 알기나 하는 걸까?'라는 생각이 들면 마음이 짠해요. '자기가 좋아하는 거 정말 다 하다 죽은 걸까? 살아있을 때 뭘 참고 살았던 걸까?'라는 생각이 들어요.

(연출가는 죽은 남편에게 다가가서 말한다.)

연출가 : 당신은 아쉬운 삶을 살았네요. 한 여자의 마음을 얻지 못했고. 사랑을 받지도 못했으며 심지어 자신이 무엇을 좋아하는지도 모르고 죽었네요. 당신도 당신의 이유가 있었겠죠. 타고난 게 그런 건지, 아니면 살다보니 그렇게 변한건지. 하지만 당신은 기회를 날려버렸어요. 이미 죽었으니까요. 아내는 당신에게 '가엽고 답답하고 그리고 잘 죽었대요.' 그리고 이제 새롭게 시작해 볼까라는 생각이 든다고 하네요. 당신이 죽은 지 아직 5분도 안 됐는데 말이죠. 당신은 참 불쌍한

사람처럼 보여요. 적어도 아내에게는요. 더 중요한 것은 당신 스스로 자신을 불쌍하다고 생각했을까. 그 질문이 남네요.

(연출가는 은희에게 묻는다.)

연출가 : 남편이 죽은 지 1년이 지났습니다. 새롭게 시작하면 무엇을 하고 싶으세요?

은희 : 애들 열심히 키우고 있어요.

연출가 : 지금 나이가 어떻게 되시죠?

은희 : 서른아홉이요.

연출가 : 아직 마흔도 안 된 나이인데 아이들 키우고 사는 것 말고 다른 이야기는 없나요?

은희 : 사랑이 온다면 피하진 않겠지만 남자가 필요하지는 않네요.

연출가 : 사랑이라는 것은 이성 간의 "사랑" 말고도 많은 부분을 내포하고 있어요. 자식을 양육하거나 예술로 표현되기도 하죠. 성리비도 에너지는 누군가를 위해 봉사하는 것으로도 발현되죠. 그런데 사랑이 많이 메말라 있는 것 같아요. 자신의 생명에너지를 어떻게 사용할 것인가? 가슴을 뛰게하는 설레임이 자신을 살아 숨 쉬게 만들거든요. 일과 양육이 내 삶의 목표는 아니잖아요. 하나의 방편이죠. '일을 떠나서 나를 살아 움직이게 하는 것은 뭘까'를 생각해 보셨으면 좋겠어요. 돈을 떠나서 할 수 있는 일이 있다면 더 좋을 것 같네요. 창조성을 발현할 수 있는 그 어떤 것이든 괜찮아요. 자신의 창조성이 사라진 지점이 어릴 적일 수도 있지만, 친구에게 사랑하는 사람을 빼앗겼던 그 지점도 아주 중요한 포인트예요. 그것에 대한 극복 없이는 성장은 힘들어요. 그때가 몇 살이었죠?

은희 : 19살 때요.

연출가 : 트라우마를 경험한 사람들은 사건 이후로 시간이 멈춰져 있습니다. 우리의 시간은 흘러갔지만 말이죠. 이와 비슷합니다. 당신 안의 사랑의 시간은 19살 때로 멈춰 있어요. 몸은 성장했지만 19살 때의 아이는 아직 그대로 마음 안에 남아 있는 거예요. '얼마나 힘들고 아팠니?' 위로해 주고 챙겨주지도 않았죠. 보듬어 주지 않았죠. 그냥 시간만 흘렀어요. 그 아이는 그대로 거기서 아파하고 있어요. 그건 사라지지 않아요. 토닥여 주고 사랑해 줘서 그 아이가 성장할 수 있도록 도와줘야 해요. 현재의 내 나이가 되도록 말이죠. 그 아이는 생의 순간마다 나타나 당신의 성장을 가로막을 거예요. 그리고 열아홉 아이의 마음 안에 또 다른 아이가 있을지 몰라요. 그런 모든 부분을 다 돌봐줘야 돼요. 자신에게 친절하십시오. 지금 어떤 느낌이 떠오르세요?

은희 : 그 때의 일이 문제였다고는 생각해 보지 못했어요.

연출가 : 그래서 도움이 필요한 것입니다. 스스로 하면 좋으나 도움을 받을 수 있다면 받는 것이 좋겠죠. 자신을 사랑한다 하셨는데 자신을 사랑하는 것과 자신에게 집착하는 것은 달라요. 자기 생각에 집착하고 자기 몸에 집착하는 것은 사랑과는 다른 문제입니다. 이제부터 새로운 삶에 대해 이야기해 봅시다. 남편은 죽었고 새 출발을 시작했습니다. 가장 먼저 뭐가 보이시나요?

은희 : 일상밖에 안 보여요.

연출가 : 그냥 남편만 빠진 거군요. 그게 일상이라고 말할 수도 있겠지만 꿈을 한 번 그려 보십시오. 창조적으로 생각해 보십시오.

은희 : 공부를 하고 싶어요. 광고 분야 공부를 더 할 것 같아요. 저 자신을 위해 더 많은 시간을 쓸 것 같아요.

연출가 : 시간이 흘러 내 안의 아이를 돌보기 시작하면 세상이 달라 보일 거예요. 그 순간이 깨달음의 시간입니다. 내가 돈이 있고 시간이 많다면 하고 싶은 거 없어요?

은희 : 한 달만 집에서 걱정 없이 살고 싶어요.

연출가 : 사고 싶은 물건은 없나요?

은희 : 없네요. 하나도 떠오르는 게 없어요. 놀랍네요. 가진 것도 없는데 가지고 싶은 것도 없다니.

연출가 : 그런 당신에 대해서 어떤 생각이 떠오르세요?

은희 : 저는 뭐하려 사는 걸까요.

연출가 : 몸도 지혜를 가지고 있어요. 다리는 달리고 싶어 하고 손은 가지고 싶어하죠. 몸에 힘을 쓰면 몰랐던 것이 떠오를 거예요. 자 일어나 보시죠.

(은희는 무엇을 해야 할지 왜 사는지 방향을 잃고 있다. 연출가의 요청에 의해 은희는 긴 천으로 된 밧줄로 몸을 묶는다. 남편이 죽음에서 일어나 밧줄을 뒤에서 잡아당긴다.)

연출가 : 남편이 당신을 잡고 있어요. 이곳이 어딘지는 모르겠으나 당신은 이곳에서 나가 어디론가 가고 싶어 해요. 내가 배우고 싶고, 갖고 싶은 어떤 것일 수도 있어요. 몸을 쓰면서 뭔가가 떠오를 수도 있어요. 5분의 시간을 드릴 겁니다. 갑자기 힘쓰지 마시구요. 다칠 수 있습니다. 천천히 움직이면서 "나 갈래"를 외치시면 됩니다.

남편 : 어디가! 집안일 해야지. 같이 게임하자. 가지마. 나랑 같이 놀자!

은희 : (몸은 움직이지 않고 말만 한다.) 진짜 싫다. 끊어버리고 싶어!

연출가 : (관객들에게) 은희에게 해 주고 싶은 말을 해 주세요.

관객1 : 별로 가고 싶어 하지 않는 것 같아요. 꼼짝도 안 하고 있어요.

은희 : 날 놔줘. 그래 같이 가자. 가려면 같이 가자. 좀 가자.

남편 : (밧줄을 잡아당기며) 같이 게임하자. 새 게임 샀어.

연출가 : (은희에게) 이제부터 힘을 좀 더 써 보세요. 남편은 은희씨가

진짜 힘을 쓴다고 느껴질 때 조금씩 풀어줄 거예요. 그 의지가 힘으로 느껴지면 말이죠.

관객2 : (은희에게) 조금이라도 가 봐. 힘을 써 봐!

관객3 : 갈려는 마음이 없구만. 힘을 안 쓰네.

(은희는 서서히 힘을 쓰기 시작한다. 전진하다가 다시 끌려가기를 반복한다. 시간이 흐를수록 힘의 강도가 세지고 밧줄의 긴장도도 팽팽하게 맞서고 있다.)

은희 : 나 갈거야. 제발 좀!

연출가 : 지나온 길을 보세요. 많이 왔네요. 그렇지만 완전히 벗어나진 못했네요. 어딜 그렇게 가고 싶었나요?

은희 : 그냥 아무 곳이나요. 지금만 아니라면 어디든 좋다고 생각했어요.

연출가 : 뒤에서 당긴 건 뭐였어요?

은희 : 책임감과 의무. 내가 짐이라고 생각했던 현실이었어요.

연출가 : 현실의 무게가 날 잡아당기고 있었네요. 그 무게는 어디에서 왔나요?

은희 : 누가 준 것은 아닌 것 같아요. 제 스스로 그렇게 한 것 같아요.

연출가 : 여기까지 온 기분은 어떤가요?

은희 : 더 갈 수 있을 것 같아요. 다 내가 해야 할 일이 아닌 것 같아요. 조금 더 놓아주면 현실을 바꿀 수 있을 것 같아요.

연출가 : 갑자기 안 쓰던 근육을 쓰셔서 2~3일 몸이 좀 아플 거예요. 스스로 묶은 끈을 풀어보실래요. 드라마는 이렇게 끝이 났습니다. 소감을 한 번 말씀해 주시겠어요.

은희 : 뭐라고 정리되는 느낌은 아니지만 '내 생각에만 갇혀서 살았구나.' 라는 느낌이 들었어요. 짜증나고 싫다는 생각만 하면서 살았다는 것을 느꼈어요. 이제는 작은 거라도 시도를 해 보려 노력할 것 같아요.

연출가 : 생각을 해 봐야 하는 부분이 있어요. 은희 씨 자신만의 꿈이 드라마에서 나오지 않았다는 것이었어요.

은희 : 그러게요. 그 점이 저도 놀랐어요.

연출가 : 오늘 남편 역할을 하셨던 분의 이야기를 좀 들어보겠습니다. (남편역에게) 수고 많았습니다. 오늘 남편 역할을 하면서 느꼈던 부분이나 혹은 자연인으로서 해 주고 싶은 말이 있다면 부탁드리겠습니다.

관객(남편 역할) : 제가 남편으로서 은희 씨에게 드리고 싶은 말씀은 남편은 뭐가 문제인지 모르고, 대화를 할 줄도 모르기에 그와 대화할 시간과 공간을 마련해 보셨으면 좋겠구요. 자연인으로서 제가 은희 씨에게 해 드리고 싶은 말씀은 자신이 짊어진 짐이 너무 많아 보이고, 지금 많이 지친 거 같아요. 다 놓아 버리고 싶을 정도로 보였어요. 자신이 얼마만큼을 들 수 있고, 얼마를 놓아 줘야 하는지에 대해 그리고 자신을 아끼는 방법에 대한 자신과의 진지한 대화가 필요한 것 같습니다.

연출가 : 오늘은 은희 씨의 직장동료가 관객으로 오셨는데 오늘 참여하셨던 관객 분들의 이야기도 좀 들어볼까요?

관객1 : 앞으로 나아갈 힘이 있는 사람이라는 걸 믿는다고 말해 주고 싶어요. 힘들지만 한 걸음씩 걸어가는 모습이 정말 멋져 보였고, 꿈을 이룰 수 있을 거라 믿어요!

관객2 : 자신을 사랑한다고 말했지만 아직 그 부분이 많이 부족한 것 같습니다. 자신이 무엇을 좋아하는지를 먼저 생각해 보셨으면 좋겠어요. 그로 인해 남편분하고도 대화가 나아질 것 같아요. 힘내세요.

관객3 : 사랑은 존중받고 배려하는 것이라고 말하셨는데 본인 스스로를 존중하고, 배려할 수 있기를 바랄게요.

연출가 : 은희 씨의 인생이 100이라고 하면 오늘 1정도를 걸어 들어가 본 것 같아요. 앞으로도 스스로 더 많이 삶으로 걸어 들어가셨으면

좋겠습니다. 감사합니다.

은희 : 네 감사합니다.

■ 연출가의 시선 – 사랑없는 결혼의 피해자는 자녀

사랑에 대해 이야기 할 때 은희는 관객석에 앉아서 19세 때 첫사랑을 친구에게 빼앗긴 경험을 이야기했다. 그러면서 '저는 그 이후로 사랑할 수 없게 되었어요.'라고 말했다. 그런 그녀가 결혼을 하고 아이를 낳고 사랑없는 결혼생활을 이어오고 있었다. 우리는 성장과정에서 크고 작은 상처를 경험하면서 그것이 주는 교훈을 터득하고 더 큰 나를 향해 나아가고 있다. 그러나 트라우마처럼 고착된 경험은 도무지 교훈의 목소리를 들려주지 않는다. 성장시계는 거기에서 멈춰서 삶 전체를 한정짓게 만든다. 내면아이의 성장은 멈추고 신체나이만 들어가면서 어른모습을 하고 사회가 부여한 어른 흉내를 내면서 살아가야 한다. 자기의 내면아이를 돌보아 주지 않을 때 그것은 되물림된다. 미숙한 자아는 한 세대에서 다음 세대로 이어진다. 자식에게는 그런 일이 일어나지 않기를 바라면서 온갖 교육을 동원해 훈육하지만 무의식적 에너지는 그렇게 만만하지 않다. 아이에게는 부모의 교육이 필요한 것이 아니라 부모의 모범이 필요한 것이다. 아이는 교육을 통해 성장하지 않는다. 그가 처한 양육환경과 부모의 모범에 의해 성장하며 교육은 부차적인 것이다.

심리적 방어기제 중에 반복강박이라는 것이 있다. 힘들고 고통스러웠던 과거의 상황이 계속해서 반복되는, 강박적인 무의식적 충동을 말한다. 사랑이 없는 가정에서 자라난 아이는 결혼에 대한 거부감을 무의식적으로 가진다. 특히 결손가정이거나 폭력가정일 경우 결혼에 대한 상이 부정적이어서 아예 결혼을 하지 않으려 든다. 반면, 나는 저러지 말고 행복한 가정을 꾸려야지 하는 아이도 결과는 그렇게 녹록치 않다.

노력하면 할수록 뜻대로 안 된다는 것을 알게 되고 결혼생활을 인위적인, 즉 설계한 행복에만 맞춰서 자신을 희생하거나 타인을 희생시키는 결과를 낳게 된다. 결국 그 희생은 오래 가지 못한다. 여아의 경우는 통제 가능한 초식남을 강박적으로 선택하게 되고 남자를 통제하려 들 것이다. 남아는 폭력성을 획득하여 폭력적인 남편이 될 확률이 높다. 이런 환경에서 부모의 자녀교육은 자신들이 만든 오물을 예쁘게 포장해서 다른 것으로 위장하여 아이들에게 주는 행위에 불과하다. 아이들은 본능적으로 그것을 알고 있다. 아이 앞에서 점잖은 교양을 연기해 보지만 표현되지 않는 부부간의 부정적 기운은 독성이 더 강하다. 그 독성에 아이들은 소리 없이 조용히 죽어간다. 아이를 어떻게 교육시킬 것인가를 질문하기 전에 자신에게 그 질문을 되돌려야 한다. 자신은 그 내면아이를 인식하고 있는가? 그 고통체를 인식하고 있는가? 여기에서 출발해야 한다. 모든 경험은 교훈을 가지고 있다. 그 어떠한 일도 그냥 일어나는 일이 없다.

은희의 결혼생활은 그다지 사랑을 필요로 해 보이지는 않는다. 내가 원하는 것을 상대방이 해 줄 수 있는가를 따진다. 현대사회의 결혼은 계약행위이다. 그것이 성스럽든 계산적이든 약속을 통한 혼인서약을 하는 것은 분명하다. 서로에게 의도를 숨긴 가장 이기적인 계약이다. 그것이 너무 교묘하여 결혼 당시 우리는 그 의도를 알아차릴 수조차 없을 것이다. 정직해지자면 우리는 그것을 받아들여야 하는 상황에 놓여 있다. 이익을 보려고 결혼을 하지 손해를 보려고 하는 것은 아닐 것이다. 손해를 보게 되는 시점에서 본전 생각이 나기 시작한다.

사랑의 감정이 사그라들면 이기심은 부부관계에 드라마를 일으켜 먹이를 얻기 위해 배우자를 자극할 것이다. 이기심은 가장 가까운 배우자를 통해서 활성화 된다. 남편은 아내의 아픈 부위를 깨우고 싶어 하고 아내는 남편의 아픈 부위를 건드릴 것이다. 그렇게 해서 아픈 두 부위가 서로 강하게 밀고 당기면서 에너지를 교환한다. 고통이라는 밥을 서로 떠먹여 주며 이기심은 무럭무럭 성장하게 된다. 이기심이 가장 좋아는 하는 밥이 고통이기 때문이다. 실제로 그 고통은 자신의 것임을 인식 하기도 전에 상대방에 안겨주고 있다. "당신 때문이야!" 부부 간 드라마의 대본을 요약하면 이렇게 딱 한 줄이다. 자녀문제, 경제문제, 성격문제, 가족문제 등 가정파탄의 모든 문제는 딱 한 줄로 정리된다.

결혼에 대해서 그나마 계약관계를 잘 이행하고 실행하려면 훈련이 필요하다. 결혼관계에서는 주기적으로 폭력적이고 파괴적인 "당신 때문이야!"의 사건이 일어나기 때문이다. '사랑이 식었다.'라고 말하지 말고 그 사람에 대해 당신이 갖고 있는 이미지는 무엇인가를 스스로에게 물어봐야 한다. 그것은 배우자에게서 얻고자 했던 이기적 계산에 말미암은 것이지 배우자의 문제가 아니다. "당신 때문이야!"라고 말하는 대신 "본전생각이 나는군!" 이렇게 스스로에게 되돌려 보라.

어린 자녀에게는 부모들의 이기심이 벌이는 감정적 폭력이 견딜 수 없는 아픔을 준다. 이것은 대물림된다. 자녀에게 부모역할이 아닌 인격체로 편지를 써 보자. 자신의 부족함에 대해 솔직해져야 한다. 배우자를 원망하거나 탓을 돌리는 내용은 백해무익하다. 부모는 자식이 자기편이기를 바라고 자기입장에서 상대방 배우자를 비난하기를 원한다. "너의 엄마는 말이야", "너의 아빠는 말이야" 이런 식이다. 이것은 가족구성원간에 편을 가르고 소외의 문제를 발생시킨다. 아이에게는 너무나 큰 고문이다. 아이를 자기편으로 만드는 데 성공하는 경우도 있을 것이다. 일시적으로 당신은 위안과 공감을 받을지 모르겠지만 아이는 성장과정에서 반드시 반격해 온다. 먼 훗날 당신을 공격하든 아니면 아이 스스로가 인생을 파괴적으로 만들든 어떠한 형태로든 대가를 치르게 된다. 술만 먹으면 폭력을 휘두르는 사람이 있다. 지나친 음주는 고통체를 활성화시킨다. 술이 깨면 진심으로 후회하며 폭력을 휘두르지 않겠다고 약속한다. 명심하라. 진심으로 후회하는 자와 폭력을 휘두르는 자는 전혀 별개의 인격체다. 반드시 폭력은 되풀이된다. 알콜치료를 받도록 하라.

이혼도 힐링이다.

자신이 변하지 않으면 타인을 변화시킬 수 없다. 그리고 아이입장에서도 한쪽 부모를 경멸하고 증오하게 만드는 것보다 차라리 부모에 대한 그리움이 남는 것이 현명할 수 있다.

4. 자살해 버릴 거야. 엄마 아빠가 나 이렇게 만들었잖아.

주인공 한문식은 직장에 다니는 50대 남자이다. 슬하에 외동아들이 있는데 최근 아들의 급작스러운 일탈로 고통스러워한다. 아들은 흔히 말하는 중2병으로 사춘기를 지나면서 일탈행동과 가치관의 혼란을 겪고 있다. 본인의 청소년 시절로 되돌아가 돌아가신 아버지를 만나고 싶어 한다.

연출가 : 어린 시절로 돌아가 봅니다. 한문식님께서는 자신의 아버지가 되어 청소년인 자신에게 말을 하시는 겁니다. 떠오르는 추억을 말씀하셔도 좋구요. 무엇이든 좋습니다. 시작하시죠.

한문식(아버지 역할) : 문식아 네가 시골에 살 땐 참 좋았었는데. (말을 잇지 못함.)

연출가 : 울컥하는 것처럼 느껴지네요.

한문식 : 막상 아버지가 돼서 말을 하려니까 먹먹하네요. 다시 한번 시도해 보겠습니다.

연출가 : 아버지의 영혼을 불러와 이야기한다고 생각하십시오.

한문식(아버지 역할) : 고등학교 때의 너는 영화 만드는 사람이 되고 싶다고 했었잖아. 하지만 잘 안 되었지. 그렇게 포기하고 힘들어 하는 네 모습을 보는 게 아버지는 참 안쓰러웠단다. 그래도 네가 다시 힘을 내서 그림을 그리고 네 길을 스스로 찾아가니까 그 모습을 보는 게 정말 기뻤단다. 그런데 최근에 네가 너무 힘들어 해서 내가 마음이 좋지 않구나. 네가 힘들 땐 행복했던 순간들을 기억했으면 좋겠다. 그때 시골에서 넉넉하지 않았지만 가난하지도 않았던 그 화목했던 시절을 기억하렴. 지금 아들의 일탈은 네가 한 번도 생각을 못해본 일이라 많이 당황해 하는 것 같구나.

(어린 한문식 역할을 할 보조자아가 등장한다.)

보조자아(한문식) : 아버지 저 어린애예요. 저의 아들은 아직 태어나지도 않았어요. 그건 그렇고 아버지는 제게 왜 자신처럼 살지 말라고 이야기 하셨나요? 왜 "너는 나처럼 살지 마라."라고 말하셨나요?

한문식(아버지) : 너도 알잖아. 나는 젊은 시절을 일본에 의해 강제징용으로 끌려가 노동만 하다 겨우 살아왔고. 한국으로 돌아와서는 내가 할 수 있는 것이 아무것도 없었단다. 내 꿈을 펼칠 수 없었다. 그냥 살아내야만 했어. 사는 게 급급했으니까. 그래서 너는 네 꿈을 이뤘으면 좋겠다는 말이었어.

(앉은 자리를 바꾼다. 한문식은 아버지 역할에서 벗어나 자기 자신이 되고, 보조자아는 아버지 역할을 맡는다.)

한문식 : 그런데 지금 생각해 보면 아버지는 정말 대단하신 분 같아요. 저는 아들 하나 키우는 것도 이렇게 힘든데 아버지는 아들 딸 다섯을 훌륭하게 키우셨잖아요. 아버지의 그림자가 너무 커 보여요. 저는 아

무리 마음을 잡으려고 해도 너무 힘들어요. 어떻게 해야 할지를 모르겠어요. 그러면서도 저 역시 아버지가 안쓰럽고 불쌍하게 느껴집니다.

아버지 : 너는 왜 내 인생이 불쌍해 보인다고 했니? 왜 안쓰러움을 느끼니?

한문식 : 저는 지금도 아버지가 강제징용당하셨다는 부분이 안쓰럽게 느껴져요. 시대를 잘못 태어나신 것 같아요.

아버지 : 아들아 너의 삶과 나와 삶이 무엇이 닮아 있다 생각하느냐?

한문식 : 가정에 첫 번째 가치를 두고 있는 것이요. 그게 닮아 있는 것 같아요.

아버지 : 나는 너의 아버지로 잘 살았느냐? 가정을 지키며 잘 산 것 같으냐?

한문식 : 네 그러신 것 같아요.

아버지 : 나는 아버지로서 네게 사랑을 충분히 주었느냐?

한문식 : 네.

아버지 : 너는 충분히 사랑을 받았느냐?

한문식 : 어렸을 적에는 잘 몰랐는데 요즘 많이 느끼는 것 같아요. 아버지께서 저를 많이 사랑해 주셨다는 것을 느껴요.

아버지 : 아버지의 아들로 태어난 것을 후회하지 않느냐?

한문식 : 후회하지 않아요.

아버지 : 내가 너의 아버지임을 자랑스러워 할 수 있느냐?

한문식 : 네 자랑스럽게 이야기할 수 있습니다.

아버지 : 아들은 아버지로부터 이어진다. 그 아들은 아버지가 되고, 그 아들이 다시 아버지가 되지. 여기 너의 아들을 만나보자구나.

(빈 의자에 한문식의 아들이 앉아있다 상상하고 이야기한다.)

아버지 : (빈 의자를 보며) 이 아이는 너의 아들이자 나의 아들이지.

한문식 : 그런데 왜 이렇게 다를까요? 저는 그 시절에 일탈도 안 했고 방황도 안 했어요. 이 아이와 저는 왜 이렇게 다를까요.

아버지 : 우리가 이렇게 가족이 된 것도 운명이지. 그러니 운명의 신에게 물어 봐야겠지.

(보조자아로 운명의 여신이 등장한다.)

운명의 여신 : 나는 모든 가족에게 똑같은 양의 에너지를 줘. 개별적으로 나눠 주는 게 아니라 가족 단위로 에너지를 주지. 아들이 저렇게 행동하는 것은 네가 네 몫을 쓰지 않았기 때문이다. 그 양은 소비되어야 하고 소비되지 못한 양이 아들에게 간 것이다.

한문식 : 그렇게 말씀하신다면 제가 잘못 한 것 같네요.

운명의 여신 : 공평하게 에너지를 나누고 싶지 않은가?

한문식 : 네 나누고 싶어요. 너무 많은 에너지를 아들에게 줬네요.

운명의 여신 : 그 에너지는 즐거움이냐? 고통이냐?

한문식 : 고통이요. 아들의 고통을 제가 대신 짊어지고 싶어요.

운명의 여신 : 아니, 그건 순수한 즐거움이야. 아들은 지금 순수한 즐거움 속에 있는 거야. 네 눈에 고통으로 보일 뿐이지. 너는 아들의 고통을 나누고자 할 거야. 사실은 그 반대다. 즐거움을 나누는 거지. 그런데 넌 그것을 즐거움이라고 느끼지 못하니 안타깝구나.

(보조자아로 운명의 여신이 퇴장한다.)

아버지 : 운명의 소리를 들었느냐. 아들아. 그리고 무엇을 깨달았느냐?

한문식 : 잘 모르겠어요. 무슨말인지. 아들은 분명 고통 속에 빠져 있는

데 그것이 즐거움이라뇨? 제가 고통의 늪에 계속 빠져 있는 것 같아요. 그리고 두려워요. 아들이 제대로 성장할지 걱정이 되요.

아버지 : 아직도 정신을 못 차렸구나. 나는 네 에너지와 네 즐거움에 대해 물어보는 것이다. 왜 자꾸 아들에게 그것을 미루느냐.

한문식 : 제가 집착하고 있는 것 같아요.

아버지 : 이 아이는 지금 즐거울 뿐이다. 너는 그걸 고통으로 바라보고 있지. 운명의 신이 무엇이라고 말했느냐? 그 아이는 지금 즐거운 상태로 있을 뿐이라고 말하지 않았느냐. 그리고 즐거움을 나누라고. 네 즐거움은 무엇이냐?

한문식 : 지금까지 제 즐거움은 아들과 애 엄마가 기쁘면 그게 제 즐거움이라고 생각했었던 거 같아요.

아버지 : 그건 타인을 통한 충족이지 너의 순수욕망은 아니다. 자신의 순수욕망을 어떻게 채울지 모르니 끊임없이 타인에게 자신의 욕망을 주입하고 억압하려 들지. 너의 욕망을 봐라. 모든 것이 네 곁을 떠났을 때 남는 그 욕망을 봐라. 너는 가족이 사라지면 아무것도 남지 않을 것 같구나. 그냥 사라질 존재야. 넌 지금 어디에 있느냐? 왜 무엇으로부터 네 존재를 확인하려 하느냐?

한문식 : 모르겠어요.

(자리를 바꾸어 앉으며 한문식과 아버지 역할이 전환된다. 한문식은 아버지 역할이 되고 보조자는 한문식 역할이 된다.)

보조자아(한문식) : 모르겠어요. 제 욕망이 무엇인지 모르겠어요.

한문식(아버지) : 답답하겠구나. 그냥 네가 하고 싶은 걸 해. 그걸 그냥 하면 되는 거야.

보조자아(한문식) : 제가 뭘 하고 싶은 건지도 모르겠어요.

한문식(아버지) : 너 예전에 고가의 카메라 샀잖아. 그거 들고 나가서 사진 찍으면 돼. 미술관 가는 것도 좋아하잖아. 그냥 그런 걸 하면 돼.

보조자아(한문식) : 그 시절의 제가 아니에요. 이젠 나이가 너무 들었어요.

한문식(아버지) : 멀리 가기 힘들면 가까운 데 가면 돼. 너무 어렵게 생각하는 거 같아. 그냥 네 삶을 살아. 회사에 너무 집착하지 말고 휴가도 아낌없이 내면서.

보조자아(한문식) : 가족들이랑 같이 가면 될까요? 가족들이 같이 가줄까요?

한문식(아버지) : 거기에는 가족이 꼭 함께해야 할 필요는 없는 거 같구나.

보조자아(한문식) : 가족들과 함께 가야 행복하잖아요.

한문식(아버지) : 그것 때문에 네가 지금 힘들어 하는 거야. 거기에서 좀 벗어나야겠다.

보조자아(한문식) : 어떻게요?

한문식(아버지) : 운명의 신이 말씀하셨잖아. 너는 네 삶을 살고, 아들은 아들의 삶을 살고.

(운명의 여신이 등장해 충격적인 말을 하고 퇴장한다.)

운명의 여신 : 아주 충격적인 방법을 알려주겠다. 이혼하거라!

보조자아(한문식) : 저는 못살 것 같아요. 못살아요. 아버지도 가족 지키시면서 행복하게 살았잖아요.

한문식(아버지) : 너는 너무 집착하고 있다.

보조자아(한문식) : 아버지도 집착하며 사셨잖아요. 그런데 왜 저는 안 되죠?

한문식(아버지) : 나는 너처럼 그렇게 가족들에게 에너지를 몰아서 주지 않았어.

보조자아(한문식) : 저는 아버지와 똑같다고 생각하며 살았습니다. 왜 저는 안되냐구요.

한문식(아버지) : 생각해 보면 다른 부분이 더 많은 것 같구나. 나는 내 삶을 꾸미면서 살았다. 너처럼 자식에게 모든 걸 걸지 않았어. 그리고 죽기밖에 더하겠니. 집착을 버리거라.

보조자아(한문식) : 그러다 진짜로 죽으면요? 어떻게 그렇게 말씀하실 수 있으시죠?

한문식(아버지) : 지금 네가 처한 상황이 그렇다. 그렇지 않으면 넌 거기서 벗어나지 못할거야.

보조자아(한문식) : 운명의 신은 제게 너무 가혹하신 것 같아요. 이혼이라니요?

한문식(아버지) : 지금은 힘들지만 시간이 지나면 그 뜻을 알게 될 날도 오겠지.

보조자아(한문식) : 그걸 알기도 전에 제가 사라져 버릴 거예요. 버티지 못할 거라구요. 제가 행복하기를 바라시는 거 아닌가요?

한문식(아버지) : 행복이라는 게 뭐니? 그것도 네가 먼저 살아야 가능한 거란다. 가족보다 네가 먼저 죽게 생겼는데 가족이 다 무슨 소용이니?

(역할 교대한다. 한문식은 아버지 역할에서 자기 자신으로, 보조자아는 한문식 역할에서 아버지 역할로 돌아온다.)

아버지 : 네가 먼저 살아야지 가족이 다 무슨 소용이 있니?

한문식 : 맞아요. 제가 먼저 살아야죠. 그런데 그게 잘 안 돼요. 아버지에게 배운 건 행복한 가정을 지키는 거였는데 가정을 버리라 하시니까 너무 힘드네요. 아버지 말씀처럼 이혼 후에 시간이 지나면 진정이 될지도 모르지만 그 시간을 보내기가 두려워요. 차라리 지금처럼 고

통 속에서 버티겠어요.

아버지 : 고통? 그게 바로 네 고통의 실체다.

한문식 : 이혼하면 정말 행복해 질까요?

아버지 : 지금이야말로 자신에게 진실할 때이다.

한문식 : 진실하고 싶은데, 그게 잘 안 돼요. 제 삶을 버티게 해 준 많은 가치들이 저를 붙잡아요.

아버지 : 그게 고통체다. 고통과 고통체는 다른 것이지. 너는 현재 일어나는 작은 고통으로 평생에 누적된 고통체를 호출하려고 하고 있어.

한문식 : 너무 힘들어요. 뭐가 뭔지 도대체 모르겠어요.

(역할 교대한다. 한문식은 자신에서 아버지 역할을, 보조자아는 아버지에서 한문식 역할을 맡는다.)

보조자아(한문식) : 도대체 어떻게 해야 하는지 모르겠어요.

한문식(아버지) : 힘들지. 앞이 안 보일거야. 이혼? 할 수도 안할 수도 있지. 각자의 삶을 잘 살면 되는 거지.

보조자아(한문식) : 그건 아버지께서 제게 보여주신 가정이 아니잖아요. 그건 행복이 아니잖아요.

한문식(아버지) : 그래 그렇지. 이젠 그 모습을 네가 버렸으면 좋겠다. 상황이 다르고 시대가 변했어. 이제는 네가 달라질 때야. 아들도 아직 어리고.

보조자아(한문식) : 아버지, 제 아들 이야기한 것이 아니에요. 제 이야기를 하고 있는 겁니다. 당신의 아들이요. 저 고통스러워요. 저는 왜 이렇게 고통스러운 걸까요?

한문식(아버지) : 버리지 못해 그런 거지. 버려!

보조자아(한문식) : 무엇을요?

한문식(아버지) : 집착을 버려야지.

보조자아(한문식) : 서운하게 들리실지 모르겠지만 아버지가 많이 원망스럽습니다. 제 안에는 욕망과 분노가 가득해요. 다 아버지에게로부터 온 것입니다.

한문식(아버지) : 아들아 모든 사람들은 다 비슷해. 서로의 욕망과 갈등을 안고 살아가는 거야.

보조자아(한문식) : 제가 그걸 물려받았어요. 왜 저는 말하면 안 되죠? 왜 인내해야 되죠? 아버지는 제게 최악의 것을 물려주셨습니다.

한문식(아버지) : 아니야. 누군가 그러더라 지폐를 보면 어때? 앞면을 보면 돈이지만, 뒷면의 세종대왕을 보면 하나의 예술품이지. 다르게 봐야지. 지금 힘들다고 어떻게 할거니? 포기하고 내 곁으로 올 거야?

보조자아(한문식) : 왜 그 중요한 말씀을 이제야 해 주시나요. 당신이 삶으로 보여주시지 않고 왜 이제야 말씀해 주시는 건가요?

한문식(아버지) : 그땐 네가 그렇게 고통스러워하지 않았으니까. 넌 어린아이였고 내가 시키는 것을 충실히 잘 따랐으니까.

보조자아(한문식) : 당신이 그걸 쓰지 않았고 저도 쓰지 못해서, 그게 다 제 아들에게 간 것입니다. 참고 억누르고, 지키고 억압하고, 표현하지 않은 것들이 세대를 건너서 폭발한 거예요. 아버지께서 자유와 방종의 에너지를 쓰셨어야죠! 그럼 저도 이렇게 안 됐을 것이고 제 아들도 저렇게 되지 않았을 거예요. 에너지가 골고루 나눠졌을 거예요. 아버지가 자유롭게 표현하시는 것을 보면 저는 즐거웠을 거예요. 저도 아버지의 욕망이 아니라 제 욕망을 좇아가며 내 삶이 즐거웠을 겁니다. 그러면 제 아들도 당연히 즐거웠겠죠.

한문식(아버지) : 어찌 보면 그것도 맞는 말이다. 그런데 이제 와서 어떻게 하겠니? 현명하게 대처해야지. 내가 옳게 살았다고 말할 수 없겠지만 어쩌겠니? 넌 내 아들이고 나는 네 아버지인걸. 네가 할 수 있는 일이 있을 거야.

보조자아(한문식) : 답답합니다.

(역할 교대한다. 한문식은 아버지 역할에서 자기 자신으로, 보조자아는 한문식 역할에서 아버지로 돌아온다.)

한문식 : 현실이 그리 만만하지 않아요. 주말이 되면 아들이 좋아하는 치킨을 사 들고 면회가서 녀석을 보면 그동안 힘들었던 게 눈 녹듯 없어져요. 다시 예전처럼 행복하게 살 수 있을까요?

아버지 : 여전히 그림을 그리는구나! 네가 그린 그림에 아들을 끼워 넣으려 하는구나. 그래야 네가 안전함을 느끼니까. 불안은 그렇게 해서 사라지지 않아.

한문식 : 가장으로서 가족의 미래를 안 그릴 수가 없어요.

아버지 : 그건 네가 그린다고 이룰 수 있는 게 아니다. 사람은 다 독립된 존재야. 모든 사람들이 네가 그린 그림을 위해 태어나는 건 아니야. 넌 너의 부모를 위해 존재한 게 아니다. 넌 그냥 너로 존재한 것이지.

한문식 : 너무 어려운 것 같아요.

아버지 : 세상 그 누구도 어떤 누군가를 위해 태어나지 않는다. 그저 자기 삶을 위해 태어난 거지. 그래서 네가 아픈 것이다. 고통스럽고.

한문식 : 모르겠어요. 왜 저만 이렇게 힘들까요. 이번 한 해가 저를 왜 이렇게 힘들게 하는지 모르겠어요.

아버지 : 힘들어 해야지. 갈등 상황을 피하려는 순간 영원히 갈등은 지속된다. 네가 고통을 주지 않으려는 마음이 있는 한 다른 이는 영원히 고통받게 된다. 다시 말하면, 네가 고통받고 싶지 않은 거야. 하지만 그건 불가능하지.

한문식 : 맞아요. 저는 갈등상황이 싫어요. 그냥 둥글게 둥글게 살고 싶어요. 지금까지 그렇게 잘 살아왔구요.

아버지 : 이래저래 고통은 피할 수 있겠지. 하지만 막다른 골목은 언젠가 마주치게 되어 있어.

한문식 : 피할 수는 없는 걸까요?

아버지 : 그걸 운명이라고 부르는 거다. 버려야지 하는 순간 버리지 못하게 될 거야. 고통을 회피하려는 순간 그 고통은 피할 수 없어. 이제는 받아들여야해. 저항하지 말아야 한다. '난 고통 받을 수 있어.'라는 바로 거기서 출발하는 거다. 오십 중반 삶에서 이제 다시 시작하는 거야. 삶은 녹록치 않다. 그동안 운명의 신이 잘 봐주신 거야. 감사히 생각하거라. 사람은 모두 자유 의지를 가지고 있어. 우주의 원리에 의해 만들어지는 거지. 그걸 통제할 수 있는 건 창조주 '신'뿐이야.

한문식 : 잘 모르겠어요.

아버지 : 쉽게 설명해 주지. 다른 생명체를 존중하는 거야. 자유의지를 존중해 주는 것. 자유의지로 살아가고자 하는데 누가 널 억압하면 좋겠니? 설령 그것이 사회적으로 바람직하고 모두가 추구하는 방향이라도 그게 과연 좋은 걸까?

한문식 : 개인이 먼저 좋아야겠죠. 사람이 우선이니까요. 그런데 제 아들은 아직 미성년자잖아요. 제가 돌봐 줘야 하는 게 맞는 거 같은데 그게 틀렸나요? 아직 어리잖아요.

아버지 : 넌 최선의 것을 하고 있어. 이 무대 위로 아들을 불러올 테니 얼마나 최선을 것을 하고 있는지 보자구.

(장면이 병원의 면회 장소로 전환된다. 보조자아로 아들이 등장하고 한문식이 아들을 면회하고 있다.)

한문식 : 아들아 너는 이제 중2야. 한참 놀고 싶고 친구들하고 지내고 싶겠지. 아빠가 네게 많은 걸 바라는 게 아니야. 네 친구들처럼. 아침에 일어나 학교 가서 친구들 만나 놀고, 학교 끝나고 때되면 집에 들어오고, 그걸 바라는 거야. 그런데 넌 학교도 안가고 담배도 펴. 아빠는 네가 평범하게 살았으면 좋겠다.

아들 : 아빠 다 알고 있어. 되게 꼰대 같아. 6개월 전에 드라마 치료 할 때도 이야기한 거잖아. 그때나 지금이나 변한 것이 아무것도 없어. 그래서 내게 하고 싶은 말이 뭐야?

한문식 : 그냥 평범하게 살았으면 좋겠어.

아들 : 평범한 게 뭔데? 내 친구들 다 나랑 비슷해. 병원에서 지내는 게 어때? 그걸 먼저 물어봐야지. 아빠가 나를 병원에 강제 입원시켜 자유를 통제해 놓고 죄책감에 시달린다 전해 들었는데 거짓말한 거야?

한문식 : 죄책감 느끼는 거 맞아. 하지만 네가 혹시나 더 안 좋은 길로 갈까봐 널 병원에 있게 할 수밖에 없어.

(보조자아등장하여 한문식의 죄책감 역할을 맡는다.)

죄책감 : (한문식에게 소리친다.) 그 말이 아니잖아. 아들 자유를 구속해서 죄책감 느꼈다면서?

한문식 : 그래, 그게 그 말이야. 하지만 갑갑하다고만 하잖아. 엄마 아빠와 의사선생님들의 생각이나 마음은 신경 안 쓰고 본인 생각만 하잖아. 그게 문제잖아!

죄책감 : 넌 죄책감을 느끼는 게 아니야. 그냥 답을 가지고 있는 거지. 넌 널 속이고 있는 거야!

한문식 : 그래서 어떻게 하라고? 죄책감을 느끼니까 아들을 병원에서 꺼내줘야 돼?

죄책감 : 넌 그냥 죄책감 없는 거야. 알았지?

한문식 : 아예 없는 것은 아니야.

죄책감 : 이제 그런 이야기 하지 마. 나한테!

한문식 : (아들에게 눈빛이 강렬해진다.) 넌 거기 있는 게 마땅해!

아들 : 왜요?

한문식 : 넌 너무 방탕하고 자유로웠어!

아들 : 한 번도 자유로웠던적이 없는데?

한문식 : 넌 그냥 뭐든 자유롭게 하려고 하잖아. 책임은 안 지고.

아들 : 그래요. 나 자유로워. 병원만 아니면 다 좋아요.

한문식 : 넌 너만 생각해. 그래서 못 내보내는 거야!

아들 : 아빠 아까 운명의 신이 이야기한 거 잊어버렸구나. 아빠만 고통으로 받아들인다는 말. 나는 내 맘대로 사는 게 신나고 즐거워. 그 즐거움을 각각 나눠서 가지고 그렇게 그림그리지 말라고 했는데!

한문식 : 그럼 경찰서에서 전화오면 안 나가도 돼? 그냥 너 사고치게 놔둬? 그래, 집착한 거 하나 있다. 너 학교 유급 안 시키려고 했던 것. 그런데 넌 진정한 자유와 행복에 대해 생각해 봐야 돼.

아들 : 알았어. 생각해 볼게. 그럼 아빠 그림에 날 넣지마! 아빠는 내 자유와 방탕이 싫은거지? 책임 없는 자유가 싫은 거지? 그게 줄어들기를 원하지? 아까 답을 말해 주시던데. 내 것을 30%씩 가져가라고. 내 방탕을 아빠 엄마가 가져가라고. 나눠 가져가! 나한테 강요하지 말고. 날 바꾸고 싶지? 그럼 내 안으로 들어와야지. 밖에서 춤춘다고 내가 바뀌나? 누구든지 구조를 변형시키고자 하는 자는 그 구조 안에 들어가지 않으면 안 되는 거야. 내 삶을 살아보지 않고서는 나 못 바꿔! 당신들이 방탕이라고 생각하는 모든 게 나한테는 즐거움이야. 카메라를 사든 여행을 떠나든 그게 즐거움이면 그렇게 사시라고! 그게 진정으로 느껴질 때, 내 광기도 줄어들 거야.

한문식 : 알았다. 나도 더 이상 네가 만들어 내는 드라마에 엮이지 않겠어! 네가 뭘하든 신경 안 쓰고 나의 순수욕망에만 충실하겠어. 좀 불안하긴 하지만.

(장면이 전환된다. 병원에서 자살 소동이 일어났고, 한문식과 보조자아 역할로 엄마가 응급처치를 받은 아들을 다시 면회온다.)

아들 : (관객을 보며 말한다.) 엄마! 나 꺼내줘! 나 힘들어. 나 죽을 것 같아. 자살해 버릴 거야. 엄마 아빠가 나 이렇게 만들었잖아. 나 조금만 더 있으면 조폭 될거야. 나쁜 짓만 하고 다닐거야. 그러니 제발 꺼내줘. 나 자유롭고 싶다고. 나 손목 긋는다. 엄마 앞에서 죽어 버릴 거야!

의사 : 여보세요? 어머니시죠? 여기 병원인데요. 손목을 긋고 자해를 했습니다. 조치를 취했지만 많이 불안정한 상태입니다. 병원으로 빨리 오셔야겠습니다.

엄마 : 네 알겠습니다. (아들을 보며) 왜 이랬어?

아들 : 내보내 달라고 했잖아. 나 자살할 거라고 했잖아.

엄마 : 엄마 아빠한테 그렇게 말하는 아이가 어디 있니. 자살할 거라니.

아들 : 그런데 나 못 죽었어.

엄마 : 네가 죽는다고 원하는 걸 얻을 수는 없어. 네가 죽지 않았으면 좋겠고 그렇다고 널 내보내 줄 수도 없어. 네가 했던 행동과 손목의 상처가 네가 누린 자유에 대한 책임이야. 진정으로 책임을 질 때 자유를 인정해 줄 수 있어. 아무리 협박해도 못 내보내줘!

아들 : 차라리 죽는 게 나을 뻔 했어.

엄마 : 네 머릿속 목소리를 들어봐. 지금 말하고 있는 건 누구니? 그렇게 말하고 행동하도록 시키는 그 사람은 누구야? 어떻게 생겼니?

아들 : 멋있어. 키도 크고 엄청 카리스마 있어.

엄마 : 엄마가 스케치북하고 크레파스를 줄 테니까 한 번 그려봐. 내가 해 줄 수 있는 건 그것 뿐이야. 그리고 그 애가 왜 왔는지 물어봐. 그리고 또 언제 올 것인지도 물어봐줘. 그때 엄마 다시 올게. 그리고 이렇게 이야기할 거야. "그 녀석이 또 왔구나."

아들 : 다음엔 목매달거야. 진짜 죽을 거야.

엄마 : 그렇게 말한다고 엄마 변하지 않아. 엄마는 네 안에 있는 그 아이에게 겁먹지 않아. 내가 그 녀석보다 더 강하니까. 지금 말하는 네 머릿속에 있는 그 이야기는 겁나지 않아. 네가 더 큰 자유를 알게 될 때까지 엄마는 기다릴 거야.

아들 : 무슨 말 하는지 모르겠다고!

엄마 : 몰라도 돼. 엄마도 네가 알 거라고 생각 안 해. 하지만 네 몸 어딘가에는 이 이야기가 남아 있게 될 거야. 나는 그 녀석에게 하는 이야기니까.

한문식 : 많이 힘들었구나 아들아. 너 힘든 거 보면 엄마 아빠도 정말 힘들어.

아들 : 아빠 힘든 건 내 관심사 아니고 내가 힘들다고! 아빠가 아무리 힘들다고 해도 난 몰라. 관심 없다고. 아빠의 그 동정심 전략은 실패야. 빨리 꺼내 달라고!

한문식 : 누가 그렇게 말하라고 시키는 거야?

아들 : 엄마 아빠 다 이상해졌어.

한문식 : 아빠는 엄마 의견에 동의해. 네가 잘 생각했으면 좋겠어. 진정한 자유가 뭔지 엄마가 다 이야기했잖아. 우리 둘은 같은 생각이야.

아들 : 날 정말 사랑하면 날 풀어줘. 자유를 줘. 나 진짜 죽을 거야.

한문식 : 네게 더 큰 자유를 주려는 거야. 네가 죽어도 어쩔 수 없지. 네 운명이지. 슬프겠지만 어쩔 수 없는 일이지.

의사 : 면회 끝났습니다.

(장면이 전환된다. 보조자아가 등장하여 아들내면 역할을 맡는다.)

아들 : 어떻게 하지? 실패했어.

아들(내면자아) : 약점을 찔러야지. 엄마는 죄책감에 시달리고 있고, 아빠는 사회적 시선을 중요하게 생각하잖아. 더 깊이 흔들어야지. 그들의 고통체에 고통을 하나 더해 줘야 해. 고통체는 우리가 태어나면서부터 가지고 있는 부정적 에너지의 집합체거든. 더 미친 척 하는 거야. 병원에서도 쫓겨날 정도로 미친 척 하는 거야. 의자를 던지고, 거울을 깨고, 간호사들 협박하고 더 강하게 나가.

아들 : 알았어.

(장면이 전환된다. 아들이 병원에서 난동을 부리다가 제지당하여 묶여 있다.)

의사 : 어머니? 병원입니다. 아이가 난동을 부리고 있거든요. 빨리 좀 와주셨으면 좋겠습니다.

아들 : 풀어줘. 답답해. 죽을 것 같다고. 엄마~ 나 좀 풀어줘. 엄마가 나 이렇게 만들었잖아. 다 엄마가 한 거야. 다 엄마 때문이야.

엄마 : 그 녀석이 또 왔구나. 이번엔 뭐라고 말하든?

아들 : 다 엄마 때문이래.

엄마 : 이번에 그 녀석은 어떤 모습을 하고 있었어? 뿔이 나 있어? 멋있어?

아들 : 어 멋있어. 똑똑하고 아이디어도 많아.

엄마 : 그랬구나. 그 녀석이 한 거구나. 그 녀석이 말하는 거구나. 엄마 죄책감 건드리라고 작전을 짠 거구나. 난 내 아들을 보러 온 거지 그 녀석을 보러 온 거 아니야.

아들 : 엄마 왜이래? 나한테 안 미안해?

엄마 : 안 미안해. 네 머릿속에 그 녀석은 다 엄마 탓이라고 하지. 잘 생각해 보렴. 네가 어떤 선택을 해서 한 건지. 여기 스케치북이랑 크레파스 있어. 여기다 잘 그려 보고 써 봐. 엄마가 해 줄 수 있는 건 이것뿐이야. 다음 번에 엄마가 오면 또 그 녀석이 찾아와 있겠지. 그때는 잘 지켜봐. 그 녀석이 무슨 말을 하고 어떻게 힘들게 하는지. 엄마 아빠 모두 바빠. 이제 우리 즐거움을 찾았거든. 드럼이 이제 수준급으로 늘었고 공연도 할 거야.

아들 : 나도 하고 싶어. 나도 할래.

엄마 : 엄마는 엄마 즐거움을 말하는 거야. 그러니까 들어. 나도 내 자유를 말할 자유가 있는 거야. 이제 엄마는 바리스타 자격증 공부도 시작했어. 새 일자리도 구할 거고, 밤늦게 아르바이트도 할 거야. 너도 알잖아? 아빠가 얼마나 고리타분한지. 그래도 아빠가 허락해 줬어. 내가 원하고 즐겁고 행복해 하니까. 몸도 건강해지고 그래서 아빠에게 더 잘 하고 있어. 서로 윈윈하는 거지. 이제 혼자 여행도 잘 다녀. 아마 다음 번 면회 때는 여행 중일지도 몰라. 그땐 여행을 포기하지 않을 거야. 이것 또한 네 몫이야.

한문식 : 요즘은 아빠가 주말에 집에 없어. 아빠 비싼 카메라 있지? 요즘 시간 날 때마다 사진 찍으러 다니고 있고 연말에는 전시회도 하기로 했어. 동호회 사람들이랑 만나서 사진 인화도 해야 하고 엄청 바빠. 열심히 네 즐거움을 나누는 중이야.

연출가 : 누군가 진정으로 무언가에 집중하고 즐거움을 느끼면 주변 사람도 그걸 느껴요. 사랑에 빠지면 숨길 수 없는 것과 비슷해요. 두 분이 진정으로 삶의 재미와 즐거움을 느끼면 아들은 그때부터 변하기 시작할 겁니다. 즐거움을 느끼는 것은 죄책감과는 관계가 없어요. 자신의 즐거움을 찾는다고 아이에게 미안해 하지 않으셨으면 좋겠습니다.

■ 연출가의 시선 – 중2병? 게임의 규칙을 바꿔라!

중2병을 앓고 있는 가정들은 의외로 많다. 홍역을 치루듯이 한 번은 앓고 지나가야 할 다리이긴 하나, 간혹 그 정도가 사회적 일탈범위를 넘어서는 경우가 있다. 학교폭력은 가정폭력으로 이어지고 부모의 통제를 벗어나 완전히 다른 세계로 탈출한다. 나는 그것을 탈출속도라고 부른다. 우주선이 지구중력을 벗어날 때 내는 속도이다. 공격성이 강한 아이일수록 내면의 취약성이 많을 확률이 높다. 다시 말해 내면의 힘이 약할수록 외부적 공격으로 자신을 강하게 보이게 하려는 것이다. 혼자의 힘으로 충분히 강함을 증명할 수 없으므로 무리를 찾고 세력을 형성하게 된다. 한 번 방아쇠가 당겨진 총알은 멈춤을 모르듯이 일탈은 계속 더 강하게 이어진다. 분명 방아쇠 역할을 하는 친구가 있기 마련이고 아이는 그 친구의 힘에 이끌리게 된다. 청소년 시기는 힘의 논리가 지배한다. 공부를 잘하면 잘하는 것도 힘의 논리가 되고 싸움을 잘하면 그것도 힘의 논리가 된다. 특히 폭력이라는 힘의 논리에 지배되기 시작하면 거기에는 일상이라는 단어는 더 이상 존재하지 않는다. 술, 담배, 갈취, 폭행 등을 통해서 힘을 더 길러나가야 한다. 힘이라는 속성은 어느 누구도 자신을 통제하지 못한다는 것을 보여줘야 하기 때문이다. 그러나 진정 힘이 있는 사람은 그것을 외부로 증명할 필요가 없다.

아이들은 부모에게 순종하는 것으로 시작한다. 학교가 끝나면 학원을 다니고 숙제를 하며 잘 지내는 것처럼 보인다. 보수적인 부모는 그들의 상을 아이에게 투영하기 마련이다. 아이들은 내면을 억압하고 따른다. 이때 부모들은 '얼씨구나' 하고 요구가 점점 많아지게 된다. 그러나 언제까지나 이렇게 살 수는 없다. 언젠가는 아이도 반격한다. 큰 반란이냐 작은 반란이냐의 문제만 남아 있을 뿐이다. 그것은 지금 드러나지 않는다 해도 아이가 성장해서 어른이 되어서 찾아올 수 있다. 그

때는 이미 당신이 죽은 후 일지도 모른다. 처음에는 소극적 반항으로 시작한다. 수동 공격형이라 부르는 방어기제가 아이에게 찾아온다. 숙제를 안 한다든지, 부모의 말을 못 들은 것처럼 행동한다. 그 다음 “나를 좀 내버려 두세요.”라는 것으로 바뀐다. 여기까지 부모는 그 신호를 알아차리지 못한다. “이 녀석이 어딜 감히” 이것이 아이에 대한 반응의 전부다. 교육과 훈육이 더 강해진다. 그러다 억압과 통제가 심해지면 “나 이런 사람이야. 그러니 날 건드리지 마”라는 방식으로 바뀐다. 그때부터 눈에 보이는 일탈이 시작되고 탈출속도를 내기 시작한다. 여기까지 오면 상황은 통제 불능이 되는 경우가 많다.

이번 생이 처음인 것처럼 자녀의 일탈이 처음인 부모로서는 어떻게 대처해야 할지 몰라 당황하게 된다. 자녀의 문제는 외부환경적인 요인도 무시할 수는 없지만 대부분이 가정에서 출발한다. 열악한 환경에서도 가정이 건강하고 탄탄하면 아이는 가다가도 다시 돌아온다. 건강한 가정이란 것은 무엇일까? 그것은 위기 앞에서 회복탄력성의 힘을 가진 가정이다. 아이들은 힘의 논리에 지배당한다. 그 힘이 가정에서 느껴지지 않을 때 서열을 아래 순위에 놓는다. 신체가 성장하는 청소년기에는 아버지와도 힘겨루기도 한다. 아이들은 신체적 힘은 있으나 정신적 힘이 부족하다. 그 정신적 힘이 가정에 있어야 한다. 아이에게 끌려다니는 부모에게는 가정의 정신적 힘을 기대하기 어렵다. 탈출속도에 맞춰 아이의 요구에 부응하고 힘없이 끌려다니다 보면 아이는 자신이 세상에서 통제할 수 없는 힘을 가진 사람으로 착각하기 쉽다.

이미 문제가 발생해서 아이가 고통이라는 공격을 받는 동안 부모가 할 수 있는 일은 감정적인 반응에 말려들지 않도록 하는 것 외에는 별로 없다. 아이의 감정을 너무 심각하게 받아들이지 않아야 한다. 아이는 부모가 제공한 그 심각한 감정으로 더 고통체가 커진다. 당신의 무반응에 아이의 고통체는 좌절하고 잠시 후 더욱 격렬해질지 모르지만

머지않아 진정된다. 다행히 아이들의 고통체는 어른보다 대개 활동 시간이 짧다. 이런 심리를 모르고 아이에게 굴복하게 되면 아이는 이렇게 생각할 것이다. '내가 더 불행할수록 더 많이 얻게 된다.'를 배우게 된다. 이것은 아이의 현재뿐만 아니라 미래 삶에도 장애적 요소를 초래한다.

부모는 일어나는 일에 의연해야 한다. 자아가 약한 아이는 힘의 논리에 의해 강한 쪽으로 자동적으로 이끌린다. 현재 부모의 이야기가 효과가 없는 이유는 자기를 이끌 힘을 부모로부터 느끼지 못하기 때문이다. 부모가 우왕좌왕 애걸복걸 난감해 할수록 아이는 더 힘이 강한 쪽으로 이끌린다. 그 강한 힘을 가진 아이가 처음에 방아쇠를 당겼던 친구이다. 그래서 친구에게 끌리고 그 친구이야기만 들으려 하고 의지하는 것이다. 적어도 그 친구는 자기에게 우왕좌왕 애걸복걸하지 않는다. 오히려 확실한 신념을 가지고 무엇인가를 행하는 것처럼 보일 것이다. 아이는 그것이 힘이라고 믿기 쉽다. 아이는 자기 문제를 해결해 줄 힘이 부모에게는 없다고 판단한다. 그래서 어떤 일이 있어도 의연해야 한다. 의연하다는 것은 그냥 평소처럼 일상을 살아내는 것을 말한다. 농부는 밭을 갈고, 나무꾼은 나무를 하고, 직장인은 직장에 나가고, 배울 곳이 있으면 등록하고, 가야할 곳이 있으면 평소대로 가는 것이다.

이것은 일종의 게임이다. 게임은 규칙이라는 것이 있다. 그런데 아이가 게임의 규칙을 일방적으로 변경시키고 벗어난 것이다. 부모는 그것에 말려들었고 끌려다닌다. 패배를 인정해야 한다. 자식이라는 이름 하나만으로도 칼자루는 쥐는 것이 자식이다. 부모는 칼끝을 쥘 수밖에 없다. 어떡해야 할까? 부모도 룰을 바꾸어야 이 게임에 승산이 있다. 부모가 가지는 룰은 '학교는 가야 한다. 잠은 집에서 자야 한다. 나쁜 애들과 어울리면 안 된다. 경찰서에는 가면 안 된다. 소년원에 가서는 안 된다.' 등 일 것이다. 이런 룰을 가지고 있는 한 부모는 자식이 시작한 게임에서 질 수밖에 없다. 아이는 그 룰이 더 이상 의미가 없기 때문이다.

필요 없는 규칙을 누가 지키겠는가. 부모는 룰을 다시 생각해야 한다. '우리는 때 되면 밥먹고 출근하고 일상을 그냥 살아낸다.' 그것이 부모의 룰이다. 그것이 부모가 아이한테 보여줄 수 있는 힘이고 의연함이다.

아이가 진정국면으로 돌아서면 대화해야 한다. 사건이 생긴 후 24시간을 기다린 후 대화하라. "어제 그렇게 소리를 질렀던 건 왜 그랬던 거야? 기억나니? 어떤 기분이었니? 기분이 좋았니? 너한테 붙어 있던 건 대체 뭐였을까? 이름이 있니? 없어? 만약 이름이 있다면 무슨 이름일 것 같아? 모습이 보인다면 어떤 모습을 하고 있을까? 어떻게 생겼는지 그림으로 그려 볼 수 있겠니? 그 녀석이 어딘가로 간 뒤엔 어떻게 되었을까? 잠자러 갔을까? 이 녀석이 또 올 것 같니?" 이 질문들은 한 예에 불과하지만, 어떤 질문이라도 아이의 관찰능력을 일깨우는 것이 그 의도이다. 관찰능력! 이것이 아이가 고통체와의 동일시에서 벗어나도록 도울 것이다.

아이가 고통에 처해 있는 현실에서 부모로서 특히 엄마 입장에서 눈물이 나오는 것은 당연한 일이다. 그러나 나약함의 눈물을 도움이 되지 않는다. 그렇다고 울지 말라는 이야기는 아니다. 깊은 내면에서 오는 연민의 눈물은 힘을 가진다. 부모로서 아이에게 애걸하는 것은 그만 두어야 한다는 것이다. 그것은 구걸과 다를 바 없다. 우리가 자선을 베풀 때는 동정심이 느껴질 때 마음을 내어 준다. 아이는 부모에게 동정심을 느낄 이유가 전혀 없는 상태이다. 부모로서 꼭 해야 할 필수적인 것들, 즉 필요한 것을 챙겨 주고, 위험에 처하지 않도록 보호해 주는 것, 무엇을 해야 하고 무엇을 하지 말아야 하는지를 말해 주는 것으로 족하다. 그 이외에는 부모가 아니라 부모 역할이라는 강박에 불과하다. 자식을 염려하는 것처럼 보이는 행동일지라도 부모라는 역할 정체성을 유지하기 위한 것이다. 아이를 통해 부모가 완전해 지려고 하는 에고센트릭한 경향일 뿐이다. 자신의 결핍감이 아이에게 향하고 있지는 않은지 점검해야 한다. 아이가 어떠한 고통도 경험하지 않도록 보호할 수 있다면 얼마나 좋을까 생각하지만 그렇지 않다. 그런 경험이 없다면 아이는 독립된 인간존재로 성장하지 못할 것이며 문제 해결능력도 상실될 것이다.

5. 저도 좋아했던 음식이 있었을 텐데, 뭘 좋아했었는지 기억이 안 나요.

부부가 함께 참여한 사이코드라마이다. 문제 상황을 해결하려고만하는 남편과 마음을 알아달라는 아내와의 이야기가 갈등의 주 호소내용이다. 남편이 산책 후에 먹을 것을 사서 집으로 들어와 아내 백아영과 대화하는 장면으로 시작한다.

남편 : 여보 나 왔어. (음식 산 걸 혼자 먹으면서 들어옴.)

백아영 : 이건 자기가 좋아하는 거잖아. 자기는 꼭 자기가 좋아하는 것만 사오더라.

남편 : 원래 사람은 다 그래.

백아영 : 나는 안 그런데. 나는 항상 당신이 좋아하는 것 그리고 아들이 좋아하는 것을 먼저 사는데. 그러다 결국 내가 좋아하는 것은 잊어버리고 당신과 아이 것만 가져 오게 돼.

남편 : 앞으로는 당신이 좋아하는 것 먼저 사.

백아영 : 나는 그 말을 하려는 게 아니야. 당신이 집에 있는 나를 생각해 주면 좋겠어.

남편 : 무슨 소리야. 아침에 같이 산책하고 제과점에서 당신이 좋아하는 커피도 매일 사다 주잖아.

백아영 : 그건 얼마 안 된 일이잖아. 당신은 과일가게가면 포도만 사잖아. 당신은 내가 무슨 과일 좋아하는지, 아들이 어떤 과일 좋아하는

지 알아?

남편 : 같이 가서 사과 사잖아. 냉장고에 사과도 많고 있고 그것이 음식물 쓰레기가 되어서 많이 버려지잖아. 난 버려지는 것이 아까워.

백아영 : 내가 말하는 것은 당신이 나를 생각하느냐 안 하느냐를 말 하는 거야. 마음을 말하는 거라구.

연출가 : (백아영에게) 의자 위로 올라가서 말씀해 보시겠어요.

(백아영은 의자 위로 올라서서 아래를 내려다보며 남편에게 말한다. 물리적으로 높은 위치에서 아래를 내려다보며 말하면 힘과 용기를 가지게 된다.)

백아영 : (좀 더 단호해진 목소리로) 내가 원하는 건 나를 생각하는 마음이야!

남편 : 근데 내가 회사에서 뭘 사오거나 가져오면 언제부턴가 당신은 짜증을 내기 시작했어. 그러니까 나도 사오고 싶지 않고. 그리고 내가 "뭐 사갈까?"라고 물으면 항상 "글쎄, 괜찮아"라고 말하잖아. 필요한 게 있으면 말을 해!

백아영 : 당신은 말하는 동안 불안한 듯 몸이 이리저리 흔들리고 있어. 눈도 다른 곳을 보고 있지. 나와 눈을 마주치면서 말하기라도 했나?

남편 : 이게 내 습관이야.

백아영 : 난 항상 당신을 보고 있었어. 나는 흔들리지 않았어. 내 몸도 내 눈빛도. 당신에게 뭐라고 하는 게 아니야. 내가 본 걸 말하는 거야. 당신이 습관이라고 말하는 것을 말해 주고 있는 거야.

(역할 교대한다. 남편은 아내 역할을, 백아영은 남편 역할을 맡는다.)

백아영(남편) : 최근 들어서 내 것도 좀 사오긴 하던데, 왜 당신 먹을 것만 사와?

남편(백아영) : (울먹이며 한동안 말이 없다.) 당신이 원하는 게 있으면 직접적으로 말을 해. 구체적으로 말을 해 줘. 그런데 나한테 마음을 원하지는 마. 나 그런 거 몰라. 내 안에 없어. 그래서 당신을 이해할 수가 없어. 당신은 너무 감정적이야. 내 머리로는 이해가 안 돼. 나한테는 없는 기능이야. 당신이 말하는 것을 내가 다 사온다고 해도 당신이 만족하지 않을 거라는 거 알아. 당신은 마음을 원하니까.

(역할 교대한다. 본래 자기 역할로 돌아온다.)

연출가 : (백아영에게) 당신은 남편에게 충분히 이해받고, 사랑받고 있다고 느끼나요?

백아영 : 아니요. 남편이 무언가를 해 주는데 내가 그것을 원하는 게 아닌 것 같아요.

연출가 : (남편에게 묻는다.) 당신은 왜 답을 먼저 생각하시나요? 인생이란 풀어야 하는 문제에 답을 찾는 것이라고 보는 건가요? 당신이 답을 찾지 않으면 어떻게 되나요? 만약 답을 찾지 못하면 어떻게 되나요? 당신이 정말 힘들 때 누구에게 위로와 위안을 받나요?

남편 : (고개를 숙이고 말이 없다.) ....

연출가 : (백아영에게) 당신은 왜 그렇게 공감받기를 원하시나요? 남편의 사랑과 위안 없이는 존재하지 못하나요? 하고 싶은 게 있어도 남편이 거부하면 할 수 없나요? 타인의 감정에 얼마나 많은 사람들이 깊이 공감할 수 있을까요? 그 사람이 되어 보지 못했는데 과연 얼마나 알 수 있을까요? 공감받는 것에 왜 그렇게 민감하신 건가요?

백아영 : (고개를 숙이고 말이 없다.) ....

(연출가의 질문에 둘 다 말이 없자, 역할 교대를 통해 서로에게 느낀 점에 대해 말해 보는 시간이 주어진다. 빈 의자에 상대방이 앉아 있다고 생각하고 떠오르는 것을 말한다.)

남편 : 뭔가를 정할 때 내 마음대로 했던 것 미안해. 이제는 미리 물어 보고 상의하는 습관을 가질게. 그런데 당신이 모든 부분을 나에게 기대는 거 원치 않아. 자율적으로 했으면 좋겠어. 내가 당신이 원하는 거 말리려고 있는 사람도 아니고. 그런데 당신이 너무 즉흥적으로 말하니까 이렇게 생각해 보면 어떨까 하고 내 생각을 말해 주는 거지.

백아영 : 당신은 내가 즉흥적으로 말한다고 이야기하지만 혹시 몇 년 전에 제주도에서 감귤따기 했던 것 기억나? 그때 내가 얼마나 즐거웠는지? 그리고 내가 다시 오고 싶다고 말했던 것 기억해? 당신은 내가 했던 말들 하나도 기억 못하지? 이런 말도 했었어. 이 농장도 이 감귤도 내 것이 아닌데 내 마음이 너무 풍족해지는 것 같다고. 당신은 그때 내 감정, 말에 대해 관심이 없잖아. 그리고 가끔 말했잖아. 아들이 대학가면 제주도에 작은 농가주택 하나 마련해서 둘이 오붓하게 살았으면 좋겠다고.

(실제 남편 퇴장하고 관객 중의 한 명이 남편 역할로 초대된다.)

보조자아(남편) : 그 감정을 어떻게 그렇게 세세하게 다 기억을 해. 그리고 어떻게 다 알아차릴 수가 있어? 나는 덩어리만 이해하는 사람이야. 당신처럼 민감하지 않아. 그냥 그러려니 했지. 그런데 이런 말을 들을 줄은 몰랐네. 마치 내가 잘못한 거 같다. 그렇게 느껴져.

백아영 : 당신이 잘못됐다는 게 아니라 그냥 우리 둘이 서로 다르다는 것을 말 하는 거야. 서로의 다름을 이해하고 인지하는 지점부터 새롭

게 시작할 수 있어. 그런데 당신은 명확한 그림이 있지. 그래서 거기서 벗어나면 아니라고 말하는 거야. "아, 그렇구나!"라고 말하는 게 아니라 "이렇게 되어야지"라고 말하지.

남편 : 여태껏 살면서 나를 그렇게 몰라? 같이 살다 보면 어떻게 하나부터 열까지 다 챙기면서 살아. 큰 것들만 챙겨도 잘 사는 거지. 그리고 당신도 프레임 강한 사람이야.

백아영 : 그래, 나도 프레임 강한 사람이야. 당신보다 더 할지도 모르지. 하지만 당신과 나와는 차이점이 있어. 당신이 말했지. "아직도 날 몰라?"라고. 아니! 난 당신을 너무나 잘 알아. 그리고 이제는 나를 알기 시작했어. 내 안에 프레임이 있다는 것을 알기 시작했어. 하지만, 당신은 프레임이 있다는 것조차 스스로 모르고 있지.

보조자아(남편) : 충격인데. 당신은 당신을 알고 나는 나를 모른다는 게. 그런 말을 듣는다는 게 충격이네. 둘 다 프레임을 가지고 있는데 당신은 알고 있고, 나는 모른다는 게 충격이다. 그리고 누구보다도 당신이 나를 잘 알고 있고 내가 당신을 잘 모른다는 게 충격이야. 무엇을 알면 안다고 말할 수 있는 걸까? 머리가 복잡해진다. 사실 이전에는 몰라도 잘 살 수 있었거든. 갑자기 복잡해졌어. 지금까지 내가 믿고 살아왔던 규칙들을 의심해야 하는 건가? 아니야. 난 잘 살아왔어. 앞으로도 그렇게 살아갈 거야. 지금 바꾼다는 건 너무 위험해. 이제 와서 어떻게 하라는 거야. 오늘은 의문점 하나만 남기겠어. 다 받아들이지도 말고 다 거부하지도 말고 오늘은 물음표 하나만 남겨서 가자.

(보조자아 남편은 퇴장하고 장면이 전환된다. 부부는 제주도 농장에서 감귤따기 체험을 하고 있다. 감귤을 따며 느꼈었던 즐거움을 마음껏 표현하고 있다.)

백아영 : 여기 정말 좋다. 나중에 제주도로 이사 와서 살면 좋겠다.

남편 : 그래 그런데 지금은 돈이 없어. 나중에 돈 벌면 이사오자. (혼잣말로) 설마 진짜로 오자는 건 아니겠지? 그냥 지금 행복하다는 걸 그렇게 표현하는 거겠지?

백아영 : 나중에 나이들면 감귤농장하면서 살자.

남편 : 시골 땅 팔면 살 수 있어. 나중에 사자. 대신 조건이 있어. 가족이 함께 해야 돼.

연출가 : (남편에게) 가족이 함께 해야 한다는 것에 대해 좀 더 자세히 말씀해 줄 수 있나요?

남편 : (관객을 보며 말한다.) 사실 나 불안해. 당신이랑 자식이 나를 버릴까봐. 그게 정말 두려워. 그 두려움 속에서 하루하루를 살아왔어. 태연한척 참고 인내하면서 살아왔어. 이유는 단 하나야. 가정을 내안에서 묶어 두기 위해서였지.

백아영 : 난 당신 필요 없어. 땅만 사 주면 되고, 귤나무 내가 심으면 되고. 아들만 있으면 돼. 당신은 이제 나한테 필요 없어.

남편 : (태연하게) 그래? 요즘 '나는 자연인이다'라는 TV프로그램 보고 있는데 좋아 보이더라. 나도 혼자 살고 싶었어. 이혼하고 싶었다고! 내가 말하는 것은 자유를 말하는 거야. 두려움 없이 사는 걸 말하는 거야. 혼자 있어도 두렵지 않는 삶을 말하는 거야.

연출가 : (남편에게) '혼자'와 '두려움'이란 단어로 대사를 만들어 보십시오.

남편 : 사람은 살면서 때로는 두려움을 느끼지. 그런데 영원히 누군가와 함께 할 수는 없는 거잖아. 언젠가는 혼자 남게 되잖아. 그래서 굳이 그렇게 두려워할 필요는 없는 것 같아. 미리 준비하는 것도 나쁘지 않는 것 같아.

관객 : (남성 관객 몇 명이 말한다.) 응원합니다. 당신의 꿈을 지지합니다!

(장면이 전환된다. 백아영은 요즘 제주도 감귤농장에 인력이 없어서 사람을 모집한다는 인터넷 구인기사를 보고 있다.)

백아영 : 여보 나 제주도 갈래. 제주도 감귤따는 사람을 모집한대. 나 그거 해 보고 싶어 예전부터 너무 하고 싶었어.

남편 : 그래 당신이 가고 싶으면 가는 거야. 그런데 거기서 자유로울 수 있어?

백아영 : 그렇게 말하는 것은 가지 말라는 것으로 들리는데?

남편 : 아니야. 나는 찬성인데 걱정이 된다는 거지. 당신은 정신력이 너무 약하잖아. 금방 무너지고 약해지잖아. 정말이야. 그 점만 괜찮으면 난 좋아. 당신 알잖아. 나는 어릴 때부터 당신이랑 결혼하기 전까지 혼자 객지 생활을 했잖아. 난 혼자가 익숙한 사람이야. 그런데 당신은 그렇지 못하니까.

(백아영의 속마음 역할로 내면자아가 등장한다.)

내면자아 : (백아영에게) 정말 가고 싶어 했잖아. 제주도 한 번 다녀오는 게 상담 몇 번 받는 것보다 훨씬 좋다는 것도 알잖아.

백아영 : 남편이 말렸고 아들도 생각이 났고. 그래서 용기가 나지 않았어. 그래서 주저한거야.

내면자아 : 너는 진정으로 감귤따기를 원하는 게 아니야. 그저 이 현실을 잊을 수 있는 무언가를 찾을 뿐이지. 그게 너를 사로잡을 만큼 소중한 것이 아니야.

백아영 : 가고 싶어. 갈 거야. 머리도 식히고 여행도 하고 싶어. 이제는 남편과 아들이 없는 나로서 살고 싶어.

(내면자아 퇴장하고 장면이 전환된다. 음악이 흐르고 조명이 무대 밖을 비춘다. 백아영은 무대에 혼자 앉아서 조명이 비추는 곳을 따라 저 멀리 바라본다.)

연출가 : 당신은 긴 여행을 통해 여기까지 왔습니다. 눈앞에 바다가 펼쳐져 있고요. 저 끝에 당신이 앉아 있습니다. 우리에게 당신의 이야기를 들려주세요.

백아영 : 내가 진짜 좋아하는 게 뭔지 모르겠어. 내가 좋아했던 것들을 다 잃어버린 것 같아. (울음이 터진다.) 내 머릿속에는 당신과 온통 아들 생각뿐이야. 옷을 살 때도 사회 생활하는 당신과 학교다니는 아이 거는 좋은 걸 사고, 나는 길거리에 파는 매연 잔뜩 묻은 옷을 사요. 내가 뭘 좋아했었는지 이젠 기억이 안 나요. 주말에 쉬는 날 점심을 차리고 저녁을 차릴 때도, 밖에 나가 외식을 할 때도 아이에게 물어보고 남편에게 물어봐요. 내가 뭘 좋아하고 즐겨 먹었는지 기억이 안 나요. 요즘 둘만 있으니까 남편이 외식하러 갈 때 무엇을 먹을지를 내게 물어봐요. 그러면 그냥 "당신 먹고 싶은 대로 가"라고 해요. 저도 좋아했던 음식이 있었을 텐데. 뭘 좋아했었는지 기억이 안 나요. 저도 하고 싶었던 일이 있었을 테고, 갖고 싶은 물건, 먹고 싶은 것들이 있었을 텐데. 그런 것들이 하나도 기억나지 않아요. 제가 하고 싶었던 것들은 마지막 순간에 늘 아이에게 밀려 포기했어요. 제가 갖고 싶고 먹고 싶었던 것들을 20년 가까이 하지 않으면서 잊어버리게 된 것 같아요.

연출가 : 이 바닷가에 앉아서 남편과 아이에게 편지를 써 보십시오.

백아영 : 여보 그리고 아들아, 나도 분명 간절히 바랬던 것들이 있었을 테고, 꼭 갖고 싶었던 것들도 있었을 테고, 좋아했던 음식들도 있었을 텐데 그런데 지금은 그런 것들이 뭐였었는지 기억이 하나도 안 나. 아이가 함께 있을 때는 아이가 좋아하는 걸 먹으러 다녔고, 이제

는 내가 먹고 싶은걸 먹으러 가자고 하는데 내가 뭘 좋아했었는지 기억이 안 나. 그냥 아이나 남편이 먹는 걸 같이 따라 먹었던 것 같아. 그냥 나를 잃어버린 것 같아. 내가 어떤 사람이었는지 기억이 안 나. 고향에 갈 때마다 이전에 친구들이 보내 줬던 편지와 쪽지들을 보면 '내가 이런 사람이었구나. 내가 예전에는 이랬구나.'라고만 느껴.

연출가 : 당신이 가고자 하는 곳이 저기 있습니다. 저곳은 어딘가요? 무엇을 하실 건가요? 어떻게 하면 갈 수 있을까요?

백아영 : 가까이 있는 것 같은데 가는 길이 험할 것 같아요.

연출가 : 알고 있는 길이죠? 가까이에 있지만 먼 길이 될 수 있겠죠.

백아영 : 네 알고는 있어요.

연출가 : 어떻게 가야 할까요?

백아영 : 다 내려놓고 가야 할 것 같아요.

(백아영은 절에서 탑돌이를 하면 편안함을 느낀다고 했다. 연출가는 무엇을 내려놓을지 말해 보도록 요청한다. 백아영은 의자를 탑이라 생각하고 탑돌이를 하면서 말을 한다.)

백아영 : (두 손을 합장하고 탑돌이를 한다.) "저는 저의 두려움을 내려놓습니다.", "저는 제 아들과 남편을 놓겠습니다.", "저는 제가 가진 욕심을 내려놓겠습니다.", "저는 저의 가족을 다 내려놓겠습니다.", "저는 모든 것을 내려놓겠습니다.", "나는 다 내려놓음으로써 진정한 나를 찾겠습니다."

연출가 : 침묵 속에서 두 바퀴를 더 돌겠습니다. 당신을 내려놓음으로써 무엇을 얻고 싶으신가요?

백아영 : 제가 어떤 사람이었는가를 찾고 싶습니다. 하고 싶었던 일이 무엇이었는가를 찾겠습니다. 그 노력을 게을리하지 않겠습니다. 아주 조

금씩 천천히 나아가겠습니다. 포기하지 않고 꾸준히 나아가겠습니다.

연출가 : (무대의 탑돌이 의자를 가리키며) 본래의 자기는 저 탑처럼 이곳에 있었습니다. 움직인 것은 나였죠. 수없이 많은 사람들이 움직이며 갈구하고 희망하지만 그것들과는 아무런 관계없이 본질은 항상 여기 있었습니다. 본질은 찾는 게 아니라 보는 것입니다. 보면 찾아지는 것이죠.

백아영 : (한참동안 탑을 바라보다 이내 고개를 숙이고 눈물을 흘린다.) "너, 거기 있었구나." 너는 항상 그 자리에 그렇게 있는데, 언제나 거기에 그렇게 똑같이 있어 왔는데 너한테 가지 못했구나. 넌 언제나 거기 있어 왔는데 오늘 널 봤구나. 넌 언제나 그 자리에 빛나게 앉아 있구나. 그리고 늘 나를 지켜봤구나. 흔들리는 나를. 어지러운 나를. 혼란스러운 나를. 아주 명료하게 다 보고 있었구나. 오늘은 내가 너를 본다. 그리고 감사하다. 감사하다. 참으로 감사하다. 너에게 너무나 감사하다. (눈물이 주르륵 쏟아진다.)

연출가 : (마음이 진정되는 음악을 튼다. 5분 정도 음악이 흐른다.) 고개 숙이실 필요는 없습니다. 숙연해지고, 눈물이 흐르더라도 우리는 바라볼 수 있습니다.

(장면이 전환된다. 숙연해진 남편이 무대 중앙에 앉는다.)

연출가 : (남편에게) 저는 알고 있습니다. 당신이 얼마나 좋은 사람인지 얼마나 괜찮은 남자인지 알고 있습니다. 그렇지 않다면 이곳에 오지도 않으셨을 겁니다. 정말 고지식한 분이었다면 이곳에 오지 않으셨을 거예요. 사실 당신은 충분히 좋은 사람입니다. 다만, 이런 일이 일어났던 것입니다. 그리고 우린 그것을 받아들이는 과정 중에 있는 것이죠. 우리는 신의 목소리를 통해 여러 목소리를 듣고 있는 것입니

다. 이제 자신에게 말씀하시면 됩니다. 자신이 앉아 있다 생각하시고 하고 싶은 말씀을 하시면 됩니다.

남편 : 사는 게 참 힘들어. 이제 좀 쉬고 싶다는 생각이 많이 들어. 너도 힘들지? 갑자기 큰 사고가 났는데 무슨 사고인지를 모르겠어. 어디서 잘못된 건지 모르겠고 뭐가 잘못된 건지도 모르겠어. 엉망진창에 뒤죽박죽이야. 인생을 헛살아온 것 같아. 그래도 난 강해지고 싶어. 내가 이야기 하나 해 줄까? 고등학교 때 국어 선생님께서 알려주신 시 하나를 들려줄게. 인생예찬이라는 시야. "이 세상 드넓은 싸움터에서 인생의 거친 야영지에서 말 못하며 쫓기는 짐승이 되지 말고, 싸워서 이기는 영웅이 되어라." 피하지 말고 당당이 맞서자. 잘 될 거야. 모든 게 다 잘 될 거야. 힘내자!

연출가 : 노을이 지면 밤이 찾아오고 달이 떠오를 것입니다. 오늘 밤에는 꼭 달빛을 보셨으면 좋겠습니다. 달빛이 당신의 마음을 위로해 줄 거예요. 감사합니다.

■ 연출가의 시선 - 스승이여, 결혼은 무엇입니까?

— 칼릴 지브란 [류시화 번역]

그때 알미트라가 다시 물었다.
그러면 스승이여, 결혼은 무엇입니까.
그가 말했다.

그대들은 함께 태어났으니, 영원히 함께 하리라.
죽음의 흰 날개가 그대들의 생애를 흩어 버릴 때에도
그대들은 함께 있으리라.
그렇다.

신의 말없는 기억 속에서도 그대들은 함께 있으리라.
그러나 함께 있되 거리를 두라.
그래서 하늘 바람이 그대들 사이에서 춤추게 하라.

서로 사랑하라.
그러나 사랑으로 구속하지는 말라.
그보다 그대들 혼과 혼의 두 언덕 사이에
출렁이는 바다를 놓아두라.
서로의 잔을 채워 주되 한쪽의 잔만을 마시지 말라.
서로의 빵을 주되 한쪽의 빵만을 먹지 말라.
함께 노래하고 춤추며 즐거워하되
서로는 혼자 있게 하라.
마치 현악기의 줄들이 하나의 음악을 울릴지라도
줄은 서로 혼자이듯이.

서로 가슴을 주라.
그러나 서로의 가슴속에 묶어 두지는 말라.
오직 큰 생명의 손길만이
그대들의 가슴을 간직할 수 있으니.
함께 서 있으라.
그러나 너무 가까이 서 있지는 말라.
사원의 기둥들도 서로 떨어져 있고
참나무와 삼나무는 서로의 그늘 속에선 자랄 수 없으니.

Then Almitra spoke again and said,
“And what of Marriage, master?”

And he answered saying :

You were born together,
and together you shall be for evermore.
You shall be together
when white wings of death scatter your days.
Aye,
you shall be together even in the silent memory of God.
But let there be spaces in your togetherness.
And let the winds of the heavens
dance between you.

Love one another,
but make not a bond of love :
Let it rather be a moving sea
between the shores of your souls.
Fill each other's cup
but drink not from one cup.
Give one another of your bread
but eat not from the same loaf.
Sing and dance together and be joyous,
but let each one of you be alone,
Even as the strings of a lute
are alone though they quiver with the same music.

Give your hearts,

but not into each other's keeping.
For only the hand of Life
can contain your hearts.
And stand together yet not too near together :
For the pillars of the temple stand apart,
And the oak tree and
the cypress grow not in each other's shadow.

- 작품 『예언자(The Prophet)』 (1923년) 중 -

결혼에 관해서 이 시처럼 아름다운 이야기는 없다. 이 시(詩) 외에 더 보탤 이야기도 뺄 이야기도 없다.

6. 너 혼자 그렇게 살아. 나는 이렇게 못 사니까!

최근에 아내는 갑작스럽게 부모를 여의고 이 세상에 홀로 남겨졌다. 결혼생활 동안 시어머니는 자기 마음에 들지 않는다는 이유로 폭언과 욕설로 아내를 괴롭혀 왔다. 의지할 가족은 남편뿐인데 그럴 때마다 남편은 시부모님께 말 한 마디 못한다. 아내는 이제 지쳤다. 이렇게 살다간 정말 죽어버릴 것 같기에 남편과 헤어짐을 생각한다. 무대 위에 남편과 아내가 서로 반대편에 거리를 두고 바라보고 있다.

연출가 : 두 분은 마주하고 선 후에 서로 움직일 겁니다. 서로를 마주보고 다가갈 수 있는 만큼 서로에게 다가 서세요. 바라보면서 각자 느껴지는 대로 움직이면 됩니다. 저는 움직임을 통해 두 분의 관계를 지켜보도록 하겠습니다.

남편 : (아내 쪽으로 다가선다.)

아내 : (남편이 다가오자 멀어지려 한다.)

연출가 : 아내가 어떻게 반응하는 것 같아요?

남편 : 회피하는 것 같고 방황하는 것 같습니다.

연출가 : 아내 분은 남편의 행동에 반응하셔도 됩니다. 반응한다는 것은 반응하지 않는 것도 포함되는 거구요.

아내 : (아내는 여전히 남편을 피하고 시선을 마주치지 않는다.)

(보조자아가 이혼 역할로 등장한다.)

연출가 : 두 분 앞에 이혼이 등장했습니다. 이혼은 주변을 맴돌 거예요. 그에 따라 자연스럽게 반응하시면 됩니다.

이혼 : (무대 위를 걸어 다니며 남편과 아내를 왔다 갔다 한다.)

(남편은 이혼을 피해 멀리 떨어지려고 한다. 아내는 이혼의 곁에 머물고 이혼의 손을 잡는다.)

연출가 : (남편에게) 당신은 뭘 하고 계시죠?

남편 : 그녀가 이혼을 선택한 것을 보고 있습니다.

연출가 : 그냥 바라만 보시네요. 아무것도 할 것이 없나요?

남편 : 뭘 어떻게 해야 할지 모르겠어요.

(이혼은 퇴장하고 보조자아가 남편의 엄마 역할로 등장한다. 남편은 아들 역할을 맡는다.)

엄마 : 아들아 뭐하고 있니? 그딴 년하고 이혼하고 나한테 오렴.

아들 : 난 엄마에게 가지 않을 거야. 엄마가 내 인생을 망쳐 놨어. 엄마 아빠가 내 인생을 모조리 망쳐 놨어!

엄마 : 내가 널 망쳤다고?

아들 : 당신들이 어렸을 적부터 지금까지 내 모든 걸 망쳐 놨어. 이젠 당신들 손아귀에 놀아나지 않을 거야. 어른이면 어른답게 행동을 해야지.

엄마 : 넌 어른 아니니?

아들 : (팔다리가 덜덜덜 떨리면서) 난 이제 내 인생을 자유롭게 살 거야.

엄마 : 자유? 말은 그렇게 하고 있지만 지금 불안하고 두려워하는구나. 네 손과 발이 그렇게 말하고 있어. 흔들리고 떨리는 몸이 다 말하고 있어. 그런데도 네가 어른이라고? 엄마를 봐라. 미동이라도 있는지. (너무나 단단하게 서 있다.)

아들 : 당신은 독한 여자라 그래. 모든 걸 파괴시켰으면서 무슨 할 말이 더 있어.

연출가 : (아들에게) 어머니는 당신을 파괴시킨 게 아닙니다. 그저 자기 태어난 대로 산 것이죠. 아들을 사랑하고 있고요. 자기 마음에 안 드는 여자와 당신이 결혼하길 원치 않았을 뿐이죠.

엄마 : 아들아 내게 오렴. (엄마가 다가서자 아들은 피한다.)

아들 : 엄마는 엄마 인생을 살아. 형도 있고 동생들도 있잖아. 이제 그만 날 내버려 둬. 이제 내 인생 살 거야.

엄마 : 이제까지 키워놨더니 그게 무슨 말이냐? 저 따위 년하고 결혼이나 하고.

아들 : 엄마보다 훨씬 좋은 여자야. 그런 말 하지 마.

엄마 : 내가 아니었으면 너는 태어나지도 않았어.

아들 : 내가 태어나고 싶어 태어난 것도 아냐. 자식을 낳았으면 도리와 의무를 다해야지.

엄마 : 네가 자식 낳아 봐라. 곱게 키웠더니 이렇게 변하는구나. 그러니까 처음부터 내 말을 들었어야지. 다 저 년이 문제야!

아들 : 남 핑계만 대고 엄만 항상 그런 식이야.

엄마 : 저길 보거라. 네 아내가 뭐하고 있는지. 저 년이 지금 이혼이랑 같이 있잖니?

아들 : 혼자 어떻게 할 수 없으니까 저러고 있는 거야.

엄마 : 그럼 저렇게 둘 거야? 네가 말한 어른다운 행동이 저거니?

(보조자아 엄마는 퇴장한다. 이혼이 다시 등장한다.)

연출가 : (이혼에게) 천천히 남편 쪽으로 이동하십시오.

이혼 : (남편에게) 그런데 너희 아내는 왜 나를 찾아왔지?

남편 : 내가 아프게 했으니까 찾아왔겠지.

이혼 : 너도 아내를 아프게 했구나. 넌 엄마랑 뭐가 달라?

남편 : 난 잘못된 걸 깨닫고 고치려고 노력하고 있어.

이혼 : 그런데도 이렇게 날 찾아오게 해?

남편 : 많이 아프게 했으니까 그랬겠지.

이혼 : 그렇게 말만 하면 네가 엄마랑 무슨 차이가 있어?

남편 : 엄마는 자신의 잘못을 못 깨닫고 있어.

이혼 : 차라리 엄마가 낫지. 욕이라도 퍼붓고 표현이라도 하잖아. 넌 아무것도 표현하지 않잖아? 넌 상담을 받아서 나아지고 있다는 착각에 빠진 거야. 머리는 혼내고 훈계하면 받아들이지만 몸은 그렇지 않아. 엄마를 봤었을 때 넌 다시 어린애로 돌아갔어. 그 어디에도 힘이라고는 느낄 수가 없었어. 네가 엄마랑 다르다면 부인이 날 찾아오지 않았을테지!

남편 : 난 엄마랑 다른 사람이야. 난 한다면 하는 사람이야. 절대 약한

사람이 아니야. 단지 선택을 안 하고 있는 거지.

이혼 : 그게 나약한 거 아닌가?

남편 : 선택은 정말 중요할 때 하는 거야.

연출가 : (아내에게) 남편을 보고 어떤 말이 떠오르시나요? 생각나는 대로 말해보세요.

아내 : 나는 더 이상은 이렇게 살수 없어. 당신이 엄마랑 뭐가 달라? 당신 엄마는 대놓고 날 싫어한다고 말이라도 하지. 당신은 행복하게 해준다 말하면서 행동은 똑같아. 맨날 거룩한 척 상황이 불리한 척 하기만 하잖아. 네가 거짓말 한 것을 나한테 뒤집어씌우는 것도 가증스러워. 부모님 돌아가신 것도 너무 힘든데 어떻게 나한테 그럴 수 있어? 넌 위선자야! 네가 착하고 좋은 사람이고 싶어서 나를 하찮은 악녀로 만들었어. 내 모든 걸 파괴시키면서 그렇게 착한 척을 해야 돼? 나를 꼭 그렇게 미친 여자로 만들어야 하냐고! 당신이 말하는 책임이 뭔데? 이혼 안 하는 게 책임이야? 이렇게 하루를 사느니 그냥 죽는 게 나을 것 같아. 당신은 천박해. 고인이 된 우리 부모님까지 모욕하는 말을 듣느니 차라리 죽는 게 나을 것 같아.

(이혼은 퇴장하고, 보조자아로 아내의 돌아가신 아버지가 등장하여 딸에게 말을 건넨다. 아내는 딸이 되고 남편은 밖에서 지켜본다.)

아빠 : 딸아.

딸 : (울음을 터뜨린다.) 나도 데리고 가. 여기 못 있겠어. 못살겠어.

아빠 : 아빠가 어떻게 해 줄까? 영혼의 세계에서는 다 해 줄 수 있어. 아빠가 위에서 다 보고 있었단다.

딸 : 아빠 미안해.

아빠 : 아니 미안해 할 필요 없단다.

딸 : 죽어서까지 욕먹게 해서 너무 미안해. 아빠 돌아가시던 날 행복해 하는 얼굴이 보여서 너무 좋았는데. 그래서 하늘나라에서는 행복하길 바랐는데. 내가 욕되게 해서 미안해. 내가 잘못 선택해서 미안해.

아빠 : 네 잘못이 아니야. 세상에 그냥 일어나는 일은 아무것도 없어. 우리 딸은 지혜로우니까 더 깊은 목소리를 들을 수 있을 거야.

딸 : 아빠! 내가 아빠 많이 미워했었는데. 그래서 미안해 너무 미안해. 아빠랑 풀 것도 많아서 같이 할 시간이 필요한데. 너무 힘들고 견딜 수가 없어. 아빠 곁으로 가고 싶어.

아빠 : 그래 언제든지 올 수 있어. 하지만 지금은 아니야.

딸 : 나 못 견디겠어. 진짜 열심히 살았는데 저 사람 만나서 다 파괴된 것 같아. 열심히 산 거 아빠도 알지? 그런데 이제 다 파괴된 것 같아.

아빠 : 무엇이 파괴되었니? 널 파괴시킨 게 누구야? 넌 무엇으로부터 파괴되었니?

딸 : 몰라. 왜 이렇게 한꺼번에 일들이 일어나 날 힘들게 할까? 이 세상에 단 한 명이라도 내 편이 남았으면 이렇게 힘들지 않을 텐데.

(아버지 퇴장하고 남편 등장한다.)

연출가 : (남편에게) 여긴 무대입니다. 연극 무대예요. 없는 이야기가 나오기도 하고 더 과장되기도 합니다. 무대란 그런 곳이니까요. 현실하고 혼동하지 않았으면 좋겠습니다. 당신은 방금 부녀의 대화를 들었습니다. 이 여인(아내)에게 하고 싶은 말을 해 주실까요?

남편 : (무덤덤하게) 많이 힘들었나 보다.

(보조자아가 남편의 내면목소리로 등장한다.)

내면목소리 : (남편에게) 그 말 한 마디면 충분하겠어?

남편 : (역시 무덤덤하게) 내가 널 파괴시켜서 미안하다.

연출가 : 남편의 내면의 목소리는 남편의 무덤덤한 목소리를 그대로 따라해 보세요.

내면목소리 : (무덤덤하게) 많이 힘들었나 보다. 내가 다 파괴시켜서 미안하다.

연출가 : (남편에게) 당신 내면의 목소리가 말 하는 모습이 어떻게 보이시나요?

남편 : 감정이 없어 보이네요.

연출가 : 이 친구(내면목소리)에게 연민을 느끼시나요? 이 친구가 행복하고 사랑을 받으면서 자란 것 같나요?

남편 : 아니요. 사랑도 못 받고 힘들게 자란 것 같아요. 연민이 느껴져요.

연출가 : 이 사람은 왜 이렇게 밖에 표현을 못할까요?

남편 : 그게 자기 스타일이니까요.

연출가 : 내면의 목소리에게 요구해 보세요. '다르게 표현할 수 있는 방법을 말해주세요.'라고요.

남편 : (내면목소리에게) 넌 다시 말할 수 있어. 조금 더 길게 표현해 줬으면 좋겠어.

내면목소리 : 네가 말해 줘. 어떻게 말해야 하는지.

남편 : 당신 너무 힘들어하는 것 같아. 당신 어머니, 아버지가 돌아가셨는데 내가 잘 챙겨주지 못해서 미안해. 지켜주지 못해서 미안해. 그리고 당신 부모님 모욕해서 미안해.

연출가 : 전보다 길게 이야기했는데 어떤가요?

남편 : 네 훨씬 나은 것 같아요.

연출가 : 이 이야기를 아내 분께 직접 해 보시기 바랍니다.

남편 : 당신 너무 힘들게 해서 미안해. 장인어른과 장모님 돌아가셨는

데 고인을 모욕해서 정말 미안해. 모두 나 때문에 파괴된 것 같아. (말의 내용은 길어졌지만 감정은 여전히 느껴지지 않는다.)

연출가 : 길게 이야기 해 보니까 어때요?

남편: 좀 나은 것 같아요.

내면목소리 : (남편에게) 그런데 감정은 어디다 뒀니? 국어책 읽어? 이건 휴먼드라마야. 서사물이 아니고 서정시라고!

남편 : (단호하게) 이게 내 스타일이야!

(남편과 내면의 목소리가 역할을 교대한다. 남편은 내면목소리가 되고, 내면목소리는 남편이 된다.)

내면목소리(남편) : (남편이 한 말을 그대로 따라한다.) 이게 내 스타일이야.

남편(내면목소리) : 맞아. 그게 내 스타일이야. 그냥 스타일이 다른 거지 뭐.

연출가 : (남편에게) 여기까지인가요? 스타일은 고수하고 내용을 보태서 말하는 것 이외의 감정은 거기까지인가요?

남편(내면목소리) : 네 전 감정이 없어요.

(아내가 등장한다.)

연출가 : 남편이 이렇다는 거 결혼 전에 알고 계셨나요?

아내 : 아니요.

연출가 : 이렇게 말하는 남편에게 말씀해 보시죠. 참고로 남편의 표현은 방금 한 것이 최선입니다.

아내 : 그냥 돈을 주고 로봇을 사는 게 나을 것 같아. 그런데 로봇은 내 인생을 망가뜨리거나 괴롭히지는 않잖아. 암기 테스트하냐? 못 외울

까봐 긴장하는 거 같다. 나는 좀비 같은 당신을 노예처럼 끌고 다니는 당신 엄마가 되려고 결혼한 게 아니야. 존중받고 싶다고 했지? 나는 당신을 존중하고 싶은데 스스로 존중받지 못하게 행동하잖아. 로봇을 어떻게 존중하지? 감정도 없는데 그냥 짓밟아도 되겠네? (분노에 차서 욕설을 퍼붓는다.) 야! 개새끼야! 야 나쁜 놈아! 괜찮겠네? 감정이 없으니까? 개 쓰레기야! 너 그런 새끼면 그냥 네 집에 가서 살아. 나 괴롭히지 말고! 너 원래 그런 놈이라면서. 당신이나 당신 아빠나 똑같으니까 그냥 가서 그렇게 살라고! 당신이 그랬잖아. 당신 아빠랑 다르게 살고 싶다고. 그런데 똑같이 사는 걸 선택하잖아. 감정이 없는 게 아니라 감정을 들여다보는 게 두려운 거야. 자기 진짜 모습을 보면 견딜 수 없을 것 같으니까 맨날 그렇게 도망치고, 나만 그렇게 괴롭히는 거잖아 이 비겁한 놈아. 너 혼자 그렇게 살아. 나는 이렇게 못 사니까!

(남편의 내면 목소리 등장한다.)

내면목소리 : (남편에게) 너 언제부터 그렇게 됐니?

남편 : 어렸을 적부터.

내면목소리 : 누가 널 이렇게 만든 거야?

남편 : 내 부모들이 이렇게 만들었어.

내면목소리 : 언제부터?

남편 : 초등학교 때부터였어. 아빠가 술 마시고 집에 들어오면 형이랑 나를 때리기 시작한 그때부터.

내면목소리 : 그때 어땠어?

남편 : 억울했지. 잘못한 게 없는데 우리 형제들을 때리고 처벌했어. 자기들 부부싸움 때문에 우리는 내쫓겨서 추운 겨울에 밖에 나가서 벌

벌 떨었어.

내면목소리 : 그땐 아무것도 할 수 없었겠네?

남편 : 어렸으니까 아무것도 못했지.

내면목소리 : 난 너의 내면의 목소리이자 잃어버린 네 감정이기도 해. 오랫동안 네 안에 있어 왔어. 날 똑바로 봐. 부인하고 싶겠지. 더 이상 숨을 곳은 없어. 이렇게 내가 튀어나왔으니까. 부모님이 너한테서 감정을 빼앗아 간 게 아니야. 그렇다면 난 여기 없었겠지. 날 봐 눈에 보이잖아. 이게 실체고 네 감정이야. 부모님이 빼앗아 간 게 아니고 네가 선택한 거지. 네가 닫은 거야. 난 아직도 갇혀 있어. 수십 년 동안 햇빛 보기를 바랐어. 그런데 너는 나한테 햇빛을 주지 않아. 나한테 단 한 번도 친절하게 대한 적 없는데 누구한테 친절을 바라겠니? 그 많은 사람들 중에 네가 진정으로 사랑했던 사람이 있는지 봐봐. 친절했고 사랑했다고 어디 나한테도 거짓말해 봐!

남편 : 거짓말할 게 없지. 난 감정이 없어!

내면목소리 : 또 거짓부렁이야! 내가 이렇게 앉아 있는데 없다고 부인하고 있잖아. 그게 가장 큰 거짓말이지. 날 설득해 봐 돌대가리야!

남편 : 내가 널 설득할 필요는 없어. 내가 왜 그래야 하지? 난 그냥 타고난 대로 사는 것뿐이야.

내면이야기 : 난 너니까. 난 네 안에서 살아야 하니까. 하지만 이렇게 사는 것도 이젠 진절머리가 나. 신물이 나고 역겨워!

남편 : (적의에 가득 찬 눈빛으로 소리를 지른다.) 난 너를 통제할 수 있어! 나오지 마!

(내면목소리는 남편을 덮친다. 목을 조른 후 다리를 꺾어서 누른다.)

내면목소리 : 내가 통제당한 만큼 너도 통제당해 봐! (힘을 더 가하면서)

아프지? 아프면 소리를 내 봐.

남편 : 으으으 (꿈쩍도 않고 참아낸다.)

아내 : (연출가에게) 남편 허리 디스크 있는데.

연출가 : 걱정이 되세요?

아내 : 약간요.

연출가 : (남편에게) 아픈가요?

남편 : 아니요. 저 고통 잘 참아요.

연출가 : 지금 통증이 10점 만점에 몇 점인가요?

남편 : 8점이요.

연출가 : 이 상태로 얼마 정도 버틸 수 있을 것 같아요?

남편 : 몇 분 견디겠죠.

연출가 : 왜 견디죠? 무엇 때문에 견디고 있죠?

남편 : 그냥 지기 싫어요.

연출가 : 누구한테요?

남편 : 제 감정한테요.

내면목소리 : 이 자식 이제야 속내를 털어놓네. (남편을 풀어 준다.)

연출가 : 왜 지기 싫어요? 왜 상담을 받으러 다니시나요? 아내에게 보여주기 위해서인가요?

남편 : (무덤덤하게) 잘못된 걸 고치려구요. 그런데 사이코드라마는 저한테 안 맞는 거 같아요. 다른 상담은 그저 앉아 있다가 오면 되는데.

연출가 : 방금 하신 말 다시 해 보세요. 조금 더 크게.

남편 : (소리가 조금 커진다.) 사이코드라마는 나한테 맞지 않는 거 같아!

연출가 : 더 크게 할 수 있나요?

남편 : (통제를 벗어난 고함을 지른다.) 사이코드라마는 나에게 맞지 않아! 나한테 안 맞아!

연출가 : (몽둥이 북을 건네주면서) 이 몽둥이를 들고 북을 치면서 이야기

해 보세요.

남편 : (북을 치면서) 나한테 안 맞아! 제기랄! 안 맞는다고. 그러니 그만 하자고. 내가 이걸 왜 해야 하는데 왜!

내면목소리 : 왜 해야 하냐고?

남편 : 이딴 거 싫어.

연출가 : 화가 많이 나 보이네요. 느껴지세요?

남편 : (화 낸 것을 후회하며) 느끼고 있고 분노를 표현해 버렸어요.

연출가 : 화나는 건 감정이 아닌가요?

남편 : 감정을 들키는 게 싫어요. 내가 까발려지는 게 싫어요. 그건 미성숙한 짓이예요. 우리는 성경의 말씀처럼 평화롭게 살아야 해요. 저는 성숙하고 성스러운 주님의 목자예요.

연출가 : 근데 어떡해요? 감정에 져 버렸는데 어떻게 할까요?

내면목소리 : 아이 젠장 져 버렸네. 감정 따위 내가 다 통제하는데 화를 내버렸네. 분노를 폭발해 버렸네. 몽둥이도 쳤네. 내가 저 새끼 이겨 먹어야 하는데 정말 억울하네. 저거 어떻게 이겨 먹지.

연출가 : 방금 분노의 목소리를 들었나요? 어떤가요?

남편 : 그 말이 맞아요. 후회가 돼요.

연출가 : 어떤 것이요?

남편 : 욕하고 싶지 않은데 욕한 게 후회돼요.

연출가 : 욕을 하면 무슨 일이 생겨요?

남편 : 욕 하는 게 싫어요. 하는 것도 싫고 듣는 것도 싫어요.

연출가 : 여기 의자에 당신이 앉아 있습니다. 당신이 스스로 처방전을 내려주세요.

남편 : (다시 무덤덤하게) 그냥 저렇게 살아야죠.

연출가 : 그냥 산다는 것은?

남편 : 죽어지는 거죠.

연출가 : 죽어지는 것은 무엇을 말하나요?

남편 : 그냥 남들처럼 그냥 될 대로 사는 거죠.

연출가 : 당신이 이 과정을 통해 통찰한 것이 그냥 남들처럼 될 대로 사는 것을 의미하는 것처럼 들리네요. 그럼 남들은 어떻게 사는지 한 번 볼까요?

(보조자아로 남들이 무대에 등장한다.)

남들1, 2, 3 : (동시에 말한다.) 네가 나처럼?

연출가 : 남들은 당신과 같다고 말하지 않는데요?

남편 : 감정이 없다고 못 사는 건 아니에요.

남들1 : 그래 감정이 없다고 못 사는 건 아니지.

남편 : 그렇지. 회사 일 잘 하고 집안일하고 가끔 대화하고 여행가고 영화보고 그러면 잘 사는 거지. 그렇게 기능하면 되는 거야. 마음이 뭐가 필요해.

남들1, 2, 3 : 그래 그렇게 살면 되는 거야.

남편 : (맞장구를 치며) 다른 남자들도 다 그래.

남들1 : (측은하게 말한다.) 아냐 나는 그렇지 않아. 다만 그런 너를 인정해 주는 것뿐이야. 너한테는 아무런 잘못이 없어. 이 무대는 너에게 그 사실을 전해 주고 있어.

남들2 : (포기한 듯) 너에게는 어떠한 문제점도 발견할 수 없구나. 그러니 이곳에 오지 않아도 되겠구나. 다시는 여기 오지 마.

남들3 : (단호하게 말한다.) 네가 다 옳고 맞아. 그러니 이제는 쓸데없이 상담받으러 다니지 마. 그건 너를 속이고 만인을 속이는 일이야.

남편 : (무덤덤하게) 응 맞아 내겐 아무 문제가 없다니까.

연출가 : (아내에게) 이게 당신의 남편입니다. 아무도 그를 바꿀 수 없어

요. 신도 불가능합니다. 혹시라도 남편 분을 바꾸기 위해 여기 오신 거라면 그 전략은 실패하신 거예요. 우리는 자유의지가 있습니다. 남편을 바꾸고 싶으시다면 누가 바뀌어야 할까요?

아내 : 제가 바뀌어야 하는 건 아는데 지금 너무 힘들어요. 감당할 힘이 정말 없어요.

연출가 : 왜 힘이 없다고 생각하세요?

아내 : 선생님은 제가 겪은 일을 안 겪어 보셨잖아요. 사람마다 다르지만 제겐 너무 힘들게 느껴져요. 그래서 버틸 힘이 남아 있지 않아요. 위로와 지지할 사람이 곁에 있으면 좀 힘이 날 것 같은데.

연출가 : 힘이 없는 게 아니라 공감과 휴식이 필요한 것이 아닐까요?

아내 : 그런데 그럴 사람이 없어요. 혼인신고했다고 계속 살아야 하는 건 아니잖아요. 너무 힘들어요. 사랑하지 않는 건 아니었지만 이젠 정말 남은 게 없어요. 전 좀비랑 살고 싶지 않아요. 저까지 좀비가 되고 싶지 않아요.

연출가 : 남편은 어떤 방법으로 아내를 위로해 주실 건가요? 아내 분이 원하는 것은 진정성에 바탕을 둔 지지와 공감이에요. 단 한 명이라도 내 편인 사람이 필요한 거죠.

남편 : 그건 시간이 오래 걸려요.

연출가 : 같이 지내려면 자기는 그대로인 채 상대방을 고치려고 하지 말아야 합니다. 그렇지 않으면 고통은 반복될 테니까요.

아내 : 다른 것은 차치하고서라도 남편이 제게 언어폭력은 좀 안 했으면 좋겠어요.

연출가 : 역사가 오래 됐습니다. 습관이란 것은 그리 만만한 게 아닙니다. 남편 분은 고통 속에서 오랜 시간을 지냈어요. 그 억압과 분노가 그대로 남아 있기 때문에 언제든지 나올 겁니다. 폭언을 할 때 남편과 현재의 남편은 다른 인격체입니다. 어린 시절 억압당한 괴물이 튀

어 나와서 하는 말입니다.

아내 : 저도 어린 시절 학대를 당했어요.

연출가 : 여자는 수용하지만 남자는 싸워요. 남편은 수퍼에고, 즉 초자아가 아주 강합니다. 스스로 그 방어를 알아차리는 것이 어려워요. 반면에 아내 분은 어떡하든 수용하려고 하죠. 그러다 수용의 한계가 오면 피해의식이 드러납니다. 사실은 둘 다 문제죠.

남편 : (의기양양하게) 맞아요. 끝없이 저에게 뭐라고 하면서 자신을 피해자로 몰아요.

연출가 : 자기 결핍감을 타인에게 돌리는 거죠. 두 분 모두 자기가 받은 상처만 이야기하는 거예요. 사실은 자기로부터 나온 건데 말이죠.

아내 : 저도 치료받아야 하나요? 문제가 있는 건가요?

연출가 : 같은 문제입니다. 상대방이 달라지길 원하는 한, 문제는 해결되지 않아요.

■ 연출가의 시선 - 한동안은 서로에게 기대며 살아가겠지만

이 부부의 이야기는 불완전한 가정체계에서 기인한다. 부부 공히 성장과정에서 부모로부터 학대의 경험을 가지고 있었다. 미성숙한 부모는 불안정한 가정을 이루고 아이를 부정적 환경에 노출시킨다. 자기들의 부정적 에너지를 실컷 쏟아내고 나서 '너는 그렇게 살지 말라.'고 한다. 그렇게 자란 아이는 또 다시 미성숙한 어른인 채로 결혼하여 미성숙한 부모가 되어 불안정한 가정을 이룬다. 이것은 반복된다. 핵가족화된 현대사회의 가정은 불완전한 부모 외에는 그 어디에서도 롤 모델을 경험할 기회가 없다. 공동체와 어른이 사라진 시대를 살고 있다. 성장과정에서 부모외의 어른이 있는 공동체의 경험은 반드시 필요하다. 사람들은 모두 그 나름의 유일하고 독특한 개성을 가지고 있다. 되도록이면 많은 사람과의 접촉을 통해, 인간의 유니크함을 깨닫는 경험을 아이에게 제공하는 것이 현대사회 가정의 책임이다.

남편은 신념이 바위와도 같이 단단해져 있다. 마치 그 신념이 자기 자신이라도 되는 듯 완벽히 동일시되어 있다. 잘못된 신념은 위험하다. 자신의 삶으로 경험하고 비판능력을 충분히 발휘해서 얻은 신념이라면 그나마 다행이다. 그러나 타인들에게 받은 영향이나, 책을 통해 머리로만 받아들이는 것, 맹목적인 믿음은 어리석은 짓이다. 남편의 신념은 '감정은 통제되어야 한다.'는 것이다. 감정표현은 미성숙한 일이며 자신에게 지는 일이라고 생각한다. 종교적으로도 영향을 받는다. 스스로를 거룩한 상(想)으로 조건화시켜 놓았다. 이로 인해 신의 평화와 사랑에서 멀어져 버렸다. 따라가지 못하면서 그렇게 되어야 한다고 한다. 흉내를 내고 있다. 자신의 삶을 살아가고 있지 않다. 삶은 무엇이 되어야 하는 Should가 아니라 있는 그 자체 Be임을 놓치고 있다.

아내는 피해자의식이 강하다. 피해자는 늘 자신이 피해받고 있다고 생각한다. 피해자 역할에 갇혀 살다 보니 모든 문제의 원인을 외부로 돌린다. '이 모든 문제가 당신 때문이야. 당신만 아니었어도', '환경 탓이야', '부모 탓이야' 이렇게 외부요인을 들어 자신을 피해자로 인식하게 한다. 이별의 원인에 있어서도 늘 피해자 입장에 선다. 피해자는 자신이 가해자 입장에 섰을 때 놀라울 정도로 큰 깨달음을 얻는다. 자신이 피해자가 아니라 상대방이 피해자였으며 오히려 자신이 가해자였음을 알아차리는 경우가 의외로 많다.

부부는 딜레마에 빠져 있다. 남편도 피해자다. 아내에게 가해자 일 수 있지만 부모에게 피해를 받은 피해자이다. 부부 모두 피해자이다. 여기에는 가해자가 없다. 둘이 싸움을 하면 둘 중 하나는 승자가 나와야 하는데, 여기는 승리할 사람이 없다. 설령 아내가 심리적으로 건강해서 남편과 함께 성장할 수 있으면 좋겠으나 자신이 먼저 죽을 지경이라 그럴 여력이 없다. 사실 성자(聖者)가 아니고서야 끊임없이 상처를 주고 물귀신 같이 발목을 붙잡는 배우자를 당해 낼 사람은 없을 것이다.

어느 정도 희생으로 상황이 일시 개선되는 것처럼 보이지만 그것은 착시현상이다. 희생한다는 것은 자신을 궁극적으로 피해자로 몰고 간다. 설령 두말할 것 없는 피해 사실이 있다 하더라도 그 피해의식으로는 문제를 해결할 수 없다. 그것은 가해자가 있다는 것을 의미하는 것이고 가해자는 타인이다. 타인을 바꾸는 것은 정말 녹록치 않는 일이기 때문이다. 드라마에서 아내는 곧 이혼을 할 기세로 남편에 대한 분노와 실망을 털어 놓지만, 그 속내는 여전히 남편의 건강을 걱정하고 있다. 아직 자신들의 결핍감을 상대에게서 채우고 있는 상태이기 때문에 한동안은 서로에게 기대며 살아갈 것이다. 그러다가 어느 한쪽의 자아에 개화가 일어나면 모종의 선택을 하게 될 것이다.

7. 투명인간 마술이 성공했는지 잘 모르겠어요.

중학교 3학년 기태는 어눌한 말투와 소극적인 성격 때문에 왕따 경험이 있다. 초등학교 시절부터 변태라는 별명으로 놀림을 당하고 살아왔다. 이에 기태는 어떻게 하면 눈에 띄지 않을까를 궁리하며 최대한 숨어 지내는 전략을 선택하였다. 대답도 단답형으로 최대한 줄여서 말하거나 침묵하였다. 시선을 회피하거나 말문을 닫는 형식으로 주위의 관심을 끌지 않도록 매 순간순간을 지내 오고 있다. 오늘도 상담자의 질문에 답하지 않고 눈의 초점을 흐린 채 딴 곳으로 주의를 돌리며 스스로를 투명인간으로 대하고 있다.

(기태는 무대 중앙 의자에 앉아 있다. 그리고 보조자아 2명이 등장한다.)

연출가 : 두 보조자아는 이 무대공간을 걸어 다닙니다. 이 공간에는 아무것도 없어요. 기태를 관통할 수도 있습니다. 기태는 그에 반응할 수 있습니다. 이제 걸어 다니세요. 아무것도 없는 상황이니 그냥 움직이면 됩니다. 밟고 지나가도 돼요.

보조자아1 : (기태앞에 서서) 뭐지? 이게 뭐야? 뭐가 걸리는데.

보조자아2 : 뭐야? 뭐가 걸려

기태 : (신체접촉에 저항하면서 쓰러지지 않으려고 힘을 쓴다.) 아!

연출가 : (보조자아에게) 걸리적거리는 것이 있다면 넘어뜨리십시오.

보조자아1, 2 : 뭐야 이거? 보이지도 않는데 뭐가 이렇게 걸리적거리지?

연출가 : (기태에게) 사람들 눈에는 보이지 않지만 제 눈에는 보입니다. 당신은 누구인가요?

기태 : 네?

연출가 : 당신은 누구예요?

기태 : 저는 중학교 3학년 변기태입니다.

연출가 : 그렇구나. 그러데 사람들은 너를 왜 못 볼까?

기태 : 존재감이 없어서요.

연출가 : 오늘도 투명인간마술을 부렸구나. 성공했네?

기태 : 아마도.

연출가 : 아마도의 의미는 무엇인가요?

기태 : ...

연출가 : 다시 물어볼게요 작전이 성공했나요?

기태 : ...

연출가 : 고개를 돌려서 주변을 봐요. 사람들이 네 존재를 모르고 있잖아. 그러니 성공했네?

기태 : 아마도요.

연출가 : 아마도의 의미는 무엇인가요?

기태 : 그렇지 않지만 긍정하는 거요.

연출가 : 그렇지 않은 것은 뭘까? 뭐가 그렇지 않지?

기태 : ...

연출가 : 생각하고 있구나?

기태 : 네.

연출가 : 오랜만이네 생각하는 거? 질문을 귀찮아 하잖아. 생각하는 것도 싫어하고.

기태 : 네.

연출가 : 뭐라고 대답할지 딱히 답이 생각나지 않아?

기태 : 네.

연출가 : 그럼 그렇게 말하면 되지. 다시 물어볼게. 그렇지 않은 것은 뭐야?

기태 : 답이 잘 생각나지 않아요.

연출가 : 그렇지 않지만 긍정한다는 것은 무슨 뜻이니?

기태 : 어딘가에 동의한다.

연출가 : 그 어딘가가 어디야? 지금 어디에 동의하고 있어?

기태 : ...

연출가 : 생각하는구나?

기태 : 네.

연출가 : 그럼 잘 기억해 봐. 그 상황일 때 아까 어떻게 대답했는지.

기태 : 아까 그 마술에 대해서 생각하고 있어요. 투명인간 마술이 성공했는지 잘 모르겠어요. 여기 올 때마다 선생님이 묻는 것도 싫고 대답하는 것도 귀찮아서 어떡하면 상황을 모면할까 늘 궁리하면서 오거든요. 상황마다 시뮬레이션을 준비하는 편이예요.

연출가 : 어떻게?

기태 : 그냥 대답 안 하고 그것이 실패하면 눈동자 흐리게 하여 정신없

는 것처럼 보이게 하고, 그것도 여의치 않으면 초간단 대답을 준비하죠.

연출가 : 초간단 대답의 예를 들자면?

기태 : '아마도', '아뇨', '네', '하하하' 이 정도의 답변으로 끝내려고 해요.

연출가 : 오늘 그 전략이 성공했어?

기태 : (해맑게 웃으면서) 아뇨. 늘 준비해 오지만 번번이 실패해요. 다른 곳에서는 잘 통하는데 여기서는 안 통하는 것 같아요.

연출가 : (같이 크게 웃는다.) 하하하

(기태는 지원했던 제일고교에 떨어졌다. 연출가는 사이코드라마 작업 전 기태의 부모님으로부터 기태가 상심이 클 것이라는 전화를 받은 상태였다. 보조자아가 제일고교로 의인화되어 등장한다. 무대 위에는 제일고교와 기태가 등장해 있다. 기태는 제일고교를 향해서 눈길도 주지 않고 가만히 앉아 있다. 제일고교가 다가가면 피해 다닌다.)

연출가 : 오늘 기태는 원하는 학교에 떨어지는 아픔을 겪었습니다. 그리고 부모님께서도 상심이 크시구요. 저기 있는 보조자아는 '제일고교'입니다.

제일고교 : 너 어디가? 나한테 오고 싶어 했잖아.

기태 : 네.

제일고교 : 그런데 왜 피해 가는 거야?

기태 : 어쩌다 보니까.

제일고교 : 날 찾아왔었잖아. 그런데 왜 지금은 피하지?

기태 : 사실 지금 게임기 배터리 생각하고 있어요.

제일고교 : 그게 지금 이 상황이랑 무슨 상관이야? 또 회피하는구나.

기태 : 음.

제일고교 : 넌 날 원했었잖아. 지금도 그래?

기태 : 지금은 별로요.

제일고교 : 왜?

기태 : 애초부터 될 가능성이 없었으니까요. 사실 1차 합격도 거의 기적이었어요. 이제 자신이 없어요. (눈물이 고인다.)

제일고교 : 눈에 눈물이 고였네?

기태 : 네.

제일고교 : 슬퍼?

기태 : 네.

제일고교 : 무엇이 널 슬프게 해?

기태 : (말이 없다.)

제일고교 : 정말 날 원했었구나?

기태 : (침묵 한다.)

제일고교 : 나 말고 다른 학교는 안 되니?

기태 : 제일고교는 기숙사가 있어요.

제일고교 : 기숙사가 있어서 좋아하는 거구나?

기태 : 아니요. 제일고교는 집이랑 멀어서 그냥 기숙사 생각이 먼저 났어요.

제일고교 : 굳이 내가 아니어도 기숙사 있는 학교는 많아.

기태 : 다른 곳에서는 제가 원하는 과를 갈 수 없을 것 같아서요. 제일고교는 선반기술을 배울 수 있거든요.

제일고교 : 선반기술을 배우고 싶은 거야? 아니면 공고를 가고 싶은 거야?

기태 : 공고면 돼요.

제일고교 : 지원한 학교는 내가 처음이야?

기태 : 네.

제일고교 : 어떤 의미에서?

기태 : 1차 합격을 처음했고 면접도 처음 봤어요. 덕분에 선반기계에 대해서도 처음 알게 되었고요.

(보조자아 제일고교는 퇴장하고, 보조자아 선반기술이 등장한다.)

선반기술 : 왜 나를 이렇게 찾아?

기태 : 융합체를 만들고 싶어서.

선반기술 : 융합체를 왜 만들고 싶어?

기태 : 그냥 재미있을 것 같아서요.

선반기술 : 어떻게 융합하고 싶은지 생각해 봤어?

기태 : 야광 꽃을 만들고 싶어요.

(보조자아 야광 꽃이 등장한다.)

야광 꽃 : 어이 기태. 기어코 날 만들어 내고 말았군. 너에게 융합은 무슨 의미야? 네가 만들었잖아.

기태 : 새로운 종.

야광 꽃 : 새로운 종은 무슨 의미야?

기태 : 특별한 것을 가진 종.

야광 꽃 : 그게 무슨 의미야?

기태 : 간단히 말하면 그냥 새로운 것.

야광 꽃 : 새롭다는 것이 무슨 의미야? 왜 새로워야 돼?

기태 : 아무도 안 만들었으니까요.

야광 꽃 : 아무도 안 만들었다는 것은 무슨 의미야?

기태 : 이 세상에 없다는 것.

야광 꽃 : 이 세상에 없다는 것은 무슨 의미야?

기태 : 존재 자체가 없는 것.

야광 꽃 : 존재 자체가 없다는 것은 무슨 의미야?

기태 : 없는 것.

야광 꽃 : 없는 거라는 게 무슨 의미야?

기태 : 존재하지 않는 것.

야광 꽃 : 그래 넌 세상에 없는 야광 꽃을 만들어 냈어. 덕분에 내가 세상에 존재하게 되었어. 언젠가 너도 투명인간에서 벗어나 당당하게 존재하게 될 거야.

(선반기술이 그 틈을 끼어든다.)

선반기술 : 어이, 친구! 존재하지 않는 걸 만들었네.

기태 : (말이 없다.)

선반기술 : 생각하고 있구나?

기태 : 네.

선반기술 : 무슨 생각해?

기태 : 왜 갑자기 이야기가 이렇게 진행되는가에 대해서요.

선반기술 : 한 가지만 질문하자. 존재하지 않는 것이 어떻게 존재할 수 있지?

기태 : (말이 없다.)

선반기술 : 너를 복제하겠다고?

기태 : 아니요.

선반기술 : 존재하지 않는 것을 만든다면서?

기태 : 네.

선반기술 : 너도 존재하지 않잖아. 적어도 존재감이 없잖아. 그런데 그걸 만들면 자기 복제 아니야?

기태 : (말이 없다.)

선반기술 : 넌 충분히 내 말을 이해할 거야. 지혜로우니까.

기태 : (말이 없다.)

선반기술 : 답을 줘야 내가 나가지.

기태 : (조용히 앉아 울고 있다.)

선반기술 : 눈물이 고였네.

기태 : 네.

선반기술 : 왜 눈물이 날까? 눈물에게 물어보렴.

기태 : 아무 말이 없어요. 말을 했으면 제가 대답했겠죠.

선반기술 : 너도 잘 모르는구나. 어떻게 대답해야 하는지 벌써 터득했구나. 다시 물어볼게. 눈물이 뭐라고 그랬어?

기태 : 잘 모르겠어요.

선반기술 : 그렇지. 그렇게 말하면 돼. 모든 것에 답을 꼭 찾아야 하는 이유는 없으니까.

(보조자아들 퇴장한다. 새로운 보조자아로 엄마가 등장한다.)

엄마 : 기태야. 엄마한테 할 말 있어?

기태 : 아니요.

엄마 : 많이 힘들지?

기태 : 아니요.

엄마 : 기태가 원하던 학교에 떨어져서 엄마는 많이 슬프고 힘들어. 기태도 그럴 것 같아서 물어봤어.

기태 : 네.

엄마 : 나까지 우울해져서 기분이 가라앉아. 넌 안 그래?

기태 : 오늘은 기분 좋은 일이 있어서 괜찮아요. 게임이 오늘 배송되었거든요. (환하게 웃는다.)

엄마 : 그럼 그날 하루만 슬퍼했던 거구나?

기태 : 네.

엄마 : 좋다. 그래서 선반기술 배우는 것은 그만두기로 했어?

기태 : 공고 들어가서 공부할려구요.

엄마 : 떨어진 그날 실망해서 울고불고 힘들어 했잖아? 기억나?

기태 : 피곤해서 침대에 바로 들어가 버려서 기억 안 나요.

엄마 : 내가 잘못 본 거였구나. 엄마는 종종 엄마가 보고 싶은 것만 보지. 때론 내 슬픔이 네 슬픔 같기도 하고, 네 슬픔이 내 슬픔 같기도 하단다. 상담선생님한테 문자보냈어. 기태가 오늘 가면 위로해 달라고.

기태 : 네.

엄마 : "네"는 무슨 의미야? 위로받고 싶다는 건가?

기태 : 아니요.

엄마 : 그럼 엄마가 그 부탁을 잘했다는 건가?

기태 : 그다지.

(보조자아가 기태의 속마음으로 등장한다.)

기태(속마음) : (엄마에게) '그다지'는 그러든지 말든지 그런 의미예요. 관심 없어요. 엄마가 하고 싶으면 하고 아니면 말고라는 그런 의미예요.

엄마 : (기태에게) 기태야 맞아?

기태 : 아니요.

엄마 : 그럼?

기태 : '그다지'는 적당히 말 돌릴 때 쓰는 말이에요.

엄마 : 무엇을 돌렸는데?

기태 : 엄마가 날 귀찮게 하는 거요.

엄마 : 엄마가 괜한 일을 했구나?

기태 : 네.

엄마 : 엄마는 네게 힘이 되어 주고 싶었어.

기태 : (말이 없다.)

연출가 : (엄마에게) 느껴지는 대로 기태에게 행동하세요.

엄마 : (다가가 기태를 안는다.)

연출가 : (기태에게) 지금 뭐가 느껴져요?

기태 : 동정받는 기분이에요.

연출가 : 그래서 엄마에게 무슨 말을 하고 싶니?

기태 : 동정 좀 적당히 해요.

엄마 : 너는 인생의 답을 다 아는 것처럼 행동하는구나?

기태 : 아니요.

(보조자아로 기태의 감정이 등장한다.)

감정 : 왜 도망가? 날 왜 똑바로 못 봐? 날 한 번이라도 응시해 본 적 있어?

기태 : 응.

감정 : 말해 봐.

기태 : 기분 좋을 때.

감정 : 그때 말고. 네가 슬프고 힘들 때 나를 바라본 적 있어?

기태 : (눈물을 흘린다.)

감정 : 우는구나? 눈물이 흐르네.

기태 : (계속해서 조용히 눈물을 흘린다.)

감정 : 넌 거기로 도망가는 거야. 즐거운 곳으로 도망가는 거야. 즐거워

서 즐거운 게 아니라 고통을 잊으려고, 힘든 감정을 마주하지 않으려고 도망가는 거야.

엄마 : 기태야. 누구랑 이야기해? 어떤 대화를 했어? 지금 어떤 생각이 들어?

기태 : (침묵한다.)

엄마 : 생각하고 있구나?

기태 : 네.

엄마 : 그럴 때 어떻게 표현해야 한다고 상담 선생님이 말씀하셨지?

기태 : 잘 생각이 안 나요.

엄마 : 그래 그렇게 말하는 것으로 충분해. 답을 찾을 필요 없어. 생각이 안 나면 안 난다고 하면 돼. 그걸로 충분해. 오늘 네 번이나 연습했다 그치?

기태 : 네.

(보조자아 모두 퇴장하고 두 보조자아 공고1, 2 등장한다.)

연출가 : 기태야 다른 공고들이란다. 궁금한 것 있으면 물어보렴.

기태 : 기숙사 있어요?

공고1, 2 : (동시에 대답한다.) 있지.

공고1 : 난 가평에 있어.

공고2 : 난 제주도에 있지.

기태 : 면접 언제 봐요?

공고1 : 그건 네가 알아봐야지.

공고2 : 찾아봐. 홈페이지에 다 올려 놨어.

공고1 : 넌 제일고교만 보고 있었잖아. 우릴 찾지 않았지.

기태 : 네.

공고1 : 찾아볼 생각은 있어?

기태 : 아니오.

공고1 : 왜 안 찾지? 포기할거야?

기태 : 성적이 안 될 것 같아요.

공고1 : 미리 포기하는구나.

공고2 : 우린 제일고교처럼 성적 안 봐. 100% 면접으로 선발하고 미달되는 과도 있어. 우린 성실한 학생을 환영해. 어때?

기태 : 면접은 한 번에 몇 명씩 봐요?

공고1 : 면접은 형식이야 중요치 않아. 우리 학교는 미달률이 높거든.

기태 : 거리가 어떻게 되요?

공고1 : 거리를 왜 묻지? 우리에게는 기숙사 있는데.

기태 : 그게.

공고1 : 봐, 네가 알아보니까 정보가 여기저기서 나오잖아. 그런데 지레 겁먹고 포기해 버렸잖아? 이리와 우리가 먼저 갈 수 없잖아. 네가 와야지.

기태 : 통학이 힘들 거 같은데.

공고1 : 기숙사 있다니까. 전학생 기숙사야. 안 되는 이유를 찾는구나. (웃으며) 또 핑계거리를 대보렴.

기태 : 소등 언제 해요?

공고1 : 자유야. 사감 선생님이 한 분이라 다 통제 못해.

공고2 : 또 조건걸어 봐? 뭐가 문제야?

기태 : 기숙사에 몇 명 있어요? 한 방에 몇 명씩 자요?

공고1 : 네가 원하는 대로 배정해 줄게. 우리 학교 기숙사 크거든.

기태 : 기숙사 비용 비싸요?

공고1 : 너한테는 안 받아. 설마 엄마를 걱정하는 건 아니겠지?

기태 : 네.

공고1 : 또 조건 말해 봐.

공고2 : 아직도 안 와?

공고1 : 너는 못 올 이유를 꼭 찾아내야 끝이 나겠구나.

기태 : 네.

공고2 : 생각 중이구나.

기태 : 네.

공고1 : 그때 어떻게 대답하라고 했었지? "싫어요.", "그냥 싫어요."라고 말할 수 있잖아. 왜 이유를 찾지? 너한테 당당해 봐.

연출가 : (기태에게) "싫어요!"에 진심이 담길 때만 이 두 보조자아가 사라질 겁니다.

기태 : 싫어요.

공고1, 2 : 진심이 느껴지지 않는데.

기태 : 싫어요.

공고1, 2 : 장난치는구나. 이렇게 힘없이 끌려오기만 하네.

기태 : 싫어요.

공고1, 2 : 정말 자신감이 없구나?

기태 : 네.

(기존 보조자아는 퇴장하고 보조자아로 제일고교가 등장한다.)

제일고교 : 네가 추가 합격됐다. 축하해. 가자.

기태 : (움직이지 않는다.)

제일고교 : 처음부터 원했던 건데 왜 거부하지?

기태 : 왜 가야 돼요?

제일고교 : 그래, 알았어. 그럼 다른 학생을 받겠어.

(제일고교는 퇴장하고 보조자아로 제이고교가 등장한다.)

제이고교 : 합격이야. 가자.

기태 : (신나하며) 제이고등학교 간 친구를 어떻게 놀려 줄까 생각했어요.

연출가 : 네가 처음으로 가고 싶은 학교는 어디였어?

기태 : 원래는 제삼고등학교였어요.

연출가 : 그 학교는 여태 한 번도 말이 안 나왔잖아?

기태 : 엄마가 공고를 추천해서요. 공고만 말한 거예요.

연출가 : 제삼고교는 인문계야?

기태 : 네.

연출가 : 왜 처음부터 가고 싶다는 말을 안했지?

기태 : 성적이 안 되니까요.

(보조자아 기태 속마음이 등장하여 말한다.)

기태(속마음) : 내 모든 기준은 성적입니다. 왜냐면 워낙 안 좋거든요. 사실 3년 동안 공부를 안 했어요. 그냥 어디든 들어갈 수만 있으면 돼요.

연출가 : 왜 고등학교를 가려고 그래?

기태 : 그냥 가야 한다고 생각해요. 안 나오면 취업이 힘들어지니까요.

연출가 : 엄마에게 하고 싶은 말 해 보세요.

기태 : 엄마, 의미 없는 일 좀 하지 마.

연출가 : 그게 뭔데요?

기태 : 부탁이니까 귀찮아질 일 좀 하지 마. 엄마가 시켜서 하는 척을 할 뿐이야. 내 마음이 진짜 그렇다고 착각하지마. 나는 모든 게 귀찮아. 귀차니즘은 나의 전부야. 상담받는 것도, 드럼학원가는 것도, 수

학학원가는 것도 다 의미 없는 일이야. 엄마는 의미가 있을 거라고 보내는 것이지만 나에겐 아무 의미 없어. 그나마 여기 오는 것이 그 중에 제일 덜 귀찮은 일이긴 해.

연출가 : 이제 처음에 시작했던 제일고교에 대한 이야기를 다시 해 봅시다. 제일고교에게 하고 싶은 말을 해 볼까요?

기태 : 제가 떨어진 것은 당연한 결과입니다. 그런데 애당초 성적이 안 됐는데 왜 1차를 합격시킨 거죠? 쓸데없이 기대했잖아요.

(역할 교대를 하여 기태가 제일고교 역할을 한다. 자기가 한 질문에 대답하게 한다.)

연출가(기태역할) : 성적도 안 됐는데 왜 합격시킨 거죠? 쓸데없이 기대했잖아요.

기태(제일고교) : 그거야 랜덤이지. 의미 없어.

(기태는 자기 역할로 돌아오고 보조자아가 진로선생님 역할로 등장한다.)

보조자아 : 자, 제일고교는 못 가게 됐어. 이제 남은 학교는 어떻게 할 거야?

기태 : 제이고교 갈 거예요.

보조자아 : 어떻게 확신할 수 있어? 너 공부 안 했잖아?

기태 : 아.

보조자아 : 어떻게 할 거야?

기태 : 면접만 보는 곳으로 갈 거예요.

보조자아 : 너 면접 잘 못 보잖아?

기태 : 그럼 그냥 아무 곳이나 갈래요.

보조자아 : 고등학교가면 어떻게 생활할 것 같아?

기태 : 지금이랑 비슷할 것 같아요. 급식먹고 분리수거하고 쉬는 시간에 책보고 수업듣고 그럴 것 같아요.

보조자아 : 그렇게 생활하면 충분해?

기태 : 네.

보조자아 : 그럼 처음부터 공고는 꼭 갈 필요가 없는 거였네?

기태 : 네.

이후 직접적인 진로 상담을 받는 것으로 드라마 마무리되었다.

■ 연출가의 시선 - 문을 찾아서 들어가는 스무고개

닫혀 있는 마음에 노크를 하고 열려있는 문을 찾아서 들어간다는 것은 마치 스무고개와 같다. 어쩌면 그 마음을 본인조차도 모르기 때문에 미로 속을 헤매다 길을 잃기 쉽다. 이럴 때 청소년 상담의 핵심은 친구가 되는 것이다. 기본적으로 어른들에 대한 불신이 있는 데다 늘 가르치려고 하는 것에 대한 저항이 심하기 때문이다. 어른들과 대화를 하다보면 대화가 아니라 결론을 가지고 훈계로 끝나는 경험을 청소년들은 가지고 있다. 어른들은 답을 가지고 자신이 가르치려고만 한다는 사실을 잊곤 한다. 답을 정해 놓고 하는 대화에 그 누가 응하고 싶겠는가? 결론이나 선입견 없이 청소년들과 만나야 한다. 부모로서는 사실상 불가능한 일에 가깝다. 옛말에 한 아이를 키우려면 온 마을이 키운다는 말이 있다. 마을 공동체가 있었을 때는 그나마 가능한 일이겠지만 핵가족화되고 아이에게 영향을 줄 마을 어른들이 없어지다 보니 그 모든 것이 오롯이 부모에게만 돌아가는 것도 현실이다. 부모들도 부모교육을 받지 못하고 부모가 되다 보니 어떻게 해야 하는지도 모르게 되었다. 아이는 다양한 경험과 가치관 형성을 부모에게서만 취득해야 하게 되었으니 부모노릇도 쉽지 않다. 문제가 곪을 대로 곪아 터질 무렵에 상담실과 청소년센터를 전전긍긍하면서 수습하기 바빠진다. 갈등은 긴 역사를 가지고 있다. 아이들이 하루아침에 터지는 것처럼 보이지만 그 문제는 적어도 아주 오랫동안 쌓여 온 것들이다. 그나마 희망적인 것은 아이들은 살아온 역사가 그리 길지 않기에 급성으로 터질 경우가 많다. 긴급한 에너지는 파급력은 클지라도 시간적으로 그리 오래 지속되지는 않는다.

기태는 초등학교 시절부터 왕따의 경험이 있었다. 그 초기 대응이 어떠했는지 모르지만 기태는 자기 존재감을 없애는 방법을 택했다. 긴 머리로 눈을 가리고 어쩌다 눈이라도 마주칠까봐 초첨 흐린 상태로 먼 산을 응시하는 전략을 택한다. 대답도 초 간단하다. 극단의 귀차니즘을 보인다. 귀찮은 일을 당할 바에야 차라리 죽겠다는 말을 자주한다. 죽으면 이 모든 상황이 끝날 것이라는 생각을 한다. 그래서 우리는 죽음 상황을 만들어 보았다. 한강에서 뛰어내리는 것을 선택한 기태는 뛰어내리는 순간 모든 것이 끝났다는 편안함을 느꼈다. 우리는 이 상황을 3번이나 반복했다. 횟수를 거듭할수록 자살의 순간을 초 단위로 세분화하여 그것을 경험하게 하였다. 다리 위에 올라섰을 때의 두려움과 결정의 순간에 망설임을 충분히 겪도록 했다. 그리고 뛰어내렸을 때 얼음장처럼 차가운 물이 살을 찢어 놓는 듯한 엄청난 고통과 통증을 유발시킨다는 것도 경험했다. 숨이 차오르고 호흡을 할 수 없는 상태의 괴로움도 느꼈다. 결국 죽지도 못한 상태에서 구조되어 척추는 부서지고 장애의 상태로 살아가게 된다는 것도 깨닫게 되었다. 설령 죽는다 할지라도 죽음의 세계가 그렇게 편하지만은 않는 상황을 연출하였다. 가만히 앉아 있게 하지 않았다. 자살로 인한 죽음의 대가를 지옥에서 지속적인 육체적 고통으로 경험하도록 하였다. 단 일분도 편히 있지 못하도록 쪼그려 뛰기, 물구나무서기, 팔 굽혀 펴기를 계속 하면서 죽어서는 아무

것도 해결될 수 없다는 것을 끝내 깨닫게 되었다. 현실의 문제는 현실에서 문제 해결능력을 키워 나가야 함을 알게 되기까지 수개월 동안 이어진 상담에서 우리는 몇 번의 죽음장면을 반복했다.

청소년 상담의 특징은 좋아하고 되고 싶고 하고 싶은 일을 하도록 간섭하지 말고 자기를 내버려 두라고 한다. 그러나 막상 무엇을 하고 싶은지 물어보면 무엇을 할 것인지 무엇을 좋아하는지 뭐가 되고 싶은지는 모른다는 것이다. 구체적 목표나 의식 없이 그냥 내버려 두라는 것이 전부인 경우가 대부분이다. 이럴 경우 핵심감정이 무엇인지를 스스로 알게 하기 위해 물러서기보다는 집요하게 묻고 또 물어야 한다. 그리고 아이가 잘못된 선택을 할 경우 10년 후, 20년 후의 삶은 어떻게 될 것인지 미래상황을 현실감 있게 미리 보여주면 확연히 깨닫는 점이 생긴다. 감옥에 가 있을 것 같다든지, 길거리의 노숙자가 되어 있을 것 같다든지 그 미래의 상황을 스스로가 예언한다는 것이다. 지금의 작은 자유를 위해서 방종을 선택했을 때 미래에는 더 큰 자유를 희생해야 한다는 것을 사이코드라마를 통해서 경험하게 된다.

기태는 상담이 지속되면서 과거의 상처를 조금씩 표현하고 의식의 변화와 행동상의 변화까지 보이기 시작했다. 본인이 겪은 왕따도 묻어두고 회피할 것만이 아니라 직면하여 다시 다루게 되었다. 비록 긴 시간이 걸렸지만 학교에서나 세상에서 자신의 존재감을 드러내어도 좋다는 결론에 도달했고 눈을 가리던 머리카락도 이마를 훤히 드러내는 스타일로 바뀌었다. 언어적 습관에 대한 분석도 치열하게 하면서 본인이 왜 그 단어를 쓰는지 깨닫게 되고 다른 언어로 표현할 수 있는 대안적 방법도 모색하게 되었다. 생각 자체를 깊이 하는 것을 귀찮아하는 것에서도 많은 변화가 있었다. 이 모든 것은 상담자가 그의 친구가 될 때 가능한 일이다. 기태는 천사다. 사실 그 나이에 맞지 않을 정도로 순수하다. 울다가도 금방 웃곤 한다. 순간순간에 충실하다. 아이들은 그것으로 충분하다. 그것을 허락하지 않는 세상과 사회가 오히려 병들어 있을지도 모른다.

8. 그걸 왜 나한테 물어? 묻는 게 습관이구만.

주인공 송민혁은 남의 눈치를 살피며 사는 것이 자신을 보호하는 것이라 생각하고 있다. 행동은 소극적이며 좀처럼 자신을 드러내 보이지 않는다. 주도적인 문제해결능력이 없고 타인의 의도에 따르는 편이다. 본 드라마는 주인공에게 키워드 단어 몇 개를 주고 동화를 만들어 보물섬으로 떠나는 이야기를 담고 있다. 배안에는 주인공 송민혁, 선장과 선원, 악당들이 타고 있다.

송민혁 : 선장님, 무슨 근심 걱정이 그리 많으신지요?

선장 : 배에 악당들이 많이 타서 사람들을 괴롭히니 걱정이네. 자네가 좀 도와주면 좋으련만.

송민혁 : 제가 어떻게 하면 될까요?

선장 : 악당들을 좀 가려낼 수 있겠나?

송민혁 : 제가 알아보고 찾아내겠습니다.

선장 : 자네가 그 일만 해 주면 아주 감사하겠네. 악당들이 너무 난동을 부려서 나 혼자로는 역부족이야.

악당들 : 배 좋은데 다 뺏어. 총으로 쏴. 술 가져와. (난동을 부린다.)

악당1 : (송민혁에게) 야! 선장이 누구야?

송민혁 : 잘 모르는데요.

(송민혁은 지레 겁을 먹고 도망쳐 나온다.)

선장 : (혼잣말로) 악당 놈들 다 처치해 버렸어야 하는데. 아까 그 녀석은 어떻게 된 거야. (숨어 있는 송민혁을 발견한다.) 이봐 자네 어떻게 된 건가?

송민혁 : 악당들이 너무 거칩니다. 대신 선장님을 찾길래 모른다고 말했습니다.

선장 : 네가 무서워서 말 안 한 거잖아!

송민혁 : 선장님이 위험에 처하면 배가 위험해지니까 그래서 말 안 한 겁니다.

선장 : 그게 그 말이지. 내가 위험에 처하면 배가 위험해지고 너도 위험할 테니 다 같이 죽는 거지. 그런데 뭘 날 위해서 그랬다는 거야. 다 널 위해서 그런 거지.

송민혁 : 결과적으로 제가 선장님을 살려드린 게 아닌가 싶은데요.

선장 : 네가 살았지. 녀석들이 날 잡는다해서 배가 잘못 되기나 하겠어? 배 몰 줄 모르는 놈들인데. 내 말이 틀렸나?

송민혁 : 맞는 말인 것 같습니다.

선장 : 지켜보겠어.

송민혁 : 네.

(시간을 되돌려서 첫 장면으로 돌아가 상황을 반복한다.)

악당들 : 배 좋은데 다 뺏어. 총으로 쏴. 술 가져와. 선장 어딨어?

송민혁 : 저 방에 있습니다.

악당1 : 오늘부터 이 배를 내가 접수하겠다. 선장 다리에 돌을 묶어서 바다에 빠뜨려.

선장 : 으악~ 살려줘. 내가 없으면 배는 누가 조종해? 너희들은 망망대해를 헤매다가 폭풍을 맞아 다 죽게 될 거야.

악당2 : 시끄러, 알게 뭐야.
송민혁 : 결국 다 죽게 되는군.

(선장은 바다에 빠지고 곧 폭풍우가 친다. 악당들은 구명보트를 타고 탈출한다. 송민혁만 살아남은 배는 결국 가라앉아 최후를 맞는다. 시간을 되돌려서 첫 장면으로 돌아가 상황을 반복한다.)

악당들 : 배 좋은데 다 뺏어. 총으로 쏴. 술 가져와. 선장 어딨어?
송민혁 : (두 번의 경험에서 어떻게 할지 고민한다.) 제가 배에 처음타서 잘 모릅니다.
악당1 : 네가 앞장서 찾아. 거짓말하면 죽는다.
송민혁 : (악당들의 기에 눌려서 선장실로 안내하며) 선장실로 안내해 드릴게요.
선장 : 무슨 일인가?
송민혁 : 손님들이 오셔서요.
선장 : 손님을 안내하라는 말을 한 적이 없는데. 몇 분 전에 우리가 무슨 말을 했었지? 이 밀고자 배신자! 아까 죽는 모습을 봤잖아. 내가 죽고 나면 배는 침몰하고 너도 죽어. 악당들은 모두 살아남을 거야.
악당 : 선장 발에 돌 묶어. 그러면 너는 살려주마.
송민혁 : 안 되는데.
악당 : 빨리 해라.
송민혁 : (선장 발에 돌을 묶는다.) 선장님 죄송해요.
선장 : (송민혁에게) 잠깐. 미래는 똑같아. 나는 죽고 악당들은 도망가고 배는 침몰할 거야.
송민혁 : 어떻게 하죠?
선장 : 그걸 왜 나한테 물어? 묻는 게 습관이구만.

송민혁 : (용기를 내며) 제가 묶는 척 하면서 선장님을 풀어 드리겠습니다. 그럼 선장님이 같이 싸워 주세요.

선장 : 드디어 문제를 직면하고 해결하려고 하는군. 그런데 난 너무 늙었어. 난 힘이 없네. 그리고 저 녀석들은 너무 많아.

송민혁 : 우리 함께 힘을 내서 싸우시죠. 제가 돕겠습니다.

선장 : 자신이 없네. 우린 죽을 거야.

(보조자아가 송민혁의 속마음으로 등장한다.)

속마음 : 선장이 왜 이렇게 나약하고 부정적이야? 책임감도 없고. 선장 맞아? 선장은 배와 함께 운명을 같이 하는 거야. 승객들 다 살려 놓고 마지막으로 떠나는 게 선장이야.

송민혁 : (속마음의 말에서 용기를 내어 말한다.) 선장님 왜 이렇게 부정적이십니까? 승객들을 모두 살려 놓고 마지막으로 떠나는 게 선장입니다!

선장 : 하하하. 내가 왜 웃는지 아나?

송민혁 : 모르겠습니다.

선장 : 이제야 네 목소리를 찾았기 때문이지. 사실 나는 네 안에 있는 너 자신이야. 나약하고, 용기 없고, 부정적인 너. 네가 이제야 그걸 봤구나. 내 말이 무슨 말인지 알아듣겠나?

속마음 : (선장의 말에 저항한다.) 저 나약하지 않아요. 부정적이지 않아요.

송민혁 : (속마음이 외친 말을 따라한다.) 저 나약하지 않아요. 부정적이지도 않고요.

선장 : 이 자식이 날 속이려고 하네. 난 너야. 겁쟁이 같은 놈! 아니라고 할 테냐?

송민혁 : (고개를 떨구고) 맞아요. 내가 나를 속이는 것 같아요.

속마음 : (좌절하며 송민혁의 말을 따라한다.) 맞아요. 내가 나를 속이는 것 같아요.

(송민혁과 선장이 역할 교대를 한다. 송민혁은 선장이 되고, 선장은 송민혁이 되어 악당들의 난동을 맞이한다. 시간을 되돌려서 첫 장면으로 돌아가 상황을 반복한다.)

악당들 : 배 좋은데 다 뺏어. 총으로 쏴. 술 가져와. 선장 어딨어?
보조자아(송민혁) : 저 배 처음 타서 잘 몰라요.
악당들 : 이 자식이! 따끔한 맛을 봐야 정신을 차릴 테냐? 어서 불어!
보조자아(송민혁) : (선장실로 악당들을 안내한다.) 저 선장님 안녕하세요.
송민혁(선장) : 자네 악당을 찾아서 처리하라 했더니 악당을 데리고 왔구먼.
보조자아(송민혁) : 죄송합니다.
악당 : 선장 다리에 돌을 묶어서 바다에 빠뜨려.
보조자아(송민혁) : 선장님 어떻게 하죠?
송민혁(선장) : 나를 죽이는 것으로 끝나지 않아. 자네도 곧 죽을 것이야. 그러니 나와 함께 싸우지 않겠나?
보조자아(송민혁) : 못 믿겠어요. 무서워요.
송민혁(선장) : 어차피 죽을 목숨.
보조자아(송민혁) : 전 선장님이 아니에요. 겁 많고, 소심하고, 용기 없는 평범한 사람이에요. 싸우려면 혼자 싸우세요.
송민혁(선장) : 겁쟁이 녀석! (악당들과 싸우다 악당 한 명을 처리한다.) 자 이제 나와 함께 악당과 싸우자!
보조자아(송민혁) : 전 자신도 없고 잘 몰라요. 용기도 없고 나약해요.
송민혁(선장) : 해 보면 할 수 있어. 자네를 보면 어린 시절의 나를 보는 것 같군. 나도 그런 시절이 있었지. 나를 보게. 내가 악당 두목을 처리했잖아. 내가 했다면 자네도 할 수 있을 거야.

보조자아(송민혁) : 죽기 싫어요. 저 무서워요. 죽으면 끝이에요.

송민혁(선장) : 우리가 가만히 있으면 모두 죽을 거야. 함께 하세. 자네 왜 그리 부정적인가? 왜 그렇게 겁을 내지? 왜 그리 나약한가?

보조자아(송민혁) : 해 본 적이 없으니까요. 자신이 없어요.

송민혁(선장) : 입 닥치고 따라와. 우리가 선제공격하는 거야. (둘은 손을 잡는다. 힘을 모아 악당을 모두 바다에 빠뜨린다.)

보조아아(송민혁) : 선장님 우리가 해냈어요. 비록 다치긴 했지만요.

송민혁(선장) : 잘 했어. 우리 모두 살았네. 다친 손은 금방 나을 거야.

보조자아(송민혁) : 고마워요 선장님. 저 같은 겁쟁이가 이렇게 용기를 내다니 신기해요. 저는 이렇게 책임질 행동을 나서서 해 본 적이 없어요. 그런데 선장님과 함께여서 할 수 있었어요. 고마워요.

(장면이 전환된다. 다 해치운 줄 알았던 악당 중 한 명이 숨어 있다. 송민혁은 배 안을 거닐다가 숨어 있는 악당을 발견한다.)

송민혁 : 너 거기 있는 거 다 알아.

악당 : 너 말하면 죽는다.

송민혁 : 내가 조용하면 넌 뭘 해 줄 거야?

악당 : 널 안 죽일 거야. 됐지?

송민혁 : 그렇다면 거래를 하자. 보물섬 지도를 내놔.

악당 : 나 악당이야. 협상 따위는 하지 않아. 넌 비겁한 밀고자잖아. 입 싼 녀석 같으니라고.

송민혁 : 널 사람들에게 알릴 거야.

악당 : 할 테면 해 봐. 넌 두 가지를 잃을 거야. 하나는 목숨 또 하나는

보물지도.

송민혁 : 보물 지도를 알려주면 네 존재를 비밀로 할게.

악당 : 이 비열한 새끼.

송민혁 : 진짜 말 안 할 거야.

악당 : 할 테면 해 봐.

송민혁 : 여기 악당이 숨어 있어요. (사람들에게 알렸지만, 사람들은 악당의 칼을 보고 피한다. 송민혁은 악당의 칼에 죽음을 맞이한다.) 윽~

악당 : 어리석은 녀석 목숨이라도 지키지. 돈이 대수인가. 사람들에게 보호도 못 받고.

(시간을 되돌려서 전 장면으로 돌아가 상황을 반복한다.)

송민혁 : 보물지도 내 놔!

악당 : 날 밀고하면 너부터 죽인다.

송민혁 : 그래 모른 척해 줄게.

악당 : 사람들은 다 자기 입장이 있는 거야. 보물지도는 내게 남은 전부야. 악당도 소원이 있고 간절함도 있는 거야.

송민혁 : 몰랐었네.

악당 : 이제 안녕. 더 이상 따라오지마.

(장면이 전환된다. 바다에 빠져 죽은 줄 알았던 악당들이 보물섬에서 보물을 찾고 있다. 보물 앞에는 사람들의 해골이 널려 있다. 송민혁은 그 장면을 숨어서 지켜보고 있다.)

악당1 : 와! 보물이다. 배를 몰았으니까 내가 더 많이 가져야 돼.

악당2 : 무슨 소리야, '지도' 읽어서 찾았으니 내가 더 가져야 돼.

악당3 : 일단 보물부터 챙기자. 가져간 다음에 나누자고.

(그때 보물을 지키는 괴물이 등장한다. 괴물에 의해 악당들은 모두 죽임을 당한다.)

괴물 : 인간들이란 해골을 보고도 보물을 노리는군. 어리석은 자들 같으니라고. 거기 숨어 있는 녀석은 어서 나와라.

송민혁 : (잔뜩 겁에 질려) 네.

괴물 : 여긴 어떻게 왔지?

송민혁 : 보물을 찾아 부자가 되려고 왔습니다.

괴물 : 부자가 되어서 뭐하게?

송민혁 : 집도 사고 병원비도 쓰고 기부도 하고 그러려구요.

괴물 : 병원비하고 집사는 데 얼마가 필요하길래 이 먼 곳까지 목숨을 걸고 왔느냐? 이게 그만한 가치가 있는 일이냐?

송민혁 : 생각해 보니 그럴 가치는 없는 것 같습니다.

괴물 : 잠시 나갔다 올 테니 이곳에 좀 있거라.

송민혁 : 네.

괴물 : (잠시 후 자리를 비웠다가 등장한다.) 미동도 안 하고 그대로 있구나. 그래 잘 하고 있다. 그대로 있거라. 말을 잘 듣는구나. 다시 나갔다 올 테니 그대로 있거라.

송민혁 : (한참이 지나도 괴물이 돌아오지 않자) 괴물이 늦게 돌아오는 거 같으니까 보물을 챙겨 도망가야겠다. (보물을 가지고 도망간다.)

괴물 : 이 녀석 어디 갔어. 내 보물을 가지고 갔구나. 이 녀석을 꼭 찾아내겠다.

(시간을 되돌려서 보물섬에서 악당들이 보물을 찾아내는 장면을 반복한다.)

악당1 : 와! 보물이다. 배를 몰았으니까 내가 더 많이 가져야 돼.
악당2 : 무슨 소리야, '지도' 읽어서 찾았으니 내가 더 가져야 돼.
악당3 : 일단 보물부터 챙기자. 가져간 다음에 나누자고.

(괴물에 의해 악당들은 모두 죽임을 당한다. 역할 교대를 한다. 송민혁이 보물을 지키는 괴물 역할로 보조자아가 송민혁 역할을 맡는다.)

송민혁(괴물) : 인간들이란 해골을 보고도 보물을 노리는군. 어리석은 자들 같으니라고. 거기 숨어 있는 녀석은 어서 나와라.
보조자아(송민혁) : 죄송합니다. 잘못했어요. 그냥 가겠습니다.
송민혁(괴물) : 다시는 오지 말거라.
보조자아(송민혁) : 이대로 돌아갈 수는 없어, 괴물이 잠든 틈을 타서 몰래 보물을 뺏어야지.
송민혁(괴물) : 밤이 늦었으니 이만 자야겠군.
보조자아(송민혁) : (보물을 빼돌리며 도망친다.) 이정도면 평생 떵떵거리며 살겠어.
송민혁(괴물) : 아! 이놈이 내 보물을 가져가다니! 이 녀석 어디로 간 거지? 어디로 갔는지 알 수 없으니 나머지 보물이라도 지켜야겠군.

(모두 무대에서 퇴장하고 송민혁과 연출가의 대화가 시작된다.)

연출가 : 첫 번째 장면에서 만난 선장은 어떤 사람이었나요?
송민혁 : 책임감 없고, 부정적인 사람이었습니다.
연출가 : 자신과 어떤 부분이 닮아있었나요?
송민혁 : 그 상황이었으면 다른 사람을 구하기보다 자기만 생각했을 것 같아요.

연출가 : 그랬던 선장이 어떻게 변했나요?

송민혁 : 자신이 앞장서서 악당을 물리치고 사람들을 구했습니다.

연출가 : 그 선장 역할을 해 보니 어땠나요?

송민혁 : 저도 할 수 있고 다른 사람들을 지킬 수 있다는 것을 느꼈습니다.

연출가 : 겁쟁이였던 자신을 설득시켰나요?

송민혁 : 완벽하게 설득하지 못했으나 용기를 내어 함께 행동했습니다.

연출가 : 두 번째 장면에서 당신은 목격자 역할을 했습니다. 그 목격한 것을 발설하면 상대방은 어떻게 되나요?

송민혁 : 죽겠죠. 물론 내 목숨도 위험해지지만.

연출가 : 그때 당신은 어떻게 했나요?

송민혁 : 발설하지 않는 대신 거래를 원했습니다. 보물지도를 달라고 했어요.

연출가 : 세 번째 장면에서 보물섬에는 어땠나요? 가 보니 누가 있었죠?

송민혁 : 악당들이 먼저 와 있었어요. 그래서 숨어서 지켜봤습니다.

연출가 : 무엇을 기대하면서 지켜봤나요?

송민혁 : 보석이 남아있기를 기대하면서 지켜봤습니다.

연출가 : 정말 원하는 거였다면 직접 달려 들어가서 쟁취했을 텐데, 당신은 그저 부스러기를 기다리며 숨어 있었나요?

송민혁 : 네.

연출가 : 기회를 노리면서 기다리기만 했나요?

송민혁 : 네.

연출가 : 악당들은 어떻게 됐죠?

송민혁 : 괴물들에게 죽임을 당했습니다.

연출가 : 이야기의 끝은 어떻게 됐죠?

송민혁 : 도망갔습니다. 괴물로부터 도망갔어요.

연출가 : 실제로는 어떻게 했죠?

송민혁 : 괴물 몰래 가지고 도망쳤습니다. 하지만, 드라마가 아니라 실제 상황이었다면 못했을 것 같아요. 저는 학창시절에도 몰래해야 하는 짓은 한 번도 하지 않았거든요.

연출가 : 무대에서는 했잖아요?

송민혁 : 네. 같은 상황을 반복해서 연출하시길래 '선생님이 원하시는 것이 이것인가?'에 맞추어서 행동했습니다.

연출가 : 제 의도를 짐작해서 거기에 따른 것이군요?

송민혁 : 네.

연출가 : 떨렸나요?

송민혁 : 실제상황이었으면 많이 떨렸을 것 같아요.

연출가 : 역할을 교대해서 당신이 괴물이 되었을 때 왜 도둑맞은 보물을 찾으러 나서지 않았나요?

송민혁 : 현실적으로 늦었다고 생각했어요.

연출가 : 포기한 거죠?

송민혁 : 네 포기했습니다.

연출가 : '포기'라는 단어가 나오네요. 일상생활에서 어느 때 포기하시나요?

송민혁 : 조금이라도 안 될 것 같으면 포기하는 것 같아요.

연출가 : 집에 가셔서 자신의 일상생활을 비춰 봤을 때와 오늘 작업한 내용을 비교해서 글로 적어 보세요.

송민혁 : 네.

연출가 : 동화를 드라마로 구성했을 때 자신의 모습이 이렇게 나올 거라고 예상했나요?

송민혁 : 조금은 예상했던 것 같습니다.

연출가 : 오늘 작업한 것에 대한 불안과 만족감은 어느 정도 되나요?

송민혁 : 10점 만점에 불안감은 2점이고, 만족감은 4점 정도 되는 것 같아요.

연출가 : 역할연기를 했던 부분에 대해서는 어떻게 느껴지나요?

송민혁 : 정해진 답이 있는 것 같아 그걸 따라 한 거라. 한 5점 정도 만족감이 있는 것 같습니다.

연출가 : 앞으로 그 점수가 더 올라갈 것 같나요?

송민혁 : 글쎄요. 잘 모르겠습니다.

연출가 : 의도를 파악하는 것에 대해 말씀드리자면, 상대방은 별 의도 없이 말하거나 행동한 것일 수도 있어요. 그 의도에 대한 답을 선택하는 것은 자신입니다.

송민혁 : 의도를 파악하는 것이 나쁜 것인가요?

연출가 : 즉흥극으로 흘러가는 상황에서도 자신의 자발성으로 움직이기보다 연출가의 의도를 파악하는 데 시간을 많이 소비하신 것 같군요.

송민혁 : 네. 극에 참여하는 사람들이 저에 대해 어떻게 생각할까를 고민했어요. 거기에 저는 없었던 것 같아요.

연출가 : 주인공은 당신인데 말예요.

송민혁 : 그러게요.

■ 연출가의 시선 - 타인의 눈치를 보는 가면

끊임없이 남의 눈을 의식하는 이는 역설적이게도 모든 사람이 자신에게 주목하는 상황을 드라마에서 맞이하면 그 시선에서 벗어날 수도 있다. 한국사회에서 남의 눈치를 보고 산다는 것은 문화적으로 이해할 필요가 있다.

한국인은 행동에 있어서 자기내적 일관성보다는 우리집단속에서의 행위적합성이 더욱 중요하다. 따라서 한국에서는 상황적 행동과 집단

조화적 행동을 행동자체의 이념성, 항상성, 일관성보다 더욱 중요시한다. 그러니 우리의 유전자 속에는 필연적으로 체면을 중시한다거나 자신보다 타인의 시선을 더 중시하는 것이 내포되어 있다.

솔직하게 자신의 감정을 표현하지 못하고 억누르고 참아온 세월이 민혁을 힘들게 하고 있다. 집단에서 자신이 하고 싶은 이야기를 속시원하게 풀어내게 함으로써 진정으로 자신이 원하는 것을 보도록 하는 것이 중요하다. 민혁은 자신이 치료받는 상황에서조차 자신의 표현을 숨기고 연출가의 눈치를 살피며 거기에 맞추어 갔다. 그리고 극에는 안 나왔지만 치료회기가 거듭할수록 자신으로 사는 것에 대한 독특한 의견이 나타났다. '타인의 눈치를 살피며 사는 것이 자신을 위해 사는 것'이라고 한 것이 그것이다. 그럴 때 자신은 어느 때 보다 편안해지고 안전함을 느낀다는 것이다. 에고가 편안함을 누리기 위해서 존재를 설득하는 방식은 늘 있어 온 현상이다. 치료사는 그것이 진정한 자신인가?를 되물으며 그 의견에 동의하지 않자 민혁은 화를 내며 몹시 불편해 하였다. 왜 자신의 의견을 존중하지 않고 선생님의 의견이 정답인 듯 강요하는 거냐고 되물었다. 상담을 시작한 이후 거의 두 달 만에 처음 보는 반응이었다. 모든 감정의 표현이 한 가지 얼굴표정으로만 일관된 그였기에 나는 기쁘게 반응하였다.

"그래요. 지금 그 말. 그 표정은 처음으로 보는 반응이네요. 마치 '선생님의 의견 따위는 중요치 않아'라고 말하는 것 같아요. 그것은 당신 것이 아닌가요? 지금 이 순간만큼은 어느 누구의 눈치도 보지 않고 말하는 것 같아요. 처음으로 당신 것을 느끼는 것 같아요. 비록 분노의 감정이 담긴 것이긴 하지만요. (웃음) 그게 어디에요. 그 누구보다 싫은 소리 못하고 좋은 사람으로 남아 있어야 할 당신이 화를 내고 있네요."

이 말을 민혁은 알아 듣지 못했다. 찻잔 속의 태풍처럼 곧 그의 분노는 사그라들었기 때문이다. 에고는 다시 타인의 눈치를 보는 한 남자의 가면을 쓰고 어느새 돌아와 있었다.

9. 너희도 이렇게 불안해야지. 나만 불안하면 안 되지.

대인관계에서 경직된 주인공 배동수는 인간관계의 불안감을 떨쳐내고 자연스럽고 편안하게 대화할 수 있기를 바란다. 배동수가 회장으로 있는 교내 동아리에 신입생 후배들이 들어와서 신입생 환영회에 대한 이야기를 한다. 주인공 배동수와 보조자아들이 나와서 신입생 역할을 맡는다.

배동수 : 아… 안녕하세요… 신입생이신가요?

신입생들 : 네. 선배님.

배동수 : (잔뜩 긴장해서) 저희 동아리에 오신 것을 환영합니다. (한동안 말을 잇지 못하고 침묵이 흐른다.) 어느 과인가요?

신입생1 : 경영학과입니다.

신입생2 : 연극영화과입니다.

배동수 : 저희 동아리는 일주일에 두 번 정도 정기모임을 갖고 있습니다. (더 이상 할 말을 못 잇고 한동안 침묵이 흐른다.) 금방 친해질 테니까 너무 긴장하지 마세요. 오늘 수업있어요?

신입생1 : 수업 마치고 왔습니다.

배동수 : 너무 긴장 마시고요. 다음 주 화요일에 환영회가 있거든요. 간단한 게임 같은 것도 할 겁니다.

신입생1 : 저 게임 정말 못합니다.

신입생2 : 저도 못해요.

(이때 복학생 선배가 등장한다.)

선배 : 신입생 왔냐? 그런데 분위기 왜 이래? 왜 이렇게 얼어 있어?
배동수 : 신입생들이 좀 얼어 있습니다.
선배 : 애들아. 회장이 묘한 능력이 있어. 모든 걸 얼게 만들어. 그러니 좀 편하게 있어. (배동수에게 귓속말로 말한다.) 신입생 환영식 레크리에이션 이야기했냐?
배동수 : 네.
선배 : 그런 거 이야기하면 애들 안 와. 미리 말하면 어쩌냐.
배동수 : (어쩔 줄 몰라 하며) 죄송합니다.
선배 : (호탕한 말투로) 어이 신입생들. 우리는 공부만 하지 않아. 인간미 넘치는 동아리니까 잘 지내보자.
신입생들 : (신나게) 네.

(일주일 후로 시간이 흐른다. 선배와 후배들이 모여 있다.)

배동수 : 애들아. (긴장한 말투로) 긴장하지마. 말 편하게 해. 괜찮아.
신입생들 : 네.
신입생1 : (귓속말로) 근데 회장님이 더 긴장한 것 같지 않아?
신입생2 : 응 나도 그렇게 느껴. 자기 불안을 어쩔 줄 몰라 하는 것 같아.
배동수 : 그래도 이렇게 왔네? 잘했어. 내가 이 동아리 회장이니까 잘 해 줄게. 긴장하지마.
선배 : 막걸리 마시면서 즐겁게 놀자. 오늘은 단합에 대해서 이야기해 보겠다. 우리에게는 군인정신이 필요해. 단합은 군인정신이야. 자 모두 엎드려라. 신고식 해야지.
신입생1 : 저 5대 독자입니다.
신입생2 : 전 엄마한테도 안 맞아 봤어요.
배동수 : 선배님. 올해부터는 이 전통 없애기로 했습니다.

선배 : 그래? 언제 그렇게 됐지. 그럼 엎드리는 거 흉내만 내는 걸로 하자. 그럼 됐지?

배동수 : 알겠습니다. 그렇게 시키겠습니다. 애들아. 긴장하지 말고 엎드리는 시늉만 하자.

신입생1 : 회장님. 그게 맞는 거 아닙니까. 저 5대 독자입니다. 왜 엎드려야 합니까?

선배 : 단합은 몸에서 나오는 거야. 신체가 강건해야 단결도 가능하지.

신입생들 : 회장님. 저희 어떻게 합니까?

배동수 : 이게 동아리 전통이야. 그러니까 어쩔 수가 없어.

신입생1 : 회장님. 이런 말씀 없으셨잖아요?

배동수 : 그게... 그냥... 이게 전통이야. 우리도 전통놀이 같은 걸 하는데 왜 하는지 모르잖아. 그러니까 그냥 하는 척만 하면 돼.

연출가 : 3분 안에 해결하지 못하면 다시 선배가 나타나서 제대로 때릴 겁니다.

배동수 : (계속 같은 이유를 대며) 이게 동아리 전통이야. 애들아 하는 척만 하자. 그것만 하면 돼. (애걸한다.)

신입생1 : 그게 무슨 의미가 있나요?

선배 : 야 했냐?

배동수 : 아니요.

선배 : 내가 때리면 10대고 네가 때리면 1대야. 그거 말해 줘라.

배동수 : 애들아. 우리 복학생 선배가 너희를 때리면 10대야. 그런데 내가 때리면 1대만 때릴거야. 그리고 신고식 사진만 남기면 돼.

신입생 : 회장님 저 5대 독자입니다. 부모님께서 걱정하십니다. 저희는 회장님이 가족 같이 대해 주겠다고 해서 왔는데 갑자기 이러시는 건 너무 하신 것 같습니다.

선배 : 왜 이렇게 말이 많아. 자 엎드려 못 기다리겠다.

(선배의 강압적인 태도에 마지못해 신입생들 엎드린다.)

배동수 : 때리는 흉내만 낼게.
연출가 : (배동수에게) 사람을 때려 본 적이 있나요?
배동수 : 없습니다.
연출가 : 해 보니 어때요?
배동수 : 실제로 하라고 하면 못할 것 같습니다.
연출가 : 신입생들을 설득하는 장면이 있었는데 설득이 잘 되던가요?
배동수 : 아니요. 어려웠습니다.
신입생 : 계속 같은 말만 하니 납득이 안 됩니다. 누군가를 설득할 때는 같은 이야기를 반복하는 게 아니라, 그럴 수밖에 없는 이유에 대해 설명을 진지하게 해야죠. 그렇지 않으면 우리는 설득당하지 않아요. 전통이라고 무조건 따라야 할 이유도 없는 거구요.
배동수 : 네.
신입생1 : 이 동아리는 좋은데 회장님을 못 믿겠어요. 복학생 선배는 성격이 쿨하신 것이 말만 저렇게 하지 실제로 때릴 것 같지 않구요. 회장님은 왠지 혼자 어떤 일이든 처리하지 못하실 것 같아요.
신입생2 : 뭔가 불안을 스스로 만들어 내시는 것 같아요. 동아리방에 들어오기 전까지 좋다가도 회장님 보면 나까지 불안해지고 어색해져요. 무슨 문제가 생기면 오히려 나한테 해결책을 떠넘길 것 같아요.

(연출가는 관객들에게 질문한다.)

연출가 : (관객을 바라보며) 여러분들은 실제로 이런 선배가 있다면 어떤 느낌일 것 같나요?
관객1 : 다 들어줄 것 같은데 막상 상황이 발생하면 도망갈 것 같아요.

믿음이 안 가요.

관객2 : 영화 '실미도'에 나오던 교관이 떠올랐어요. 평상시에 잘 해주던 그 교관은 막상 훈련생들을 죽이라는 명령이 전달되었을 때 망설임 없이 죽이자고 말하거든요. 그와 비슷한 느낌을 받았어요. 평상시에는 잘해 주지만 중요한 순간에는 나를 배신할 것 같은 느낌이 들어요.

관객3 : 위로해 주려는 마음은 알겠는데 스스로 불안해 하고 눈동자도 계속 흔들리니까 저도 같이 불안해졌어요.

관객4 : 말에 힘이 없어요. 스스로 납득하지 못한 상태에서 말을 하니까. 설득력이 떨어져요.

배동수 : 알고 있는데 어떻게 해야 할지 모르겠어요. 막상 무슨 일이 생기면 타인의 도움을 필요로 하고 거기에 의존해요.

(보조자아가 등장하여 배동수의 내면목소리 역할을 연기한다.)

내면목소리 : 너 도대체 왜 그러니?

배동수 : 내가 이렇게 불안한데 너희도 이렇게 불안해야지. 나만 불안하면 안 되지.

내면목소리 : (깜짝 놀라며) 넌 처음부터 고치려는 마음이 없었던 거구나.

배동수 : 응 사실 답은 내 안에 다 있어. 결말은 내가 정한 대로 가는 거야. 하지만 내 이야기 잘 들어 주고 내 편만 들어준다면 치료는 계속 받을 의향이 있어. 사실 이 무대에서 벌어지는 일들은 꽤 흥미롭거든.

내면목소리 : 너를 불편하게만 안 만들면 되는구나.

배동수 : 그렇지. 그들을 나처럼 불안하게 만들어야 속이 시원해. 안그러면 불편해. 사실 난 지금이 편해. 비록 너희들은 그런 내가 불안해 보이겠지만. 난 불안한 상태에 아무런 문제를 못 느끼고 있거든.

연출가 : 동수씨 오늘은 여기까지 합시다. 다음 번에 무엇이 당신을 불

편하게 만드는지 찾아가 봅시다. 아마도 당신의 믿음과 신념에 도전을 받는 시간이 될 것 같군요. (웃음)

■ 연출가의 시선 - 불안은 전파되고 우리는 그 불안에 감염된다.

어떤 사람들은 특정한 상황에서 다른 사람들의 행동이나 반응을 유발시킨다. 상대로 하여금 이미 정해 놓은 방식대로 행동하기를 강력하게 조종한다. 의존역할이 강한 사람은 "어떻게 생각하세요?", "내가 뭘 해야 할까요?", "나는 어떻게 해야 할지 모르겠어요."라고 말하면서 그 답을 상대방에게 요구한다. 통제역할형은 지배하는 방식으로 대인관계를 조종한다. "이렇게 해야만 해", "내가 요구하는 것에 맞도록 행동해."라는 메시지를 보낸다. 희생역할형은 상대방의 죄책감을 건드린다. "내가 이토록 봉사하고 희생하는데 나를 이렇게 대할 수는 없어", "나는 핍박받는 사람이야."라고 말한다. 이러한 행위들은 본인의 인지가 명확치 않은 상태에서 일어나는 것이기에 무의식의 영역에서 일어난다.

사람은 그 사람에 맞는 에너지 장을 가진다. 그것은 타인에게 전파되고 타인은 거기에 맞게 행동한다. 엄밀히 말하면 타인은 거기에 조종당한다. 즉 사건은 내가 불러들인 결과이다. 구타유발자라는 제목의 영화가 있다. 원인이 가해자에게 있지 않고 피해자에게 있다는 논리의 제목처럼 들린다. 그 사람이 '나를 때려주세요.'라는 에너지를 스스로 풍겼고 나는 폭력을 행사해 준 거예요. 그가 폭력을 불렀고 나는 거기에 조종당해 그를 때렸습니다라고 말하는 것과 같다. 민감한 예이지만 이성간의 문제도 비슷한 이야기가 있을 수 있다. 물론 사실관계에서 따질 필요도 없이 분명한 가해자 피해자가 구별되는 경우가 대부분이지만 심리적으로는 무시할 수도 없는 이론이 투사적 동일시이다.

마음의 저 밑에는 우리가 알지도 못하는 무의식이란 세계가 있다.

우리는 그것에 조종당하고 끌려다니고 있지만 의식은 깨닫지 못한다. 아마도 대상관계 분석자에 의해서 분석을 받는다면 주인공은 투사적 동일시라는 방어기제를 사용하고 있다는 소리를 들을 것이다. 투사적 동일시는 광의의 역전이라고 할 수 있는데 사이코드라마에서는 상담자의 역전이까지 역할 교대를 통해서 등장한 인물을 다 경험해 보는 것으로 접근한다. 피해자와 가해자, 선배와 후배, 학생과 선생 등의 다양한 역할을 입고 재현된다. 역할놀이처럼 서로 상대방의 역할을 왔다갔다한다.

사이코드라마는 주인공의 무의식 세계를 '주관적 진실'로 받아들이고 진행된다. 그래서 진실의 극장이라고 불리기도 한다. 선후배 관계라면 선배는 주인공이 맡고 후배는 보조자아가 맡는다. 그리고 이 역은 서로 교대하면서 상대방의 입장으로 들어간다. 또한 주인공의 이중자아, 즉 분신의 역도 주인공의 속마음을 표현하는 중요한 역할이다. 이렇게 대립관계에 놓인 사람들의 마음을 일일이 다 경험하는 것이다. 주인공이 후배를 보조자아에게 투사하고 보조자아는 그 후배처럼 행동한다. 이중자아는 주인공의 속마음을 표현한다. 가능할 것 같지 않지만 극이 진행될수록 무엇보다 강한 흡입력으로 거기에 몰입된다. 주인공은 속마음과의 대화에서 주관적 진실을 드러내고 관객들은 속고 있다는 것을 알게 된다. 주인공의 불안은 전파되고 우리는 그 불안에 감염된다. 여기에서 전이와 역전이는 정신분석의 금기를 뛰어넘어 무대 위에서 살아 움직이게 된다.

10. 빨간 조명은 함부로 꺼내 놓으면 안 돼!

정기적으로 만나는 치유그룹에서 '삶에 있어 치명적인 것들'이란 주제를 놓고 논의를 하였다. 술, 섹스, 일, 돈, 음식, 친구, 가족 등 7개의 단어가 적힌 쪽지를 상자에 넣고 섞어 놓았다. 상자 속에 든 '치명적인 것들' 중 하나를 추첨하듯 꺼낸 후 그것이 당신의 인생에 끼친 다섯 가지 부정적인 영향을 쓰는 작업이었다. 공교롭게도 모두가 상자 속에서 꺼낸 쪽지는 섹스였다.

(주인공 미희와 보조자아가 무대 위 공간을 배회한다. 보조자아는 큰 몸짓으로 주인공을 따라다니며 위협하고 미희는 계속 보조자아를 피하고 다닌다.)

연출가 : 두 사람은 정지하세요. (미희에게) 지금 어떤 느낌이 들어요?
미희 : 나를 엄청 따라다닌다는 느낌이요.
연출가 : 곤란한가요?
미희 : 아니요. 귀찮아요.
연출가 : 그럼 다시 움직이겠습니다. 미희 씨는 자유의지로 움직이거나 저항할 수 있습니다. 지금 무대 위에 있는 보조자아는 "귀찮음"입니다. 귀찮음은 어떤 상황에서도 벗어날 수 없죠.

(미희는 여전히 귀찮음을 외면하고 피해 다닌다. 연출가는 보조자아에게 강도를 높여 귀찮게 하고, 미희는 소리를 쳐도 되고, 뭐든 해도 된다고 알려준다. 귀찮음은 미희의 어깨에 손을 대고 움직임을 조종하려 한다.)

미희 : (갑자기 의자를 집어 던지며) 놓으라고. 놔!
연출가 : 정지하세요. 지금은 어떠하신가요?
미희 : 소리를 질렀더니 좀 괜찮아졌어요.

(보조자아가 빨간 천을 두르고 분노라는 역할로 등장한다.)

연출가 : 등장하는 보조자아는 '분노'입니다. 미희 씨의 표현되지 못한

분노입니다.

분노 : 날 왜 불렀어?

미희 : 상황을 내 뜻대로 통제할 필요가 있었어.

분노 : 그게 지금이야?

미희 : 아니 지금은 아닌데.

분노 : 네가 지금 날 불렀잖아.

미희 : 살다 보면 그런 날도 있는 거지.

분노 : 불러 보니 어때?

미희 : 가끔은 널 부르는 게 효과적인 것 같아. 뒷감당이 안 될 때가 있지만.

분노 : 왜 자주 부르지 않아? 미리 불러주면 이렇게 일이 커지지 않을 텐데.

미희 : 그러다 내가 병원에 갇혀.

분노 : 자주 부르지 않으면 어떻게 되는데?

미희 : 다른 방법을 써야겠지. 조금 완곡한 방법.

연출가 : 눈앞에 있는 게 뭔가요?

미희 : 분노와 공격성이요.

연출가 : 하고 싶은 이야기 있으면 하시면 됩니다. 당신에게서 나온 '분노와 공격성'입니다.

미희 : 다른 사람 앞에서는 나오지 마!

연출가 : 다시 걷다가 편안한 위치에 서시면 됩니다.

(미희가 편안한 공간에 머무르자 보조자아가 섹스의 역할로 등장한다. 보조자아가 장난치면서 미희 뒤를 따른다.)

연출가 : 지금 기분이 어때요?

미희 : 싫지는 않은데 얘가 문제라기보다 제가 계속 이 녀석한테 끌리는 게 문제인 것 같아요. 내 할 일을 못할 정도로 끌리는 게 문제인 것 같아요.

(보조자아는 미희의 발을 잡고 질질 끌고 다닌다.)

연출가 : 당신의 분신인 섹스가 당신 생각을 스크린에 영상으로 비추고 있습니다. 한 번 볼까요?

미희 : 야한 영상이 튀어나올 것 같은데요. 그래도 우리 모두 같은 단어를 뽑았으니 뭐 상관없을 것 같아요.

연출가 : 영상이 지금 나오고 있습니다. 어떤 영상인지 설명해 주세요.

미희 : (머릿속 영상을 설명한다.) 변태 같은 야한 영상이고…… 더 이상 보여주기 싫어요. 그만 볼래요.

연출가 : 관객으로 참여 중인 성미 씨의 의견을 들어보도록 하겠습니다.

성미 : 더럽고 음란해. 어떻게 이런 걸 좋아해. 취향 참 독특하네. 좀 정상적인 거 보면 안 돼? 그리고 너무 많이 보는 거 아니야. 겉으로는 조신한 척 하면서 속은 야한 생각하네. 너무 다른 거 아니야?

연출가 : (미희에게) 지금 기분 어떠세요?

미희 : (의외로 담담하게) 괜찮아요.

연출가 : 당신의 야한 생각, 섹스에 대해 외부에서 비난의 소리가 들렸어요. 당신의 '섹스'에게 해 주고 싶은 말이 있나요?

미희 : 보는 것은 상관이 없는데 현실에서 도피하고 있는 것은 아닌지 생각해 봤으면 좋겠어. 다른 재미있는 것도 많은데 뭔가를 잊고 감추려고 탐닉하고 있는 것은 아닌지 걱정돼.

섹스 : 내가 그러고 싶어서 그러는 게 아니야. 내 머리도 소란스러워. 네가 내 머릿속 목소리 좀 제거시켜줘. 그럼 네 말 들을게.

미희 : 일단 밖으로 나가자. 불안한 마음 가라앉히게 좀 뛰자.

섹스 : 내가 불안해서 그러는 거야?

미희 : 응.

섹스 : 섹스가 왜 불안해?

미희 : 섹스가 불안하지는 않지.

섹스 : 난 섹스인데.

미희 : 너를 통해서 다른 것을 덮으려고 하고 있거든.

섹스 : 덮을 수 있으면 된 거 아니야. 이제 와서 나 버리는 거야? 나 아직 유효기간 남았어.

미희 : 필요할 때, 원하는 곳에 나타나면 좋을 것 같아. 난 집중해야 할 것이 따로 있어.

섹스 : 아닌데 네가 집중해야 할 것은 나야. 나머지가 다 가짜야. 진짜는 여기 있어.

미희 : 음 그럴싸한데.

섹스 : 그럴싸한 게 아니야. 난 진심만 이야기하는 거야.

미희 : 그런 식으로 생각해 본 적이 없는데. 좋아 네 생각을 따를게. 끝까지 한 생각만 하면 뭐라도 나오겠지. 지금까지 난 그렇게 해 본 적이 없어.

섹스 : 나한테 진실한 건 너한테도 진실한 거야.

미희 : 그래 맞아. 난 지금까지 그렇게 살아 본 적이 없지.

섹스 : 지금이야말로 솔직해져야 할 때야. 삶에 진실해져야 할 때야. 우리 헤어질 날도 얼마 안 남았잖아.

미희 : 그런 말 하지마. 나 위기감 느끼고 있단 말이야.

섹스 : 얼마나 남았는데?

미희 : 모르겠어. 하지만 아직 많이 남았다고 믿어.

섹스 : 언젠가는 네가 나에게 와 줄 거라는 것을 알았어.

미희 : 내 겉모습은 요조숙녀지만 밝힐 것은 다 밝히지.
섹스 : 그거 너만 모르고 다 알아. 사람들이 바보인줄 아니?
미희 : 그래도 다행이야. 내가 만난 사람은 대부분 성인들이니까.
섹스 : 네가 와 줘서 고마워.
미희 : 내가 빨간 조명을 너무 좋아해서 문제인 것 같아. 너무 유혹적이야.
섹스 : 그럼 빨간 불에서 시작하는 거야.
미희 : 빨간 조명은 함부로 꺼내 놓으면 안 돼. 사람들은 하얀 백색 조명을 좋아하니까.
섹스 : 그래서 네가 날 외면한 거야. 불러 주지도 찾아 주지도 않았어. 안에 갇혀 있는 동안 너무 답답했어. 난 병들어 있었어. 그러나 누구나 출발점은 있는 거야. 시작은 끝과 같지는 않아. 빨간 불을 보고 인정하고 수용할 때 불빛은 바뀔 거야. 이제라도 찾아 줘서 너무 고마워. 나는 빨간색이야. 그러니 있는 그대로 봐 줘.
연출가 : 빨간 조명의 이야기가 어떻게 들려요?
미희 : 위험하고 중독성 있다는 생각만 했었는데, 귀엽고 밝고 건강하다는 느낌을 처음 받은 것 같아요.
연출가 : 오늘 당신은 섹스라는 카드를 뽑으셨습니다. 왜 섹스를 초대한 걸까요? 우연의 일치일까요?
미희 : 글쎄요.
연출가 : 무의식에게 한 번 물어볼까요? 왜 불러들인 건지.
미희 : 야한 소설과 야한 사진에 빠져 일에 집중하지 못하던 시절이 있었어요. 그래서 섹스는 멀리 해야 하는 것이라고 단정지었던 것 같아요.
연출가 : 피해야 하거나 창조성을 방해하는 것이 아닌 다른 것으로서의 섹스를 말해 볼까요?
미희 : 보호받거나 좋은 관계를 유지하는 것에 섹스가 필요하다는 생각

을 못한 것 같아. 그래서 그 자체로 좋다는 생각을 못하고 그냥 폭력적인 것이라고만 생각했어. 술이나 담배 같이 중독이라고만 생각했던 것 같아. 성이라는 것은 관심의 표현인 거잖아. 성관계를 갖지 않더라도 매력이나 욕구는 느낄 수 있는 것 같아. 내가 너무 섹스를 병든 이미지로만 편협하게 생각했던 것 같아.

섹스 : 그래서 이제 어떻게 할 거야? 날 어떻게 대해 줄 거야?

미희 : 네가 나한테 필요하고 소중하다는 것을 있는 그대로 인정할 거야.

섹스 : 나 밖으로 나가도 돼?

미희 : SNS만 아니면 괜찮을 것 같아. 세상이 무섭잖아. (웃음) 내 앞에서는 다 괜찮아.

섹스 : 고마워.

(미희 퇴장하고 남기성이 무대 위에 앉아 있다.)

연출가 : 지금 어떤 생각이 드나요?

남기성 : 부끄럽네요. 오늘 섹스 쪽지가 뽑혀 뭔가 들킨 기분이에요.

연출가 : '섹스'를 생각하면 뭐가 떠오르나요?

남기성 : 격렬하고 잔인하다는 생각이 들어요.

연출가 : 그것이 어떤 느낌을 주나요?

남기성 : 나도 그렇게 해야겠다. 강하게 해야겠다는 생각이 들어요.

연출가 : 행위를 말하는 건가요?

남기성 : 행위도 그렇고 남성적으로 해야 한다는 압박이 있죠.

연출가 : 자신의 생각에 대해 관객들에게 물어볼 겁니다. 일어나서 객석 쪽으로 나오시죠.

(관객으로 미희와 성미가 앉아 있다.)

남기성 : 저는 섹스하면 잔인하고 강력해야 된다는 생각이 들어요. 제가 이상한 건가요?

미희 : 많은 사람들이 그렇게 생각하는 것 같아요. 저는 여성을 독자로 하는 남자 동성애물을 많이 읽는 편인데 강간, 성폭력, 가학과 피학성 등이 많이 나와요. 정도의 차이가 있을 뿐이지 남자도 여자도 그런 생각을 많이 하는 것 같아요.

남기성 : 당신 생각은 어떠세요?

미희 : 카타르시스를 분출하는 것에 있어서는 섹스와 폭력성은 맞닿아 있는 것 같아요. 자기 권력을 확인하는 행위 같아요.

남기성 : 감사합니다. 많은 도움이 되었어요.

(주인공 남기성은 성미에게 질문한다.)

남기성 : 저는 섹스하면 잔인하고 강력해야 된다는 생각이 들어요. 제가 이상한 건가요?

성미 : 실제로 사랑을 하실 때도 그렇게 느끼는지 궁금하네요?

남기성 : 잘 모르겠어요. 당신은 성에 대한 폭력성을 어떻게 생각하시나요?

성미 : 조금 더 자극적이기 위해 노력하는 것 같은데 사실 좀 불편해요.

남기성 : 관계 중에 당신의 엉덩이를 때리면 불편한가요?

성미 : 네 굉장히 불편할 것 같아요.

남기성 : (미희에게) 당신은 어떠하신가요?

미희 : 아뇨 저는 남편과 자주 그렇게 놀아요. 그건 사람마다 다른 것 같아요.

성미 : 저는 싫어요.

미희 : 합의되지 않은 행위라면 폭력이겠지만 서로가 좋아서 하는 경우

라면 뭐든 좋을 것 같아요.

성미 : 저는 합의하기 싫은데요. 마치 저를 굴복시키려는 듯한 느낌이 들어서 싫어요.

남기성 : 그렇군요. 존중합니다.

연출가 : 주인공께서는 무대를 천천히 돌면서 편한 자리에 서세요.

(무대 위에 보조자아로서 가학성 성애자인 세디스트가 등장한다. 세디스트는 남기성의 성적환상을 연기하며 손을 잡고 가까이 있으려 한다.)

세디스트 : "아~ 섹스하고 싶다", "동서양을 망라한 야한 영상 보고 싶다", "가학적인 영상보면서 야한 파트너랑 하고 싶다", "현실성 있는 야한 동영상이 좋더라."

연출가 : 지금 느낌 어때요?

남기성 : 괜찮습니다. 좋습니다.

연출가 : 이제부터는 세디스트가 당신을 아주 강하게 다룰 것입니다.

남기성 : 뭔가 어색한데요. 이런 느낌이군요. (어색하게 웃는다.)

세디스트 : 내가 너라고 생각해. 받아들여. 즐겁잖아. 너도 하고 싶잖아.

연출가 : 이제 장소를 옮깁니다. 화장실, 바닷가, 산, 비행기, 자동차 등 계속 이동해서 상황이 연출됩니다.

세디스트 : 우리 책상 위에서 해 보자. 재미있어. 덜컹덜컹. 다음은 수영장 온천 그리고 갤러리로 가자.

연출가 : 혹시 마음에 와닿은 장소나 소리가 있었나요?

남기성 : '덜컹덜컹'이라는 소리와 '책상'이요.

연출가 : 이를 무대에서 재현해 보겠습니다. 행위가 불편하면 소리로라도 괜찮습니다. 자유롭게 해 보세요.

남기성 : 찰싹 찰싹! 허벅지를 때리고 있어요.

세디스트 : 주인님 잘못했어요. 막 흥분돼요.

연출가 : 지금 집중하고 있나요?

남기성 : 아니요.

세디스트 : 주인님 제 엉덩이를 때려 주세요.

남기성 : 철썩 철썩! 엉덩이를 때려 줄 테야.

세디스트 : 주인님 지금 좋아서 하시는 거죠? 그런데 왜 이렇게 힘들어 하시는 것 같죠?

남기성 : 강렬하게 아주 격하게 하고 있어. 넌 기절할 거야. 내가 이렇게 잘 할 줄 몰랐지? 나랑 자면 다 뻑 가거든. 열에 다섯은 다 기절했어. 너도 별수 없을걸.

연출가 : 욕을 하셔도 괜찮습니다.

남기성 : 야이, XXX야. 좋냐?

세디스트 : 좋아요. 암퇘지라는 말도 좋아요.

남기성 : 좋지. 내가 죽여줄게.

세디스트 : 자꾸 흥분돼요. 욕을 더 해 주세요. 미칠 것 같아요.

남기성 : 그래 네가 얌전한 척 해도 이런 거 좋아할 줄 알았어.

세디스트 : 이제야 우리가 만난 것 같아요. 모든 가식과 허물을 벗어던지고 우리가 만난 것 같아요. 우리가 합의한 거니까 저는 좋아요. 대신 다른 곳에 가서는 이러지 말아요. 합의가 되면 더 강한 걸 해도 괜찮아요. 야하면 야할수록 좋아요. 우리 둘은 더 행복해질 수 있어요.

남기성 : 그래, 합의해서 더 재밌게 놀자. 수갑도 내가 준비해 올게. 침대에 묶어 줄게. 가끔씩 나도 묶어줘. 우리 즐겁게 섹스하자. 창조성에는 두 가지 요소가 있어. 하나는 즐거움이고 나머지 하나는 순수한 열정이야. 우린 춤을 추게 될 거야.

세디스트 : 억지로 하지 않아도 돼. 우린 창조적으로 놀 수 있어. 자신을 믿어.

연출가 : 섹스가 왜 당신을 찾아왔을까요?

남기성 : 글쎄요. 즐겁고 재밌게 하고 싶은데 그만큼 두려움이 있는 것 같아요. 상대방을 위한 것인지 나를 위한 것인지 기준이 불분명해졌어요. 어지러워요.

연출가 : 최근의 모임에서 남기성 씨는 가슴이 열리면서 기존의 이성관에서 벗어나 자유로워졌음이 느껴져요. 하지만 그 밑에 숨겨진 거대한 흐름은 숨길 수 없어요. 지금은 잠시 모든 것으로부터 자유로워진 것 같아 보이지만 무의식은 드러납니다. 우리의 무의식을 속일 수 없습니다.

남기성 : 무의식 이야기를 하시니까. 조금 더 무의식을 알아차리는 것에 집중해야겠다는 생각이 드네요. 마치 동물들이 수컷의 본능에 따라 여러 암컷들을 사냥하는 것이 무의식일까요? 지금은 내가 좋아하는 이상형을 만나게 되어 만족하고 있지만, 언젠가 내가 원하는 여성을 마음껏 만나고 헤어질 능력을 갖추면 사냥꾼이 되어 여러 여성들을 사냥하고 다니겠지요. 단계를 건너뛸 수는 없는 거니까. 지금은 그녀와 관계를 만들어 가는 것이 재미있어요. 아직 상대방을 다 알지 못해서 알아가는 즐거움이 있고, 내 투정을 받아줘서 고마워요. 연기도 못하고 거짓말을 잘 못하니 내 마음이 식으면 나보다 그녀가 먼저 알게 될 것이에요. 나도 그때가 되면 나를 속이지 않고 솔직히 말하겠어요. 어쩌면 그때부터가 우리가 소울 메이트로 지낼 수 있는 시작점이 되지 않을까 생각해 봅니다. 명상에 대해 공부하다 최근 문득 마음에 와닿는 문구가 있었어요. '간절히 바라되 그 바람을 놓아 보내세요.' 간절히 바라는 것도 집착을 놓는 것도 연습이 필요할 것 같아요.

연출가 : 그때마다 주어진 삶을 살아가는 모습이 보기 좋아요. 잘 사는 것 같아요. 순간을 살고 즐기되 깨어있기를 바랍니다. 스스로에게 거

거짓말 하지 않고 솔직해지길 바라겠습니다.

(남기성 퇴장하고 성미 등장한다.)

연출가 : 오늘 자신은 왜 섹스라는 단어를 초대한 것일까요?
성미 : 집단무의식의 영향인 것 같습니다.
연출가 : 개인의 생각과 상관없이 집단에너지에 끌려왔다는 느낌인가요?
성미 : 아니요 제가 많이 걸려있다는 것을 느꼈어요. 그리고 '왜 그걸 깨야하지?'라는 생각도 올라왔어요.
연출가 : No problem. 아무 문제없습니다. 다만 그 행위 너머에 있는 근원을 보길 바랍니다. 현상 너머에 있는 본질을 보지 못하면 결국 아무것도 알 수 없는 거예요. 저항을 일으키는 근원을 바라보시길 바랍니다.

■ 연출가의 시선 - 사람들은 성적환상을 가지고 살아간다.

사람들은 성적환상을 갖고 살아간다. 남자들은 힘과 성기의 크기에 콤플렉스를 가지고 있으며 여성은 남성을 만족시키기 위해 거짓 오르가즘으로 연기를 한다. 이 모두가 진솔성에서 자신을 만나고 있지 못하기 때문에 가장 진솔한 순간에도 허상을 갖고 그들만의 드라마를 연출한다. 그것은 놀이가 되고 게임이 되어가는 듯하다. 섹스란 무엇인가? 왜 섹스를 하는 것인가? 사실 답은 의외로 간단하다. 자연계에서 그 해답을 얻을 수 있다. 인간의 지적능력이 발달하면서 영성의 개념이 그것을 어렵게 만들어 놓았을 뿐이다. 종족보존의 개념은 너무 메마른 이야기처럼 들릴 것이다. 사랑의 숭고한 행위가 고작 종족보존의 행위일 뿐이라니 말이다. 인간은 불멸을 꿈꾼다. 건강하다면 오래오래 장수하기를 원한다. 그러나 언젠가는 삶은 끝나고 죽음을 맞이하게 된다. 인간의 영속성은 자기복제인 유전을 통해서 다음 삶을 이어가는 것을 선택한다. 이것이 자연의 섭리다. 식물은 씨앗으로, 동물은 교미를 통해서 종을 유지한다. 암수는 본능적으로 끌리게 되어있다. 사람에게는 성호르몬이 그 역할을 한다. 만약 영원히 살수 있다면 자기복제를 통한 다음세대에 자신의 유전자를 물려줄 이유가 없는 것이다. 그렇다면 성호르몬은 분비되지 않을 것이며 자연스럽게 성욕은 사라질 것이다.

남자의 섹스는 무작위다. 여자의 섹스는 선택적이다. 시간여행을 해서 원시인들의 세계로 잠시 가 보자. 남자와 여자의 성역할이 아직 명확치 않을 때 남녀는 아마 같은 일을 했을 것이다. 같이 먹이를 구하고, 외부세력에 대응하여 마을을 지켜내고 아이도 같이 키웠을 것이다. 그러다 이상한 일이 발생한다. 농업이 발달하지 않아 필연적으로 사냥을 통해 생존해야 하는 상황에서 늘 뒤처지는 사람이 있었다. 달리기도 느리고 힘도 약하고 사냥감을 제압하기는커녕 뒤쫓기는 사람이 발생하는 것이다. 이것은 늘 있는 일이었다. 필요에 따라 분업이 발생하기 시작했다. 분업에 따른 사회적 성역할도 자연스럽게 분화되기 시작했다. 남자는 사냥을 여자는 채집을 담당하면서 그들의 능력은 전문화되어 갔다. 남자들은 절대적으로 인원이 더 많이 필요했다. 사냥감을 잡고 마을을 방어하기 위해 더 많은 종족이 필요했다. 어떤 여자인가는 중요하지 않고 섹스는 다산이 목표가 되었다. 반면 여자는 채집활동을 하다보니 선별 능력이 발달하게 되었다. 어떤 열매를 먹어야 하는지 어떤 것이 독이 있는 열매인지를 가려낼 수 있었다. 물론 그 과정에서 많은 희생이 따랐을 것이다. 채집활동 중에 획득한 더 좋고 나은 열매를 선택하는 기능이 남자를 고르게 하였다. 섹스는 자기의 결핍감을 채우기 위해 더 나은 유전자를 선택하는 것이 목표가 되었다.

그럼에도 불구하고 섹스는 분명 위대한 생명의 힘이다. 섹스를 '생명의 힘'으로 바꾸어 불러도 그 의미의 변화가 없다. 우리는 모두 그것을 통해 탄생했다. 생명의 힘에는 좋고 나쁘고 판단의 여지가 있을 수 없다. 그 자체로 아름다운 일이다. 심지어 인도의 위대한 명상가는 섹스를 훌륭한 명상의 도구라고도 말했다. 몸을 억압하고 거부하는 전통사상에 비해서 파격적 가르침이 아닐 수 없다. 기존의 체계는 억압과 죄책감을 무기로 사람들에게 섹스를 죄악시하도록 가르쳐 왔기 때문이다. 몸은 아무 잘못이 없다. 몸과 마음의 깊은 연결은 우리를 충만한 상태로 이끈다. 섹스를 하기 전에는 자기 몸과 마음의 연결이 우선 선행되어야 한다. 스스로에게 친밀감을 느낄 때 비로소 상대를 맞이할 준비가 된 것이다.

둘이 하나 되기 위한 날이 올 것이다. 전등이나 형광등의 인위적인 불을 끄고 촛불을 켠다. 향이 방안에 은은히 퍼져 나가며, 잔잔하고 아름다운 음악이 흐른다. 몸을 깨끗이 씻고 천천히 둘이 만나기를 바란다. 아주 조심스럽게 서로를 탐색한다. 손을 잡고 머리를 쓰다듬고 향기를 맡고 처음 맛보는 과일처럼, 마치 지구상에서 처음 만난 것처럼 새로움을 느낄 수 있어야 한다. 둘이 하나가 됨에 있어서 개인이 사라지면 안 된다. 전 과정에 둘의 의식은 깨어 있어야 한다. 합의에 도달하면 그 어떤 춤을 추든 상관없다. 그것은 몸으로 나누는 대화이며 영혼의 춤이 되어야 한다. 춤이 끝나면 고요히 머물러야 한다. 떨어지거나 돌아 눕지 말아야 한다. 바로 씻으러 가서도 안 된다. 그렇게 둘이 합일된 채 고요히 머물고 깨어 있다 보면 두 번째 오르가즘이 찾아온다. 처음 것이 몸의 것이라면 두 번째는 영혼의 것이다. 두 번째 밸리오르가즘은 너무나 충만하여 몸의 것을 잊을 정도일 것이다. 그 경험을 잊지 않아야 한다. 그것을 떠올리는 것만으로도 충분할 것이다.

11. 웃음 없는 남자, 너무 웃는 여자. 말에 영혼을 좀 넣어 봐!

수혁은 인지적인 것을 체험양식으로 살아가며 내성적이고 웃음이 너무 없다. 반면 미숙은 외향적이고 정서적인 것을 체험의 주요양식으로 살며 너무 웃는다. 그 두 사람의 이야기로 들어가 보자.

(무대 위에 주인공 손수혁과 공동 주인공 안미숙 둘은 마주하고 있다. 여자는 어쩐지 이 남자가 자신을 어딘가로 끌고 갈 것 같다고 말한다.)

연출가 : 인생의 한편의 드라마입니다. 우리는 삶과 일상이라는 무대 위에서 세상이 기대하는 인성과 성격의 역할을 맡아 연기하고 있는 배우입니다. 한편 삶과 일상이라는 무대 뒤에는 혼자만의 공간, 즉 무대 뒤편의 공간이 있습니다. 무대 뒤에서는 긴장이 완화되며 일상의 역할을 벗고 실존과 마주하는 진실의 공간이 있습니다. 심리극무대는 삶과 일상이라는 무대 뒤편의 공간입니다. 그래서 심리극 무대를 진실의 공간이라고도 합니다. 심리극 무대는 신이 인간에게 내려오는 장소입니다. 신이 인간에게 지혜를 들려주는 곳이지요. 이곳에서는 자신 스스로가 신이기에 무엇이든 될 수 있고 이룰 수 있어요. 다만 이 공간을 벗어나서는 잊어버리면 됩니다. 여러분은 무엇이든 마음껏 할 수 있습니다.

미숙 : 무서워요. 이 남자가 제 발목을 잡고 어디론가 끌고 갈 것 같아요.

연출가 : 어디로 끌고 간다고 느껴져요?

미숙 : 지옥으로요.

연출가 : 수혁은 이제부터 지옥입니다. 지옥에 맞는 대사를 한 번 말씀해 주세요.

지옥(수혁) : 잘못을 많이 했으니 끌고 가겠습니다. (매우 기계적인 톤으로 말한다. 하지만 예의가 바르다.)

미숙 : 너무 무서워요. 말씀을 너무 무섭게 하세요. (무섭다고 하면서도 시종일관 계속 웃는다.) 얼굴이 무표정하고 눈빛이 저를 때리는 것 같아요.

연출가 : 무서운데도 계속 웃으시네요? 좋습니다. 그 말을 대사처럼 해 보시겠어요.

미숙 : 네 눈빛이 나를 때리는 것 같아!

연출가 : 지옥(수혁)을 대면하면서 느껴지는 감정을 모두 말해 보세요.

미숙 : 약간 무섭고 저를 꿰뚫어 보는 것 같아요. 웃지 않으셔서 화가 난 거 같아요.

연출가 : 이제 이 남자 분이 지옥역할에서 당신의 남자친구로 바뀝니다. 설득해서 마음에 들도록 바꿔보세요. 남자친구에게 조언을 한 번 해 보세요.

여자친구(미숙) : 자기야 우리 좀 웃어 볼까? 내가 싫은 건 아니지? 자기야 내가 있어서 좋지? 싫은 건 아니지? 나 그냥 조용히 있을까? (불안함 때문에 말을 쉴 새 없이 한다.)

남자친구(수혁) : .... (무반응이다.)

연출가 : (관객들에게) 남자 분 표정이 어땠나요?

관객들 : 변화가 없어요.

연출가 : (미숙에게) 남자친구를 보면서 어떤 생각이 드나요?

여자친구(미숙) : (좌절하며 풀이 죽은 목소리로) 나의 존재감이 없어 보여요.

연출가 : (수혁에게) 여자친구 이야기 들었죠? 그 말에 대답을 한 번 해 보시겠어요.

수혁 : (기계적으로 말한다.) 너 좋아해. 널 싫어할 이유가 어디 있겠어? 이야기 계속해. 다 들어줄게. 나 괜찮아.

(수혁은 빈 의자에 자신이 앉아 있다고 상상하고 의자를 바라본다.)

연출가 : 마음을 표현하는 자신의 모습이 어때 보여요?

수혁 : 감정이 없어 보여요.

연출가 : 자신에게 말을 건네 보듯 말씀해 보시겠어요?

수혁 : 너는 감정이 없어 보인다. 잘 웃지 않고 무서워 보이네.

연출가 : 주인공은 의자 위로 올라가 보세요. 위에 올라서면 조금 더 커진 자신을 느낄 수 있을 거예요. 지금은 연애하는 중인데 이렇게 무뚝뚝하면 연애가 오래 가지 않겠죠? 더 큰 마음을 가진 자신이 돼서 지금의 자신에게 조언을 해 주세요.

수혁 : 말에 영혼을 좀 넣어 봐!

(보조자아가 등장하여 수혁의 내면자아를 연기한다.)

수혁 : 좀 웃어. 표정에 변화를 좀 주겠니. (서사적으로 무뚝뚝하게 말한다.)

내면자아 : (수혁의 이야기를 따라한다.) 좀 웃고 표정에 변화를 좀 주겠니? (서정적으로 감정을 넣어서 말한다.)

수혁 : 그래 말에 영혼에 있는 것처럼 이야기 좀 해. (여전히 서사적이다.)

내면자아 : 말에 높낮이를 넣어서 영혼을 좀 넣어 봐! (감정을 듬뿍 넣어서 표현한다.)

연출가 : (수혁에게) 어때요 느낌이 다른가요?

수혁 : 네 확연히 다르네요.

연출가 : 그럼 이제 내면의 목소리를 따라서 말해보도록 하겠습니다. 내면자아가 하는 대로 그대로 따라해 보세요.

내면자아 : 웃어 봐. (권유하듯 행동도 함께 곁들인다.)

수혁 : 웃어 봐. (국어 책 읽듯 한다.)

내면자아 : 더 웃어 봐.

수혁 : 더 웃어 봐.

내면자아 : 말에 영혼이 좀 있어야지?

수혁 : 말에 영혼이 좀 있어야지? (조금 달라진다.)

연출가 : (수혁에게) 어때요?

수혁 : 많이 달라지는 것 같아요.

연출가 : 좋아요. 그 느낌으로 여자친구에게 자신의 마음을 전달할 수 있도록 연습해 봐요.

수혁 : 내 마음은 그렇지 않아.

내면자아 : 네 마음이 어떠한데?

수혁 : 실제로는 감정이 없는 게 아니야. 표정이 드러나지 않을 뿐이야. 난 널 좋아해.

내면자아 : (감정을 살려서 표현한다.) 표정이 드러나지 않을 뿐 난 널 좋아해!

수혁 : (내면자아가 한 것처럼 표현한다.) 표정이 드러나지 않을 뿐 난 널 좋아해!

연출가 : 좋아요. 다시 한번 해볼까요.

수혁 : (마음을 담아서 말하려고 노력하며) 표정이 드러나지 않을 뿐 난 널 좋아해!

연출가 : 이제 거울 앞에서 자기표정을 보면서 말해 볼까요?

수혁 : (거울 앞에서 몇 번이고 반복해서 연습한다.) 표정이 드러나지 않을 뿐 난 널 좋아해.

연출가 : 자 그럼 이제 여자친구에게 말해 보도록 하겠습니다.

수혁 : 표정이 드러나지 않을 뿐 난 널 좋아해!

연출가 : (미숙에게) 수혁 씨에게 이런 말을 들었어요. 어떤 느낌이 들어요?

미숙 : 갑자기 너무 부드러워지니까 연애 고수 같은 느낌이 들어요. (또 웃는다.)

(가상장면을 설정한다. 수혁이 미숙과 처음 만나는 소개팅 장면이 시작된다.)

연출가 : 오늘 두 분은 처음 만났습니다. 서로 대화를 나눠 보실까요. 소개팅 장면입니다.

수혁 : 주문하시겠어요?

미숙 : 커피 먹을게요.

수혁 : 어떤 일 하세요?

미숙 : 그냥 놀아요. 집이 잘 살아요.

수혁 : 아 그러시군요. 그럴 수 있죠. 회사를 물려받으신 건가요?

미숙 : 아뇨. 엄청 구체적으로 물어보시네요? 돈이 중요하신가 봐요?

수혁 : 그럼 부모님은 어떤 일 하세요?

미숙 : 저를 물어봐야 하시는 거 아니에요.

수혁 : 아 네 그럼 나이가 어떻게 되세요?

미숙 : 좀 많아요.

연출가 : (수혁에게) 미팅을 끝내고 왔습니다. 자기 속마음을 한 번 이야기해 볼까요?

수혁 : 질문에 확실한 답을 주지 않는 느낌이라 저를 마음에 들어 하지 않는 것 같아요. 그리고 나이가 좀 많은 것 같은데 그게 좀 걸리네요. 그런데 나이는 괜찮아요. 만나면 익숙해질 것 같아요.

연출가 : 미숙도 자신의 속마음을 말해 볼까요?

미숙 : 그 남자는 무섭게 나를 취조했어요. 나보다 저희 부모님을 궁금해 하는 것 같기도 하고, 돈에도 관심이 많은 것 같아요.

(각자 다른 사람과 여러 번의 소개팅을 거치고 그 둘은 두 번째 만난다.)

수혁 : 나와 주셔서 감사합니다. 많은 대화를 못해서 아쉬웠거든요. 어

떤 거 좋아해요?

미숙 : 남자 좋아해요. (웃음) 농담이구요. 제가 장난치는 걸 좋아해요. 어떤 거 좋아하세요?

수혁 : 저는 예능 좋아해요. 먹는 거 좋아하세요?

미숙 : 네 먹는 거 좋아해요. 세상엔 맛있는 음식이 참 많은 것 같아요.

연출가 : (수혁과 미숙에게) 다시 자신의 속마음을 말해볼까요.

수혁 : 긴장을 해서 자꾸 몸동작이 커진 것 같고 산만했던 것 같아요. 그래도 웃으면서 대화해 주셔서 좋았어요.

연출가 : 그 여성 분 마음에 들어요?

수혁 : 좋습니다.

연출가 : 미숙 씨도 자신의 속마음을 말씀해 보시겠어요.

미숙 : 처음엔 표정이 없어서 무서워보였는데 볼수록 착한 사람인 것 같아요.

연출가 : 자 우리는 상대방의 속마음을 알았습니다. 서로에게 하고 싶은 말을 계속 해 볼까요?

수혁 : 착하다고 하니까 더 잘 받아주고 싶어요.

연출가 : 미숙씨도 자기 속마음을 말해 보실까요.

미숙 : 근데 엄청 어려보이던데. 연하남은 만나다가 헤어질 것 같은데.

연출가 : (수혁에게) 이 정보를 들었습니다. 속마음을 말씀해 보실까요?

수혁 : 그러게. 나이 차이가 나서 좀 어렵겠는걸.

연출가 : (미숙에게) 이 정보를 들었습니다. 속마음을 말씀해 보실까요?

미숙 : 바보 같은 놈! 그 말 한마디에 포기하다니. 또 도망가네. 내가 싫다고 해도 세 번은 붙잡아야지. 어떻게 한 번에 도망가냐. 싫은 게 아니고 그냥 걱정한 건데. 어리면 철이 없고 그래서 많이 싸울까봐 그게 걱정된 것뿐인데.

연출가 : (수혁에게) 이 이야기를 들었어요. 다시 말씀해 보실까요?

수혁 : 포기하지 않고 계속 만나겠습니다.

(이때 관객들이 수혁에게 질문한다.)

관객1 : 무엇이 당신의 마음을 그렇게 변하게 만들었어요?
수혁 : 미숙의 포기하지 말라는 이야기를 들어서 내 마음이 변했습니다.
관객2 : 당신의 의견보다 타인의 반응이 더 중요해 보이는군요.
수혁 : 네 맞습니다.
관객1 : 당신은 팔랑귀예요. (웃음) 자기 결정권도 가지고 있지 않고 남의 의견에 기대어 살고 있는 것처럼 보이는군요.
관객2 : 당신의 의견은 없어요? 생각이 없어요? 미숙이 마음에 들어요 안 들어요?
수혁 : 마음에 들어요.
관객1 : 그럼 좋아한다고 밀고 나가면 되는 거지. 그렇게 줏대가 없어요.

(보조자아가 등장해서 수혁의 내면자아 역할을 맡는다.)

내면자아 : (수혁에게) 사실 난 타인의 눈치를 많이 봐. 내 생각을 있는 그대로 말했다가 거절당하는 게 정말 두려워. 그렇게 그동안 살다 보니까 알면서도 쉽게 바뀌지 않네. 그런데 이렇게 살다 보니 정말 중요한 걸 얻지 못하게 되더라. 피한다고 상처받지 않는 것도 아니고 그래서 이제는 말할 거야. 내 생각을 말하겠어. 그리고 어떤 결과든 받아들이겠어.
연출가 : 주인공께서는 내면자아의 응원을 받아 앞에 있는 관객을 대응해 보시겠어요?
관객1 : 너 바보야? 왜 네 생각이 없어?

수혁 : 나 바보 아니야. 이제는 말할 수 있어. 좋아. 나 그녀 좋아.

관객2 : 그 여자 의견 없이 네 의견 밀고 나갈 수 있어? 계속 거절당할 텐데 괜찮아?

수혁 : 괜찮아. 할 수 있어.

(보조자아가 등장해서 미숙의 내면자아 역할을 맡는다.)

내면자아 : (미숙에게) 어린 게 어때서? 나이가 어때서? 뭐가 문제가 돼? 너는 되는 이유보다 안 되는 이유 열 가지를 찾지. 그리고 도망가잖아. 너도 겁쟁이야. 갈수 있는 곳까지 가봐야지. 매일 그렇게 걱정만 하고 제자리에 서 있을 거야?

미숙 : (내면자아에게) 흥 어린영계 한 번 죽여볼까나? (또 웃는다.)

내면자아 : (미숙에게) 쿨한 척 하지 마. 넌 항상 그런 식으로 도망가잖아!

(세 번째 소개팅 장면이 이어진다.)

연출가 : 이제 세 번째 만남입니다.

미숙 : 어제 꿈을 설쳤는데 사람들이 나와서 저를 막 혼냈어요. 스트레스 받아요.

수혁 : 저도 잠을 설쳤는데 그래도 괜찮습니다. 지난 번과는 조금 달라진 느낌이네요?

미숙 : 네? 뭐가요?

수혁 : 말씀하실 때 이젠 웃지 않으시네요. 그런데 왜 계속 다리를 움직이시는 거예요?

미숙 : 제가 긴장했나 봐요. 그래서 이런 것 같아요. (다시 웃는다.)

수혁 : 왜 웃으시죠?

미숙 : 제가 생각이 많은가 봐요.

수혁 : 말을 하면서도 다시 웃고 계시네요?

미숙 : 네. (웃는다.)

(보조자아로 한 여성이 등장한다.)

연출가 : 말없이 서로를 바라보세요. 보조자아가 등장하여 수혁과 미숙을 바라볼 것입니다. 서로를 바라보면서 그리고 보조자아를 바라보면서 무엇이 느껴지는지 말씀해 주시면 되겠습니다. (세 사람이 번갈아 가면서 상대방의 눈을 바라본다.)

연출가 : 수혁 씨는 두 여성 분의 눈빛 중 어느 눈빛이 자신에게 더 집중하고 있다고 느끼셨나요?

수혁 : 보조자아의 눈빛이 제게 더 집중하는 것 같았습니다.

보조자아 : 저는 골고루 시선을 주었고 수혁 씨의 시선이 제게 더 집중되는 것 같았습니다. 수혁 씨에게서 '당신을 열심히 보고 있어요.'라는 느낌을 받았어요.

미숙 : 제가 사람 눈을 오래 바라보는 걸 어려워하는 것 같아요. 너무 불편해요. 불편함이 올라왔어요. 그래서 모두에게 시선을 줄 수 없었고 자꾸 웃음이 올라왔어요.

연출가 : 관객들 모두 무대 위로 등장하시죠. 그리고 미숙을 바라봐 주세요. (관객 모두 무대 위로 등장해서 미숙을 바라본다.)

미숙 : 어떻게 해야 하지? 저 괜찮아요. (웃는다.)

연출가 : 관객들은 굉장히 따뜻하고 편안하게 그리고 연민의 마음으로 바라봐 주세요.

미숙 : (웃으며) 감사합니다.

연출가 : 보조자아 분들께서는 미숙을 신뢰의 마음으로 어깨를 잡아주

세요. 나머지 분들은 미숙을 바라봐 주세요. 수혁은 다시 한번 자신의 속마음을 미숙에게 표현해 보시겠어요?

수혁 : 저는 당신이 좋아요. 당신의 유쾌함과 발랄함이 좋아요. 다른 뜻을 가지고 이야기하는 게 아니에요. 당신의 건강함이 좋아요. 햇살을 보는 것 같아요. 진심으로 감사합니다. 제가 아직 많이 부족해요. 하지만 이제부터 많이 달라질 거예요. 오늘 본 모습이 제 전부가 아니에요.

연출가 : (미숙에게) 무엇이 느껴지나요?

미숙 : (웃지 않고 이야기한다.) 편안해지는 것 같아요. 머릿속 소란스러움이 사라진 건 아니지만 그래도 편안해졌어요.

연출가 : 자신을 느낄 수 있는 방법은 그리 어렵지 않은 것 같습니다. 아주 짧은 침묵이 필요할 뿐이에요. 지금 이 순간 내가 소란스럽고, 혼란스럽다는 것을 느낄 수 있는 짧은 순간이면 충분해요. 감사합니다. 드라마를 마치도록 하겠습니다.

■ 연출가의 시선 - 너무 말이 없는 사람, 너무 말이 많은 사람.

수혁과 미숙은 역할이 서로 대립되는 성향의 소유자이다. 두 역할의 극명한 대립을 통해서 서로가 균형점을 찾아가도록 했다. 연극치료의 이론을 빌리자면 분리적 성향과 밀착적 성향의 양 극단에서 발생하는 성격으로 볼 수 있다. 분리적 성향의 사람은 감정이 외적으로 표현되는 방식이 일반인들이 보기에는 등가가치를 가지지 않아 그 속마음을 알아내는 것에 어려움이 있다. 그리고 개인 내적으로도 분리되어 있어서 자신의 감정을 자신도 모르는 경우가 많다. 반대로 밀착적 성향의 사람은 감정표현이 풍부하고 공감능력이 뛰어난 반면 감정조절이 미흡하고 고통의 정서에 압도되어 강한 불안을 체험한다.

사회심리학자 토마스 쉐프는 슬픔, 공포, 당황, 분노 네 가지 주요 감정이 밀착, 분리, 미적 거리의 상태에서 어떤 정서적 반응으로 나타나는지를 도표로 정리했다.

고통의 유형	밀착	분리	미적거리
슬픔	눈물을 흘리기도 하고 흘리지 않기도 한다. 슬픔을 느낀다. 머리가 아프고 코가 막히고 눈이 붓는다. 아무런 희망이 없는 것 같다	무감각하거나 상실의 상황에서 다른 데로 주의를 돌린다.	눈물을 흘리며 흐느낀다.
공포	얼굴이 창백해지면서 손발이 차가워 진다. 호흡이 얕고 가빠진다. 심장 박동수가 늘어나고 겁에 질려 그 자리에 얼어 붙은 듯하다.	무감각하거나 위험한 상황에서 주의를 다른 데로 돌린다.	식은땀을 흘리며 떤다.
당황	얼굴이 붉어지고 꼼짝 못하며 얼굴을 가리거나 시선을 떨어뜨린다.	무감각하거나 체면을 잃게 된 상황에서 다른 데로 주의를 돌린다.	자발적으로 웃는다.
분노	동작이나 말이 과격해지면서 자꾸만 반복한다.	무감각하거나 절망의 상황에서 다른 데로 주의를 돌린다.	더운 땀을 흘리거나 자발적인 웃음을 보인다.

(자료 : Robert J. Landy, 이효원 역, "억압받는 사람들을 위한 연극치료", 2002)

심리내적 차원에서 분리 성향의 개인은 대체로 엄격하고 지나치게 통제적이며 단절되고 소외되어 있다. 역할 레퍼토리 역시 상당히 폭이 좁고 개별 역할을 수행할 때도 그다지 융통성을 발휘하지 못한다. 분리적 행동은 개인을 외부세계뿐만 아니라 자기 자신에게서 떼어놓는다. 반대로 밀착 성향인 사람은 일반적으로 쉽게 상처받고 욕구 불만이며 감정조절을 잘 못하는 것으로 나타난다. 역할 레퍼토리가 매우 풍부하고 개별 역할도 큰 제약 없이 매끄럽게 수용한다. 그리고 자신을 수많은 다른 사람들과 융합시키기 때문에 페르소나 역시 무한하게 변형된다.

거리조절 패러다임의 핵심부에는 분리와 밀착의 두 극단을 모두 벗어난 균형점에 있다. 그 지점에서 개인은 생각하면서 느낄 수 있고 신체와 정서와 지적인 측면에서 안정적인 조화를 찾게 된다. 사회심리학자 토마스 쉐프는 연극치료와 관련하여 거리의 균형을 잘 이해하는 데 도움이 되는 관점을 제시하고 있다. 쉐프에게 있어서 분리의 극단은 억압이다. 분리적인 사람은 고통스런 정서를 억압으로 차단하며 인지적인 것을 주된 체험양식으로 한다. 과거를 기억하지만 과거의 경험과 연관된 현재의 정서들로부터 자신을 분리시키는 것이다. 반대로 극단적 밀착 상태는 억눌린 감정의 반격이다. 밀착적인 사람은 고통스런 정서에 압도되고 그에 따라 매우 강한 불안을 체험한다. 정의적인 것을 체험의 주요 양식으로 삼는 이들은 단순히 과거를 기억해 내는 데 그치지 않고 과거를 다시 산다.

분리의 극단은 억압으로 이어지고 억눌린 감정의 반격은 밀착의 극단으로 이어진다. 이렇게 극과 극은 연결되어 있다. 너무 말이 없는 사람도 너무 말이 많은 사람도 사실은 둘 다 긴장하고 있다. 그래서 균형점을 찾아 미적거리에 도달하는 것이 중요하다. 미적 거리에 있을 때 개인은 배우의 역할로 과거를 거듭 살면서 동시에 관찰자로서 과거를 기억할 수 있다. 다른 말로 하면 미적 거리에서 개인은 분리의 역할과 밀착의 역할을 병행하게 된다. 이 두 역할이 함께 작용할 때 심리적 건강이 유발되고 그 긴장은 다시 웃음, 울음, 하품, 떨림, 상기된 얼굴을 통해 카타르시스로 방출된다.

타인은 나를 비추는 거울이다. 타인을 통해서 나를 이해하고 발견하는 것처럼 자신을 더 깊이 이해하는 것 또한 타인을 이해하는 첫 걸음이다. 모든 것이 연결된 것처럼 어쩌면 우리는 연결되어 있을지 모르는 일이다. 양극단이 닮아 있는 것처럼 음과 양, 남과 여, 무와 유, 생과 사 등은 뫼비우스의 띠처럼 연결되어 있다.

12. 더 복잡해진 것 같지만 뭔가 어렴풋이 느낌이 와요.

30대 커리어 우먼으로 과중한 업무에 심한 압박을 느끼는 주인공 김나경은 모든 것을 내려놓고 싶어 한다. 주인공은 능력 있고 자존심이 강하지만 어딘지 모르게 차가운 이미지가 있다. 마술가게를 이용하여 갖고 싶은 것과 버리고 싶은 것이 무엇인지 물어보는 것으로 드라마는 시작되었다.

연출가 : 여기는 마술가게입니다. 사고 싶은 것은 무엇이든 구입이 가능합니다. 대신 버리고 싶은 것, 특히 부정적이고 자신의 성장을 막는 것을 내어놓고 구입하시면 됩니다. 무엇을 얻고 싶으신가요?

나경 : 비우고 내려놓는 마음을 얻고 싶어요.

연출가 : 네 그러시군요. 그러면 대신 무엇을 버리시겠습니까?

나경 : 제 안의 조급한 마음을 버리고 싶어요.

연출가 : 비움이라는 것은 드릴 수 있는 게 아닌데요. 어디에나 있는 겁니다. 그래서 제가 드릴 수가 없네요. 여긴 특별한 것만 파는 가게이니까요.

나경 : 아 그런가요?

연출가 : 만약 당신이 내려놓음을 얻게 되면 당신은 어떻게 될까요?

나경 : 마음에 자유가 생길 것 같아요.

연출가 : 그런가요? 조급함을 버리고 싶다고 했는데 조급함은 나이에 따라 달라집니다. 20대는 미래의 불안함이 현재를 조급하게 만들죠.

30대의 조급함은 조금은 성숙해진 조급함이죠. 하지만 그래도 이룰 수 없는 꿈을 꾸죠. 제가 조급함을 무대로 초대해 보겠습니다.

(보조자아가 조급함의 역할로 무대에 등장한다.)

연출가 : 여기 당신의 조급함이 있습니다. 이 조급함이 당신을 붙잡을 거예요.

조급함 : 왜 날 버리려고 해? 조급함은 생존 본능이야. 그래도 나 때문에 이만큼 실적을 거두며 살아 남았잖아. 이제 와서 날 버리는 거야?

나경 : 아니야 이제 그만할래. 힘들어!

나경 : 내가 힘들어? 나 때문에 이만큼 성공한 건데? 나 아니었으면 인생의 실패자가 되었을 거라고!

조급함 : 이젠 네가 불편해!

연출가 : 그 조급함이 당신을 불편하게 하였군요. 그럼 불편함도 무대로 초대해 보겠습니다.

(보조자아가 불편함의 역할로 무대에 등장한다.)

연출가 : 여기 불편함도 등장했습니다.

불편함 : 너 편안해 본 적 있어?

나경 : 그럼 당연하지.

불편함 : 언제?

나경 : 어떤 일에 몰입할 때나 성과가 잘 나올 때야.

불편함 : 결국 일할 때가 편안한 거네?

나경 : 그런 상황이 편해.

불편함 : 상황이 너야? 내가 물어보는 건 네 마음 깊은 곳에서 올라오는

편안함을 물어보는 거야. 성과나 일에 의해 너의 감정이 저당 잡혀서 편안함의 의미를 모르는구나. (쯧쯧 혀를 찬다.) 그건 상황이나 사람이 주는 게 아니야. 그걸 이해해야지만 네가 원하는 걸 얻을 수 있을 거야.

나경 : (도도하고 심플하게) 고맙다.

불편함 : 나중에 조급함을 만나면 지금의 도도하고 정돈된 네 모습을 흩트려 놓을 거야. 그때 너는 힘을 써야 할 것이고 굉장히 우스꽝스러워 질 거야. 많은 사람 앞에서 부끄러워질 거야.

나경 : 괜찮아.

불편함 : 너는 몸도 경직되어 있어. 몸은 불편하다고 하고 있는데 입으로는 '괜찮아'라고 하고 있어. 표현하지 않는 불편함이 더 독성이 강해. 너를 보니 내가 더 불편하다 얘!

(불편함 퇴장하고 조급함 다시 등장한다.)

연출가 : 나경 씨. 조급함을 버리고 싶다고 하셨죠? 당신의 조급함이 당신을 묶고 놓아주지 않을 거예요. (나경의 허리에 천을 묶어서 조급함이 뒤에 잡아당기며 서 있다.) 조급함에게 하고 싶은 말 있나요?

나경 : 너와는 이제 안녕이야.

조급함 : 그렇게 쉽게 안 될 거야.

연출가 : 당신이 원하는 미래가 이곳에 있습니다. 당신은 조급함을 이겨내고 이곳까지 와야 돼요. 우리는 과거의 관성에 영향을 받습니다. 그것에서 벗어나기 쉽지 않을 거예요. 이 미래에 당신이 원하는 '내려놓음'이 있습니다. 한 번에 힘쓰지 마세요. 다칠 수 있습니다. 5분을 드릴 테니 천천히 힘을 써 보세요.

(주인공은 벗어나려고 노력하지만 조급함은 그녀를 놓아주지 않는다.)

나경 : (힘을 쓰는 둥 마는 둥 한다.) 갈래 놓아줘.

조급함 : 힘도 안 쓰는데 내가 왜 놓아줘야 해? 적어도 성의는 보여야 할 것 아냐.

나경 : 아냐 나 힘쓰고 있는데?

조급함 : 웃기고 있네. 나 지금 한 손으로 당기고 있어.

나경 : 어떻게 힘을 써. 옷도 정장이고 게다가 넘어지기라도 하면.

조급함 : 넌 집중하지 않고 있어. 힘쓰는 모습을 보이고 싶어 하지 않는 거지. 조금 전에 불편함이 뭐라 그랬어? 나 만나면 우스꽝스럽고 부끄러워질 거라고 했지. 기억나?

나경 : 응 그런데 이런 것인지 몰랐어. 말로 하면 당해 낼 수 있는데 이렇게 원초적인 움직임은 생각도 못했거든.

조급함 : 넌 사력을 다해야 할 것이야. 말로써 나를 설득할 수 있겠지만 그 걸로는 안 통해. 몸으로 증명해야 돼!

나경 : (오기가 생겼는지 점점 힘을 쓰기 시작한다.) 어휴 무슨 힘이 그리 세니?

조급함 : 난 아직 시작도 안 했어.

나경 : 그래 알았어. (바닥이 미끄러워 신고 있던 양말을 벗고 상의 재킷도 벗는다.)

조급함 : 오호 이제 좀 뭔가 할 마음이 생겼나 보네. 나도 슬슬 힘을 써 볼까.

(나경은 시간이 흐를수록 상황에 몰입한다. 앞으로 나가다 다시 당겨져 돌아오기를 반복한다. 힘껏 소리를 지르기도 하고 끙끙댄다. 온몸이 땀으로 범벅이 되고 머리와 옷도 헝클어져 있다. 결국은 힘겨운 노력 끝에 미래에 도착한다.)

연출가 : 당신은 누구인가요?

나경 : (지친 목소리로) 저는 김나경입니다.

연출가 : 다시 한번 물어볼게요. 당신은 누구인가요?

나경 : 이제 '내려놓음'을 위해 노력하는 김나경입니다.

연출가 : 방금 그 생각에 참여했나요? 아니면 관찰했나요?

나경 : 생각했습니다.

연출가 : 생각하고 있는 자신을 관찰해 보세요. 당신은 누구인가요?

나경 : 마음의 짐을 내려놓고 편안해지기를 바라는 김나경입니다.

연출가 : 오랜 수행을 통해 내려놓음의 지혜를 깨달은 현자를 모셔볼게요.

(보조자아가 현자의 역할로 등장한다.)

현자 : 그게 당신인가요?

나경 : 아 말로는 완전히 표현할 수 없을 것 같아요.

현자 : 거울 앞에 형상은 자신인가요?

나경 : 네, 접니다.

현자 : 당신이 내려놓음을 가져가기 위해서는 이 말을 이해해야 합니다. 거울 앞에 있는 자신은 자신이 아니에요. 손으로 자신을 만져보세요. '나는 만지고 있지만 만지고 있지 않습니다.' 이 말을 이해해야만 당신은 내려놓을 수 있습니다. 열심히 수행하다보면 어쩌면 만날 수 있을지도 모르죠. 거울 속에 있는 당신은 당신이 아니에요. 형상은 당신의 모습을 하고 있지만 말이죠. 이해되지 않겠지만 이렇게 말씀드릴 수밖에 없네요.

나경 : 아 복잡해지네요.

현자 : 저도 '내려놓음'에 대한 화두를 풀기 위해 평생을 수행했습니다. 매우 어려운 문제입니다. 깨달음만으로는 부족하고 삶이 받쳐 줘야

합니다. 나경 씨는 자신이 가진 많은 것들과 동일시되어 있을 겁니다. 자신의 이름, 거울에 비친 얼굴, 생각, 성공 등 동일시되는 모든 것들이 사라질 때 그때 뭔가가 찾아올 거예요.

나경 : 더 복잡해진 것 같지만 뭔가 어렴풋이 느낌이 와요. 그것이 뭔지는 잘 모르겠지만 여태 내가 생각하지 못했던 것에 호기심이 생겨요. 한 번 해 볼래요. 책을 읽든 수행을 하든요.

연출가 : 저는 무대 위에서 당신이 하는 것을 보았습니다. 처음에는 못할 거라고 생각했지요. '지적이고 정돈된 사람이 그것을 하겠어?'라고 생각했답니다. 그러나 당신은 해내었습니다.

나경 : 뭔가 달라진 것 같아요. 전에는 이해되지 않는 일은 시도조차 하지 않았거든요. 특히 목표완수에 도움되지 않는 것에는 전혀 관심을 두지 않았어요. 그런데 오늘은 왠지 그런 것들에서 좀 거리가 생긴 것 같은 느낌이 듭니다. 그리고 내가 이렇게 힘을 쓸지는 몰랐어요. (웃음) 또 다른 저를 발견한 기분이에요.

▪ 연출가의 시선 – 물론이오. 그런데 가면이 나를 쓰고 있지는 않소!

이지적이고 분석적인 사람은 몸이 뻣뻣하게 굳어 있는 경우가 많다. 신체를 활성화하여 작업하면 생각도 유연하게 흐른다. 생각이 개입할 틈을 두지 않고 몸을 한계로 내몰 때 거기에 새로운 길이 열린다. 역할론적 관점에서 사회적 성격이 개입하지 않은 최초의 인성이 나온다. 심리학자 빌헬름 라이히의 성격갑옷이라는 이론이 있다. 라이히가 환자에게 "당신은 가면을 쓰고 있소."라고 말했다. 그러자 환자가 "라이히 박사님도 마찬가지예요."라고 응수했다. 이에 라이히가 "물론이오. 그런데 가면이 나를 쓰고 있지는 않소."라고 대꾸했다. 그것은 엄격하고 신경증적인 '성격 갑옷'과 마음만 먹으면 언제든지 마음을 열 수 있는 건강인의 '유연한 갑옷' 사이를 구분하는 생생한 방식처럼 보인다. 사람들은 자신을 보호하기 위해 경직된 생각과 행동을 하며 현재의 삶 대신 과거를 재구성하며 살게 된다. 성격갑옷은 자아가 환경의 위협을 견디지 못해 만든 안전장치이지만, 동시에 구속이 되어 변화하는 환경에 적응하는 것을 어렵게 한다. 사이코드라마를 하다 보면 종종 성격갑옷의 봉인해제라는 어려운 과제로의 도전을 요구받는다. 성공하게 되면 의외의 사람들이 낯설지만 새로움을 발견하게 된다. 그것은 자신을 창조적으로 재인식하는 계기가 된다. 사이코드라마는 지금-여기에서 일어나는 자신의 모습을 객관적으로 관찰 가능하게 된다. 즉, 알아차림으로써 우리는 자기 확장을 경험하게 된다.

현자의 이야기는 알아차림을 통한 깨어남이다. 그러나 그 알아차림의 의미는 게슈탈트 심리치료나 사이코드라마의 그것을 넘어선다. 심리학, 종교, 신비주의와 명상을 자유롭게 넘나드는 개념을 말한다. 현자는 에고의 알아차림을 말하고 있다. 에고라는 어려운 단어가 나왔다. 자기관찰의 핵심개념이기 때문에 에고가 무엇인지 알아보자. 사람은 다른 사람에게서 여러 가지를 원한다. 사랑, 의존, 돈, 권력, 우월감, 육체적 만족감 등의 욕구를 얻기 위해서 역할을 연기한다. 그러나 대체로 사람들은 자신이 그런 연기를 한다는 사실을 잘 알아차리지 못한다. 왜냐면 그들은 역할 그 자체가 되어 버리기에 역할 속에 있는 자신을 알 수가 없다. 에고란 자신이 알아차리지 못하는 역할연기를 말한다. 영화 식스센스를 보면 브루스 윌리스가 영혼으로 나오는데 자신이 영혼이라는 사실을 모른 채 살아간다. 이런 종류의 영화는 의외로 많다. 한국 영화 '신과 함께'에서 주인공 차태현은 화재현장에서 추락사하는데 저승사자가 나타나서 알려주기 전까지는 자신이 죽었다는 사실을 모른다. 사망한 자신의 신체를 목도한 후에야 오열한다. 영화 '사랑과 영혼'에서

패트릭스웨이지도 같은 현상을 겪는다.

영성학자 에크하르트 톨레는 다음과 같이 말하고 있다.

깨어난다는 것은 자기안의 에고를 알아보는 일이다. 에고란 자신 안에서 생각하고 말하고 행동하는, 즉 자기라는 주체의식을 부여받은 자이다. 의식으로 관찰되지 못한 생각, 마음, 행동이다. 우리는 에고의 배후에서 작용하는 기본 구조를 알지 못하면 에고를 알아차릴 수도 없고, 그 때문에 에고의 속임수에 넘어가 계속해서 에고를 자신이라 믿는다. 이것은 당신인 척 가장하는 사칭꾼인 에고가 당신을 차지해 버리는 것을 의미한다. 그래서 알아차리고 관찰해야 하는 것이다. 알아봄 자체가 깨어남의 한 방법이기 때문이다. 자기 안의 무의식을 알아볼 때, 그 알아봄을 가능하게 만드는 것 자체가 바로 의식의 일어남이고 깨어남이다.

에고는 진정한 자기를 목도하기 전까지는 자신이 에고인지 모른다. 진정한 자기란 교육으로부터 사회화되기 전 보이지 않는 의식을 말한다. 여기에 의식이라는 말을 잘 이해해야 한다. 의식은 육체의 형상을 유지하는 내적 생명원리와 같은 것이다. 의식은 생명원리로서 지성과도 같은 말이다. 지성이란 형상을 돌아가게 만드는 조직 원리이다. 생명이 그 형상으로 유지되기 위해서는 호흡을 하고, 소화를 하고, 심장이 박동하고, 피를 순환시켜야 한다. 이것을 가능하게 만드는 것이 조직체계의 작동원리인 생명의 지성이다. 생명의 지성은 이런 방식으로 개체를 형상으로 유지하게 만든다. 그러니 그 형상은 나타나는 것일 뿐이지 실제로 생명은 그 형상 속에 스며들어 있는 지성인 것이다. 그 지성은 의식의 한 부분을 담당한다. 의식은 여기에 형상을 초월한 현존, 순수한 자기있음, 깨어있음, 쉽게 설명하면 있는 그대로 받아들이기이다. 이 의식이 '진정한 자기'이다. 현자가 말한 '거울에 비친 내 모습' 그 형상이 진정한 자신이 아닌 이유가 여기에 있다.

그러나 '진정한 자기'로 존재하려는 시도는 하지 않는 편이 좋다.

그것 역시 하나의 역할이기 때문이다. 노력을 하는 순간 당신은 하나의 역할을 연기한다. '다만 자신으로 존재하라.'는 좋은 조언이지만 잘못 인도될 수 있다. 노력하는 순간 마음이 개입하여 이렇게 말할 것이다. "어디 보자. 어떻게 하면 나 자신이 될 수 있지?" 그때 마음은 어떤 종류의 전략을 개발할 것이다. 바로 '나 자신이 되는 방법론'이다. 이것도 역할이다. "어떻게 하면 나 자신이 될 수 있지?"는 사실 잘못된 질문이다. 그것은 자기 자신으로 되기 위해 무엇을 해야만 하는 것을 내포하고 있다. 당신은 이미 자기 자신이기 때문에 무엇을 할 필요가 없다. 이미 존재하는 자신에게 불필요한 짐을 보태는 것을 중단하기만 하면 된다. 당신 스스로나 다른 사람들에게 자신을 규정하는 것을 중단하는 것은 좋다. 그래도 죽지 않을 것이다. 오히려 생기를 회복하게 될 것이다. 그러므로 남들이 당신을 어떻게 규정하는가에 관심을 가질 필요가 없다. 규정하는 사람들은 그들 자신을 한정짓는 것이기 때문에 그것은 그들의 문제이다. 사람들과 상호작용할 때는 기능이나 역할로 그곳에 있지 말고, 의식이 깨어 있는 '현존'의 장으로 있으라.

13. 당신에게 소중한 것은 나에게도 소중한 것이야.

주인공 영미는 오랜만에 남편과 친정집에 간다. 무뚝뚝한 남편은 친정 식구들과 어울리지 못하고 심지어 장인어른이 청소를 하는 데도 도와드리지 않는다. 영미는 남편의 행동이 서운하고 못마땅하다.

(무대 위에 주인공 한영미, 남편, 장인어른 역할로 보조자가가 있다. 장인은 청소를 하고 있고 남편은 소파에 앉아서 휴대폰을 만지작거리고 있다. 장인이 소파 아래를 청소하려고 하자 남편은 앉은 채로 발만 위로 들어 올린다.)

영미 : 자기야 거기서 뭐해? 왜 휴대폰만 하면서 그렇게 떨어져 있어. 이쪽으로 와서 같이 이야기하자.

남편 : 알았어. (듣는 둥 마는 둥 한다.)

장인 : 아이고 금방 더러워졌네. (계속 청소기로 청소한다.)

영미 : (남편에게) 아빠가 힘들텐데 좀 도와드리면 안 돼?

남편 : (장인의 청소기를 잡으면서) 아버님 제가 하겠습니다.

장인 : 아니야 쉬게나. 내가 하겠네.

남편 : 아닙니다. 제가 하겠습니다. (청소기를 대신 돌리며 청소를 마친다.)

장인 : 자네 요즘 회사일은 어떤가?

남편 : 잘 하고 있습니다. 회사도 안정적으로 잘 운영되고 있고요.

장인 : 큰 회사에 다니니 많이 힘들겠구만. 그런데 자네 얼마 전에 내 생일이었잖나?

남편 : 네.

장인 : 내가 자네 전화를 기다렸네만 전화가 없어서 좀 서운했네.

남편 : 제가 그날 바빠서 깜박했습니다. 전화를 드린다는 게 그렇게 됐네요. 정말 죄송합니다. 제가 그렇게 꼼꼼하게 챙기는 성격이 못 되어서요.

장인 : 영미야 내 생일인거 남편한테 말 안 했니?

영미 : 아빠 생신 전날 남편에게 말했어요.

장인 : 그래? 그런데 전화가 없었단다.

영미 : 글쎄요. 무슨 일이 있었나? 꼭 전화 드리라고 말했거든요.

장인 : 영미야! 김서방은 집에도 잘 안 오고, 와도 식구들하고 친밀하게 지내질 못하니 혹시 요즘 안 좋은 일이 있니? 아니면 우리 집안에 서운한 거라도 있는 거니? 내가 직접 물어보고 싶어도 혹시나 너에게 해가 갈까봐 직접적으로 말을 못하겠구나. 둘 사이는 괜찮니?

영미 : 네 아빠 저희는 잘 지내요. 그런데 친정식구들과 있는 게 조금

어색한가 봐요.

장인 : 그래 그렇구나.

영미 : 밖에서 회사사람들이나 윗분들에게 잘 하거든요. 그런데 집에서는 그렇질 못하네요.

장인 : 그래 김서방이 좋은 사람인건 안다. 그래도 집안에서 자기 역할이 있는 거야. 남자들이 그런 걸 잘 모르지. 네가 말해서 알려줘야 하는데 그렇질 못하는 것 같구나. 그런 말도 있잖니. '남자는 여자하기 나름이다.' 나도 네 엄마 덕분에 사람됐지. (웃는다.) 전화 한 통 정도는 해 줄 수 있잖니? 무척 서운했단다.

연출가 : (영미에게) 아버지 생신날 전화하라고 했어요?

영미 : 말했지요. 전날 저녁에 말했는데 깜박했나 봐요. 저녁이 다 돼서 나한테 연락이 왔어요. 전화를 못 드렸다고.

연출가 : 일하다 보면 세심하게 기억하지 못할 수 있어요. '지금 전화해요' 라고 딱 그 타이밍에 해 줘야 될 때도 있어요.

영미 : 그래요 알았어요.

연출가 : 그리고 청소 건은 어떻게 된 사실이에요?

영미 : 집에서 청소할 때도 비슷하게 행동해요. 좀 도와 달라고 처음에는 몇 번 말했는데 안 도와주더라구요. 친정에서 있었던 일 다음에도 남편하고 대화를 했는데 받아들여지지가 않으니까 나도 답답하네요.

연출가 : 여기 감정의 지팡이가 있습니다. 이 지팡이로 땅을 치시면서 감정을 말씀해 보시겠어요?

영미 : (지팡이를 내리치며) 화나!

연출가 : 이런저런 상황도 있고 남편이 고쳐지지 않는 것도 이유가 있겠지만 그래도 내 감정은 화가 나잖아요? 그러니 그걸 표현해 보는 겁니다. 시원해지실 때까지 바닥을 쳐 보세요.

영미 : (지팡이를 매트 위에 내려치면서) 화나! 화난다고! 화가 나!

연출가 : 저도 처음 처가댁에 갔을 때 어색해서 남편 분과 비슷하게 행동했습니다. 하지만 어느 순간 아내가 자기 부모님을 아끼고 소중하게 대하는 것이 마음으로 전해지니까 그 다음부터 저도 장인어른 장모님을 깍듯하게 대하게 되더라고요. 진정성을 느끼게 해 주는 게 중요합니다. 다시 첫 장면으로 돌아가도록 하겠습니다. 그 장면에서 남편에게 해 주고 싶은 말을 진정성 있게 말씀해 주세요.

영미 : 여보, 자기가 아빠 대신 청소기 좀 돌려봐. 아빠 힘드시잖아. 무릎도 안 좋으신데 당신이 좀 해 주면 안 돼? 당신이 아빠보다 젊잖아. 사위는 아들과 같은 거 아니야? 당신 아버지가 저렇게 청소하시면 그냥 놔두겠어? 휴대폰 그만 만지작거리고 좀 움직여 봐. 우리 아빠 나한테 얼마나 소중한 사람인데 당신은 어떻게 그렇게 대할 수 있어! 당신이 뭔데 우리 아빠를 그렇게 함부로 대해? 나한테는 우리 아빠가 세상의 전부야. 당신이 그렇게 함부로 대할 사람이 아니라고! 집에 갈 때마다 당신이 엄마 아빠 앞에서 그렇게 행동하고 꼬박꼬박 말대꾸하는 거 보면 정말 마음이 아파. 그냥 '네 그래요.'라고 해 줄 수도 있잖아. 설령 틀린 거라도 한 번만이라도 동의해 주면 안 돼?

연출가 : 좋아요. 그동안 억누르고 참아 왔던 내면의 소리를 들어보도록 합시다. 내면소리가 당신이 정말 하고 싶었던 말을 대신 해 드릴 거예요. 내면소리가 하는 말에 동의가 되면 따라 해도 좋습니다.

(무대 위에 영미의 보조자아로 내면소리가 등장한다.)

내면소리 : (화난 목소리로 남편에게 말한다.) 일어서!

영미 : (영미는 내면소리를 따라 소리친다.) 일어서라고!

내면소리 : 휴대폰 내려놔

영미 : 휴대폰 내려놓고 지금 일어서!

내면소리 : 휴대폰 내려놓고 일어나서 당신이 청소기 돌려.

영미 : 휴대폰 내려놓고 일어나서 당신이 청소기 돌려!

내면소리 : 빨리 일어나서 움직여.

영미 : 빨리 해. 일어나라고!

내면소리 : 청소기 들어. 아버지 대신 한다고 말해.

영미 : 아버지 대신 청소기 돌린다고 해!

남편 : (주눅 든 목소리로) 아버님 제가 하겠습니다.

장인 : 아니 괜찮네.

영미 : 아냐 아빠 놔둬 이건 정말 아냐.

장인 : 아닙니다. 제가 하겠습니다. (청소기를 받아서 돌린다.)

내면소리 : 잘했어.

영미 : 구석구석 깨끗하게 청소 부탁해.

내면소리 : (남편에게) 여보 그렇게 하니까 멋있다.

영미 : 그래 당신이 그렇게 하니까 고마워.

연출가 : 잘 했어요. 또 하고 싶은 장면이 있나요?

영미 : 네 아빠 생신 때 전화하지 않은 것도 풀고 싶어요.

(장인어른 생신날 전화하는 장면이 전개된다.)

영미 : 여보! 아빠 생신 인사 전화 지금 드려. 지금 해!

남편 : 지금 바빠. 저녁에 하면 안 되나?

영미 : 전화하는 데 10분이 걸려 한 시간이 걸려? 기껏해야 1분인데 지금 당장 해. 그리고 5분 후에 다시 전화해서 확인할 거야.

남편 : (멈칫하면서) 응 알았어. 하면 될 거 아냐. (장인어른께 전화를 건다.)

장인 : 어 김서방인가.

남편 : 네 장인어른. 생신 축하드립니다.

장인 : 그래 고맙네. 회사일은 잘 돼가고?

남편 : 네 잘 하고 있습니다.

장인 : 그래 전화해 줘서 고맙네. 회사일도 바쁠텐데 어서 들어가게.

영미 : 아빠한테 전화했어?

남편 : 응 했어 방금.

영미 : 여보! 사랑하는 우리 아빠에게 전화해 줘서 고마워.

남편 : 응 그게 전화하니 속은 편하네. 오래 걸리지도 않고.

영미 : 진심으로 축하해 줘서 고마워 여보.

연출가 : 또 다루고 싶은 것이 있나요?

영미 : 예. 하다 보니 자꾸 나오네요. (웃는다.) 쌓여 있던 것이 많았나 봐요. 아빠가 아침마다 약수터에 가세요. 큰 물통을 두 개씩 들고 가시는데 오실 땐 끙끙대면서 오거든요. 남편이 같이 갔으면 좋겠어요. 물통도 물통이지만 오가는 산책길에 아빠랑 대화도 좀 하고 그랬으면 좋겠어요.

(장인어른과 남편, 약수터 가는 장면으로 전환된다.)

장인 : 아이고, 약수터에나 다녀와 볼까?

영미 : 여보. 오늘 약수터 가기로 한 날이잖아. 어서 아빠랑 같이 다녀와.

남편 : 피곤해. 나 오늘 신발도 안 챙겨 왔는데.

영미 : 빨리 따라가. 아빠랑 약속했잖아.

장인 : 이제 슬슬 가 볼까.

남편 : 장인어른 저도 함께 가겠습니다. 물통 주시죠. 제가 들겠습니다.

장인 : 아니 자네가 어쩐 일인가? 약수터에도 가려고 하고.

남편 : 사실 저 등산 좋아합니다. 집에 혼자 있을 때도 휴일이면 등산을 다니거든요. 장인어른이 같이 가자고 말씀을 한 적이 없으셔서.

장인 : 아 그런가? 자네가 안 좋아하나 싶어서 권하지 않았지.

영미 : (남편에게) 그랬어요? 나만 몰랐네.

남편 : 사실 나 당신 친정와서도 아침마다 뒷산에 등산다니고 그랬어. 그때마다 갈 사람이 없어서 혼다 올라갔다 오곤 했어.

영미 : 아빠 계셨잖아.

남편 : 무슨 소리? 안 계실 때가 더 많았어!

영미 : ....

장인 : 자 자 그만 출발하자고.

영미 : 두 분이 같이 나가는 모습이 참 보기 좋네요.

(약수터에서 돌아와 집에 도착한다.)

장인 : 우와! 김서방 산 잘 타던데.

남편 : 장인어른도 만만치 않으시던데 뭘. (웃는다.)

장인 : 요즘 어떤가?

남편 : 좋습니다. 회사일도 좋고요.

장인 : 근데 왜 이렇게 얼굴 보기가 힘든가?

남편 : 제가 일이 늦게 끝나는 날이 많아서요.

장인 : 이번 생일 때 자네도 같이 왔으면 좋았으련만 영미 혼자 와서 좀 서운했네.

남편 : 다음 생신 때는 꼭 함께 오겠습니다.

내면소리 : (남편에게 말하라고 영미에게 속삭인다.) 집안의 모든 대소사에 참여해.

영미 : (남편에게) 가족들 다 모일 때는 같이 참여했으면 좋겠어.

내면소리 : 명절 때도 들르자.

영미 : 명절 때 생신 때 또 집안일 있을 때 함께 하자. 그날은 내게 중요

한 날이고 의미 있는 날이야. 내가 미리미리 말해 줄 테니까. 나와 함께 하자. 나한테 소중한 것은 당신에게도 소중한 것이었으면 해.

장인 : 조금 있으면 설인데 올 수 있겠나?

남편 : 그럼요. 꼭 찾아뵙겠습니다.

내면소리 : (영미에게) 교육은 한 번에 되지 않아. 여러 번 반복하고 말을 해 줘야 몸에 익어. 무엇보다 나에게 부모님이 얼마나 소중한 분인지 진정성을 느끼게 해 주어야 해. 그러면 남편도 마음에서 우러나와 행동할 날이 올 거야.

영미 : 맞아. 이 눈치 저 눈치보다 이도저도 아니게 되었어. 남편만큼 우리 부모도 소중하다는 것을 눈치 안 보고 말할게!

남편 : 미안해. 당신이 아무 말 없길래 그래도 되는 줄 알았어. 그렇게 가슴 아파하는지 몰랐어. 진심이야. 당신에게 소중한 것은 나에게도 소중한 것이야.

■ 연출가의 시선 - 사랑은 하나이면서 다수이고 다수이면서 하나이다.

흔히 '자기 집 강아지도 주인이 함부로 대하면 남들도 함부로 대한다.'라는 말이 있다. 반면, 똥개라도 내가 귀하게 대하면 다른 이들 역시 함부로 대하지 못한다. 동물도 이러한데 사람은 오죽하겠는가. 영미는 오랫동안 전업주부로 살면서 남편의 말만 듣고 순종하며 지내 왔다. 그것이 습관이 되어 친정에서도 남편에게 주눅이 들어 눈치를 보며 살아야 했다. 친정 부모님들도 영미에게 해가 될까봐 사위인 김서방의 눈치를 살피는 악순환이 반복되었다. 아내는 마음의 상처를 치유받아야 하고 남편은 교육을 받아야 한다. 교육이란 가르친다 해서 되는 것이 아니다. 마음이 동화되지 않는 교육을 받는 것은 오히려 반감과 스트레스를 불러온다. 동기유발은 스스로에게서 흘러나와야 한다. 사랑이 밑바탕된 교육은 마음을 움직인다. 그때의 교육은 가르침이 아닌 스스로의 모범이다. 말과 행동이 교육자 내면에서 흘러나올 때 우리는 그것을 마음 깊은 곳에서부터 배운다.

다행인 것은 부부는 애정이 있고 서로 사랑하고 있다는 것이다. 사랑하는 사람이 아프면 같이 아프고, 기쁘면 같이 기쁘다. 사랑하는 사람이 소중하게 생각하는 것은 같이 소중하게 생각하게 된다. 그것이 사랑이다. 영미는 이제 사랑하는 부모님에게 말과 행동으로 그 사랑을 드러내야 한다. 남편이 있건 없건 나를 낳아주신 부모님에 대한 사랑을 숨겨선 안 된다. 그 마음만큼 또한 남편을 존중하고 사랑해야 한다. 존중받고 싶은 만큼 시댁에도 그렇게 마음을 내어야 한다. 이렇게 될 때 남편은 변하게 된다. 어느 하나 균형을 잃게 되면 상대방은 본전생각을 하게 된다. 마음이란 그런 것이다.

여기 어떤 이야기가 있다.

우여곡절 끝에 결혼한 부부가 있었다. 양가의 반대가 똑같이 있었기에 그들의 결혼은 그리 낭만적이지 않았다. 그러나 그 둘은 사랑했다. 사랑의 힘은 너무나 신비해서 가족의 반대를 넘어서 결혼을 가능하게 하였다. 그러던 어느 날 아내는 울고 있었다. 처가에 안타까운 일이 생겼던 것이다. 하지만 남편에게 말을 하지는 않는다. 남편은 시간이 지나 한참 후에 그 사연을 알게 되었다. 이러한 일들은 가끔씩 있었고 남편은 애써 캐묻지 않았다.

아내의 부모사랑은 남달랐다. 그렇다고 대놓고 유난을 떨지도 않았다. 힘든 일이 있으면 언제나 감내했고 특히 친정 이야기는 남편에게 전하지 않았다. 그는 단지 짐작으로만 무슨 일이 있었구나 하고 느낄 뿐이었다. 그러다가도 아내는 이내 곧 표정이 밝아지곤 했다. 어찌 보면 아내와 처가 부모는 두 개의 몸에 깃든 하나의 영혼 같아 보였다.

그것은 처가에 가서도 느낄 수 있었다. 서로가 어쩌면 저렇게 아끼고 믿을 수 있을까? 그들의 사랑과 믿음은 절대적이었다. 그는 단 한 번도 처가에서 아내에 대한 푸념을 들어 본 적이 없다. 또한 아내에게서도 처가의 푸념을 들어 본 적이 없다. 사람이 살아가면서 부모 자식 간에 서운한 일이 어찌 없겠는가? 전생에 아내는 처가 부모의 부모가 아니었을까 생각도 들었다.

남편은 처음에 그것에 거부감이 들었다. '나는 뭐지?'라는 생각도 들었다. 하지만 그것은 정말 옹졸한 생각일 뿐이었다. 아내는 시댁에도 정성된 마음으로 잘했으며 내조 또한 어느 것 하나 불평할 것이 없이 잘 했기 때문이다. 친정부모 애착이 참 유별나다고 생각했었던 그는 깨달았다. 그것은 유별난 것이 아니라 사랑이었다. 그리고 그것은 말로 표현하지 않아도 흘러나오는 것이었다. 덕분에 그도 처가 부모를 사랑하게 되었다. 아내를 통해서 그는 사랑하는 사람이 더 많아졌다. '사랑은 하나이면서 다수이고 다수이면서 하나이다.'라는 말의 의미를 아내의 삶을 통해 배우게 되었다.

14. 나쁜 사람으로 보이지 않기 위한 전략 같은데?

대인관계에서 수동적이고 위축된 주인공 안석현은 타인의 눈치를 심하게 살피는 성향이다. 더욱이 자신의 얼굴표정이 타인에게 혐오감을 줄까봐 종종 같은 표정으로 경직되어 있다. 기쁨, 슬픔, 놀라움, 분노 등의 상황에 대처하는 얼굴표정은 한결같이 굳어 있다. 표정공포와 함께 타인의 평가에 예민하여 남들이 자신을 어떻게 생각할까라는 것을 늘 염려하는 대인공포성향도 보이고 있다.

(무대 위에 석현과 연출가가 밀폐된 공간에 둘만 서 있다.)

연출가 : 방이 좁습니다. 창문도 없고요. 불이 꺼지면 깜깜합니다. 어떤 느낌이 들어요?

석현 : 불편할 것 같습니다.

연출가 : 무엇이 불편한가요?

석현 : 이렇게 좁은 공간에 둘이 있다는 것이 불편합니다.

연출가 : 그럼 잠시 혼자 있도록 하겠습니다. 독립된 공간이고 안전합니다.

석현 : 네.

연출가 : (얼마간 시간이 지난 후에) 새로운 사람이 등장하겠습니다. 자유롭게 대화하시거나 행동하셔도 됩니다.

(석현 혼자 무대를 서성인다. 보조자아 등장한다.)

남자 : 어디 살아요?

석현 : 흑석동에 삽니다.

남자 : 대학생이에요?

석현 : 한국대 전자공학과 다닙니다.

남자 : 나이가 어떻게 되요?

석현 : 스물셋입니다.

연출가 : 여기서 잠시 정지하겠습니다. 보조아자는 퇴장하겠습니다. 방금 어떤 사람을 만났습니다. 기분이 어떤가요?

석현 : 먼저 말을 걸어 주시고 대화를 이끌어 주어 좋았습니다. 외모에서 조금 위축됐지만 괜찮았습니다.

연출가 : 다시 보조자아가 등장할 것입니다. 그러나 이번에는 서로 말하지 않습니다.

(보조자아가 등장한다. 둘은 말없이 서로를 의식하며 무대 위를 걸어 다닌다. 그러나 만나지는 않는다.)

연출가 : 정지하겠습니다. 지금은 어떻습니까?

석현 : 아직 몰입을 하지 못했지만 이게 실제 상황이라면 많이 불편했을 것 같습니다.

연출가 : (석현에게) 상대방이 먼저 말을 걸지 않을 겁니다. 스스로 이 상황을 타개해 보십시오.

석현 : (다가서지 못하고 계속 보조자아 주변을 맴돈다.)

연출가 : 상황을 바꾸려 노력하는 중인가요?

석현 : 생각하는 중입니다.

연출가 : 지금 상황이 평상시에도 일어날 수 있습니다. 이 상황에서 위축되고 당황한다면 오늘은 다른 선택을 할 수도 있습니다. 늘 반복되는 상황에서 새로운 시도를 해 보길 노력해 보십시오.

석현 : (다가서서 먼저 말을 건넨다.) 저기요. 여기 어떻게 오셨나요?

남자 : 그냥 들어왔어요.

석현 : 나이가 어떻게 되세요?

남자 : 서른셋입니다.

석현 : 전 스물셋입니다. 10살 차이네요.

남자 : 네.

연출가 : 보조자아는 약간 속상한 일이 있어서 조금 화가 난 상태로 주인공을 대해 보겠습니다.

남자 : (속상해 하며 인상을 찌푸리면서) 아. 속상해.

석현 : 안녕하세요. 혹시 안 좋은 일 있으신가요?

남자 : 네 사는 게 다 그렇죠. 좋은 일만 있겠어요.

석현 : 아 네.

남자 : 그런데 무슨 일로?

석현 : 이렇게 같은 공간에 있는 것도 인연인 것 같아서요.

남자 : 뭐 이게 인연이겠어요. 살다 보면 다 그런 거지.

석현 : 아.

남자 : 저 생각할 게 좀 있어서요.

석현 : 네 알겠습니다.

연출가 : 지금 심정이 어떤가요?

석현 : 무안하네요. 괜히 말을 한 것 같기도 합니다.

연출가 : 이제 보조자아가 무서운 표정으로 주인공을 바라볼 것입니다.

(보조자아가 주인공 방향으로 무서운 표정을 짓는다. 그리고 주인공 석현의 보조자아가 등장하여 석현의 내면자아를 표현한다.)

내면자아 : 난 지금 떨고 있어. 숨 막히고 두려워. 산적 같은 놈이 날 쳐다보고 있어.

석현 : (내면자아 목소리를 따라한다.) 모르는 사람이 쳐다봐서 숨 막혀.

내면자아 : 모르는 사람이 쳐다봐서 숨 막혀.

(이때 관객석에서 관객이 말한다.)

관객 : 그냥 모르는 사람일 뿐이잖아요. 그냥 길가는 사람이잖아요. 우연히 같은 공간에 들어왔던 것 뿐이지. 당신을 때린 것도 아니고 그냥 쳐다보는 것일 수 있잖아요.

내면자아 : 그래도 난 떨려.

석현 : 그래도 난 떨려.

내면자아 : 왜 쳐다보지?

석현 : 왜 쳐다보지?

내면자아 : 내가 뭘 잘못했나?

연출가 : 이 상황을 도와줄 누군가를 요청할 수 있습니다. 신이 될 수도 있구요. 부모님이 될 수도 있습니다.

석현 : 그냥 길 가는 아무 사람이나 상관없을 것 같아요.

연출가 : 그럼 지나가는 행인을 불러 보겠습니다.

(보조자아 등장하여 길 가는 행인 역할을 한다.)

행인 : 지나가다 목소리를 들었어요. 저 불렀어요?

석현 : 네 제가 불렀습니다.

행인 : 무슨 일 있어요?

석현 : 혹시 저 분 아시나요?

행인 : 아니요. 처음 보는데 조금 무섭게는 생겼네요.

석현 : 제가 지금 갇힌 상황인데 저 사람이 무섭게 쳐다봐서요.

행인 : 그렇게 의식되면 가서 물어보세요. 이렇게 갇힌 거 죽기밖에 더 하겠어요. 가서 한 번 물어봐요.

석현 : 화가 난 것 같아서요.

행인 : 그냥 무시해도 되요. 해를 입히는 것도 아닌데 뭘 그리 신경써요?

내면자아 : 그런데 내 다리는 왜 떨어지지가 않을까?

석현 : 내 다리는 왜 떨어지지 않는 거지?

내면자아 : 왜 꼼짝도 못하지?

석현 : 이상하네.

행인 : 저 사람 본 적 있어요?

석현 : 아뇨 처음 봅니다.

행인 : 그냥 저 사람 스타일인가 봐요. 세상엔 여러 사람들이 많아요.

석현 : 그런가요?

행인 : 가까이서 보니까 이거 조각상이네요. 그냥 쳐다보는 거네요.

석현 : 그러네요. 그냥 서 있는 거네요.

남자 : (조각상이 되어서 말한다.) 사람들은 나를 보고 다들 무서워하지. 쳐다보는 게 아니라 그냥 조각된 대로 있었을 뿐인데 사람들은 자기 수준만큼 나를 바라봐.

연출가 : 조각상을 자세히 보세요. 그 조각상은 당신을 보고 있지 않아요. 그 시선은 누가 만든 걸까요?

석현 : 제가 만든 거 같아요. 저를 보고 있다는 생각을 안 하니까 편안해요.

연출가 : 이제 보조자아들이 무대 위에 등장해서 당신을 강하게 응시할 것입니다.

(보조자아들은 석현을 강한 눈빛으로 쳐다본다.)

연출가 : 지금 어떤가요?

석현 : 지금은 괜찮은데 실제 상황이라면 힘들 것 같아요.

연출가 : 지금 현재 상태는 어때요?

석현 : 괜찮습니다.

연출가 : 그들을 관찰해 보세요. 어떤가요?

석현 : 절 보고 있는 게 아니에요. 제가 있는 곳을 그냥 응시하는 것 같아요.

연출가 : 자신을 보고 있다고 느끼는 것은 누구인가요?

석현 : 저 자신입니다.

연출가 : 새로운 장면을 만들어 보도록 하겠습니다. 이 공간에 여성이 등장합니다. 처음 보는 여성입니다. 그런데 이곳은 밀폐된 공간이에

요. 서로가 긴장하고 있습니다.

(보조자아 등장한다. 서로를 응시하며 주변을 서성인다. 좀처럼 서로 다가서지 않는다.)

연출가 : 한 시간이 흘렀습니다. 아무 말 없이 서로를 탐색했어요. 둘은 어떻게 되어 있을까요? 연기해 보세요.

석현 : 어떤 일로 들어오셨나요?

여성 : 저도 모르게요.

석현 : 너무 긴장하지 마세요.

여성 : 당신을 어떻게 믿고 긴장을 안 해요.

내면자아 : (석현에게) 너 지금 어떤 상태야?

석현 : 긴장하고 있어.

내면자아 : 왜 긴장해?

석현 : 모르는 사람이 날 경계하는 것 같아서 나도 긴장되네.

내면자아 : 네가 긴장하면 저 여자가 더 긴장하지.

석현 : 내가 긴장하는 것처럼 보여야 저 사람이 덜 긴장하고 안심할 것 같아서.

내면자아 : 전략이구나?

석현 : 전략은 아니고 그냥 나름대로 하는 것 같네.

내면자아 : 나쁜 사람으로 보이지 않기 위한 전략 같은데?

석현 : 그런가? 전략보다는 본능적으로 그런 것 같은데?

연출가 : 하루가 지났습니다.

내면자아 : 하루가 지났어. 안 힘들어?

석현 : 힘드네. 어떻게 하지?

내면자아 : 편하게 있어야 저 사람도 긴장이 풀리지.

석현 : 그럼 좀 자야겠다. 잠을 못자서 그런가봐.

연출가 : 여기는 너무 좁기 때문에 옆 사람의 숨소리조차 들립니다.

내면자아 : 너 자냐?

석현 : 응 졸려.

내면자아 : 저 여자는 안 자는 것 같은데. 숨소리가 거칠어. 이상한 거 아니야?

석현 : 그런가. 어떻게 하지?

내면자아 : 말을 걸어봐.

석현 : (여성에게 말을 건다.) 혹시 숨 쉬기 힘들어요?

여성 : ,네 답답해요.

석현 : 창문이 있으면 좋을 텐데. 죄송합니다.

내면자아 : 네 잘못이 아니잖아. 매번 죄송하다고 하는 거 습관이야.

석현 : 어 그런 거 같네.

(특별한 대화 없이 상황에 진전이 없자 시간을 빨리 돌린다.)

연출가 : 이 공간에서 일주일이 지났습니다.

내면자아 : 헉 벌써 일주일이 지나가 버린 거야? 이것저것 좀 물어보자.

석현 : 일주일 지났는데 혹시 불편하세요?

여성 : 네 불편해요. 당연한 거 아니에요?

석현 : 상황을 받아들여야 돼요. 별수 없잖아요.

여성 : 그건 강요하는 것처럼 들리는데. 그냥 불편하네요. 그쪽도 불편해 보여요.

석현 : 저는 괜찮습니다.

여성 : 사실 그쪽 때문에 더 불편해요.

석현 : 그런 생각마시고 좀 편하게 생각해 보세요.

내면자아 : 너 지금 가르치는 거 같아. 일단 상대방 말을 좀 들어.

여성 : 두려워요. 이 공간에 갇힌 것도 겁나요.

석현 : 일주일 동안 아무 일도 없었는데 그래도 불안해요?

내면자아 : 취조하듯 물어보지 말고 '그렇군요.'라고 부드럽게 말해 봐.

여성 : 위축되고 두려워요.

연출가 : 한 달이 지났습니다. 둘은 어떻게 되어 있나요?

내면자아 : 헉 무슨 시간이 이리 빨리 지나가지? 벌써 한 달이 지났는데 한치 앞으로도 나아가지 못하는 것 같아.

석현 : 불편하세요?

여성 : 네.

석현 : 한 달이나 지났는데 불편하다는 건 문제가 있는 거 아닌가요?

여성 : 두려워요.

석현 : 뭔가 이상하신 거 같은데요.

여성 : (혼잣말로) 너야말로 평생을 불편함 속에서 살아왔잖아. 누구한테 이상하다고 지적질이야.

내면자아 : 왜 저 여자를 이상한 사람 만들어. 말을 부드럽게 해 봐.

석현 : 아마 곧 해결될 거에요. 너무 두려워하지 마세요.

여성 : 두려워요. 그쪽을 어떻게 믿어요.

석현 : 그래서 제가 이렇게 말도 걸어드리고.

여성 : 그쪽이 말을 걸어서 불편해요.

석현 : 알겠습니다.

(상황의 진전 없이 1년이 지난다.)

석현 : 1년이 지나서 그런지 가까워진 것 같네요.

여성 : 당신이 아직도 불편해요.

석현 : 그래도 1년 동안 이렇게 지냈으니까 편안하게 지냈으면 좋겠어요.

여성 : 1년 동안 아무 일도 없었던 당신이 더 이상한 사람이야. 그래서 더 무서워. 너 사이코같아!

석현 : 사이코가 언제부터 그런 의미인가요.

여성 : 사자가 사슴을 잡아 놓고 안 먹을 때가 있어. 그래서 소름끼치게 무서워. 너는 그럴 뜻이 없을지 모르겠지만 네 의도가 그대로 전달되는 것도 아니야.

(5년이 흐른다.)

석현 : (연출가에게) 그런데 제 내면자아가 제게 도움이 안 되는 것 같아요.

내면자아 : 내가 넌데 무슨 도움을 줘!

석현 : 그래도 어떻게 해야 하는지 도움을 좀 줘.

연출가 : 내면자아와 석현 씨는 역할 교대를 하겠습니다. 석현 씨는 내면자아에게 코칭을 해 보세요.

석현(내면자아) : 말을 걸어봐. 그리고 사랑한다고 해.

내면자아(석현) : (여성에게) 사랑합니다.

여성 : 무서워요.

연출가 : 석현 씨의 속마음은 사랑한다 말하고 싶군요. 다시 내면자아랑 역할 교대하여 자기로 돌아옵니다.

(여성의 보조자아가 등장하여 자신의 속마음을 이야기한다.)

속마음 : 뜬금없이 사랑이라니. 드디어 본성이 나오나 봐. 저 또라이 새끼 똘기 나오네. 정말 미친 것 같아.

내면자아 : 뭔가 상황이 안 좋은데? 야 어떻게 해?

석현 : 그럼 사랑한다고 말하지 말고 결혼하자고 해.

내면자아 : 우리 결혼합시다.

속마음 : 진짜 무섭다. 또라이 맞네. 미쳤네. 이렇게 날 갖고 놀다가 죽이겠지?

내면자아 : 어? 여자가 운다. 공포에 질린 것 같아.

석현 : 울다 보면 감정이 릴렉스 될거라고 말해.

내면자아 : 뭐라고?

석현 : 아니다. 그냥 농담했다고 말 해.

연출가 : 석현씨 이 상황을 도와줄 존재를 불러 올 수 있습니다. 누구를 부르시겠습니까?

석현 : 여성분의 아버지를 만나 뵙고 싶습니다.

(보조자아 등장하여 여성의 아버지 역할을 맡는다.)

아버지 : 저를 불렀나요?

석현 : 어쩌다 보니 따님과 제가 갇혔습니다. 아버지께서 함께 하시면 여성분이 좀 편안해 하실 것 같아서요. 제가 이렇게 도움을 요청했습니다.

아버지 : 말 들어 보니 내 딸에게 사랑한다며 결혼하자고 했지?

석현 : 아 네.

아버지 : 난 자네 장인이 될지도 모르는 사람이야. 우리 딸 어디가 그렇게 좋나?

석현 : 신중한 모습이 좋습니다. 현명해 보였습니다.

아버지 : 중요한 건 둘의 신뢰관계 아닌가?

석현 : 네 그런데 따님이 저를 많이 두려워하네요.

아버지 : 그럼 먼저 내 마음을 한 번 얻어 보게.

석현 : 저는 숫기가 없기 때문에 한 여자만 사랑할 수 있습니다. 바람은 절대 안 필거예요. 서울권 내에 좋은 대학에 다니고 있으니 능력 면에서도 걱정 안 하셔도 됩니다. 그리고 부유한 부모님 덕에 좋은 가정을 꾸릴 수 있습니다.

아버지 : 첫째, 경험이 없다는 것은 여자를 모른다는 말이군.

석현 : 네 저의 단점이자 장점이라고 생각합니다.

아버지 : 나는 말이야. 결혼하기 전에 백 명의 여자를 만났어. 그래도 아직 여자를 모르겠네.

석현 : 아버님께서 그렇다면 많은 여자를 만나지 않아도 되는 것이네요.

아버지 : 오홋, 이 친구 말솜씨가 제법이네. 둘째, 능력? 자네는 학생이잖아. 자네가 괜찮은 대학 다니는 건 좋아. 그것과 자네의 미래와 무슨 관계가 있나?

석현 : 인생을 열심히 살았다는 반증이 됩니다. 그리고 어느 정도는 취업이 보장되어 있습니다.

아버지 : 그건 앞으로 증명해야 되는 일이지. 지금 당장 증명할 수 없잖아. 증명할 때가 되면 그때 다시 오게. 셋째, 자네 부모님이 잘 사는 걸 아네. 그런데 부모님의 경제력과 자네와 무슨 상관이 있나?

석현 : 부모님께서 성실하게 사셨기 때문에 그 안에서 배운 것이 있습니다.

아버지 : 내 자식은 그렇지 않던데. 자네와 비슷한 환경이지만 나와 비슷하게 살지는 않더군. 내 솔직한 생각을 말하겠네. 딸의 마음을 얻는 게 중요하네. 함께 살 사람이니 대화가 서로 통해야 하네. 돈이나 능력이나 외모는 그 다음이야. 알겠나?

석현 : 알겠습니다.

아버지 : 마지막으로 자네의 불안감부터 해소해야 할 것 같군. 잘 들어

보면 내용은 그럴싸한데 말하는 톤이며 억양은 불안하기 짝이 없네. 불안은 독감 같은 거라네. 퍼져나가 주변을 전염시켜 버리지. 아무튼 나는 그만 가 봐야겠네.

(아버지 퇴장한다.)

석현 : (여성에게) 지금 많이 불안하신 거죠? 저도 많이 불안하답니다.
내면자아 : 그렇지. 그렇게 말하는 거야. 네가 먼저 자신의 감정을 솔직하게 말하는 거야. 네 문제도 해결이 안 되어 있는데 누굴 편하게 해주겠어? 그리고 답을 어떻게 줄 수 있겠어. 상대방이 원하는 게 뭔 줄 알고? 내가 네 안에 사는 동안 가장 훌륭한 답변이었어. 잘했어!
석현 : 저도 많이 불안하지만 우리 함께 탈출할 그날까지만이라도 조금이나마 편하게 지냈으면 좋겠어요. 진심입니다.
여성 : 영 이상한 사람은 아닌가 보네요. 자신의 감정을 솔직하게 이야기해 주어서 조금 안심이 되어요. 자신의 이야기는 하지 않은 채 남의 처지나 감정을 살피는 것이 이상했거든요.
석현 : 이상하게도 털어놓고 나니 오히려 마음이 편해지네요.
여성 : 지금처럼 하면 되요. 무표정과 건조하기 짝이 없는 당신 말투에 누가 진정성이 있다고 느끼겠어요? 하지만 지나고 보니 조금은 이해할 것 같아요. 당신은 내면의 목소리를 표현할 방법을 잊어버린 것뿐예요.
석현 : 네 저도 찾고 싶어요. 인어공주의 잃어버린 목소리처럼 내면의 목소리를 표현하고 싶어요.

(장면이 전환되어 석현과 여성은 방에서 탈출하고 카페에서 만남을 가진다.)

석현 : 5년 동안 함께 고생했으니 인사라도 드리려고 이렇게 찾아뵙습니다.

여성 : 제가 알기로는 그쪽은 좋아하는 사람을 만나지 못한 것으로 알고 있는데요. 이제 좀 솔직해지시죠. 예의상 이러는 거예요 아니면 정말 좋아서 그러는 거예요?

석현 : 주문부터 하시죠.

여상 : 아메리카노요.

석현 : 아메리카노 두 잔 주세요.

여성 : 그런데 제 어디가 마음에 드셨어요?

석현 : 좋아하는데 구체적인 이유가 있나요. 그냥 좋았습니다.

여성 : 제가 아니어도 다른 여성이었어도 이렇게 좋아한다고 고백할 건가요? 어떤 여성을 좋아하시는 거예요?

석현 : 하고 싶은 말을 당당하게 말씀하시는 게 멋있었어요.

여성 : 그렇군요.

석현 : 5년 동안 저랑 함께 있으면서 어떤 생각이 드셨나요?

여성 : 불편했던 게 가장 크네요.

석현 : 그런데 어떻게 마음을 여신 거죠?

여성 : 당신이 마지막에 마음을 열었으니까요. 당신의 솔직한 표현을 들었을 때 안심이 되었거든요. 당신이 불편한 만큼 저도 불편했어요. 저는 상대방에게 영향을 많이 받는 스타일이거든요.

석현 : 그랬군요. 사실 저는 그렇게 많이 불편하지는 않았는데 불편해하는 것 같아서 저도 덩달아 그렇게 행동했던 것 같습니다.

(보조자아 등장하여 석현의 내면자아 역할을 맡는다.)

내면자아 : 야 진심이야? 너 안 불편했어?

석현 : 별로 불편하지는 않았어. 그런데 상대방이 불편해 하니까 나도 그런 척 했던 거야.

내면자아 : 왜 그렇게 한 거야?

석현 : 상대방을 편하게 해서 공감을 얻고 싶어서.

연출가 : 석현 씨는 공감을 얻거나 불편함을 피하려고 그런 행동을 하시네요?

석현 : 네 진심으로만 대하면 마음이 제대로 전달되지 않는 것 같아서요.

여성 : 저는 오히려 진심이 느껴지지 않아서 더 경계했어요.

석현 : 네 그랬군요.

여성 : 당신은 단 한순간이라도 다른 사람 눈치 안 본 적 있나요? 늘 다른 사람 기대에 부응하며 살려고 하지 않았나요?

석현 : 네 맞아요.

여성 : 지금 이 드라마를 진행하는 중에도 타인의 시선이 신경쓰이죠?

석현 : 네 맞아요. 사람들이 뭘 원하는지 신경이 쓰여요.

여성 : 본인은 어디 있나요? 아까 공감을 얻으려고 그랬다고 했는데 그것이 정말 나를 위한 것이었을까요? 나쁜 사람으로 안 보이게 하려는 당신 자신을 위한 것이 아니었을까요?

석현 : 아 헛갈리네요. 저는 그것이 나를 위한 것이라고 생각해 본 적이 없어서요. 그래도 저는 변화하려고 노력 중입니다. 단지 아직 부족해요.

연출가 : 장면을 바꾸겠습니다. 차 마시고 식사가 끝났습니다. 새로운 데이트를 해 보시겠어요.

석현 : 나 '코미디 빅리그' 좋아하는데 같이 갈래?

여성 : 그래.

연출가 : 이제 단 둘이 1박 2일 여행을 왔습니다. 대화해 보세요.

석현 : 오늘 이렇게 제주도 왔는데 오늘 여행 어땠어?

여성 : 좋아. 바다도 예쁘고 기분 좋아.

석현 : (말을 할까 말까 머뭇거린다.) 음… 나…

연출가 : 주인공은 이 여성을 사랑하시나요?

석현 : 네 사랑합니다.

연출가 : 그런데 사랑을 표현하는 것에 왜 자신이 없죠.

석현 : 상대방 마음을 알아야 표현도 하고 그러는 것 같아요.

연출가 : 그건 눈치게임이죠. 사랑은 눈치게임이 아니라 자기로부터 시작되어요. 자기 마음에 대한 확신. 그 확신만 있어도 상대방에게 충분히 마음을 전달할 수 있어요. 그게 없으니 두려워지고 불안한 것 아닐까요?

석현 : 네, 이 순간에서도 눈치를 보고 있네요. (웃는다.) 저는 누군가가 저를 사랑해 주면 쉽게 저를 내어 줄 것 같아요. 그러기 전에 우선 내 감정이 뭔지 알아가는 것이 중요할 것 같아요. 그리고 표현할래요. 막상 두려운 상황 속에서는 두려움이 사라지더라구요. 그리고 불안한 마음을 말하고 나니 마음도 편해지는 것을 깨달았어요.

연출가 : 그래요.

■ 연출가의 시선 - 상처받는 것은 허상과 자존심일 뿐이다.

드라마를 통해 드러난 주인공에게서 살펴볼 것은 공감과 배려에 대한 자기인지이다. 그런데 그것은 타인을 위한 공감과 배려는 아니다. 결국은 공포와 두려움으로부터 자신을 보호하기 위한 수단이며 전략일 뿐이다. 타인에게 다 맞추어 줄 수는 없다. 타인을 만족시키지 못한 자아는 자기에게 반격을 시도하고 더욱더 주변에게서 스스로를 소외시킨다. 이것이 많은 사람들이 깨닫지 못하는 지점이다. 때론 그것이 자신을 위한 것이라는 것을 알고 있는 경우도 있지만 그것도 마찬가지다. 반응하고 책임지는 능력은 타인에게 향하는 것도 중요하지만 자기로부터 출발하지 않으면 안 된다. 자기에게 반응하고 자기에게 책임질 때 자연스럽게 그 능력은 밖으로 발산된다. 자기를 사랑할 때 타인을 사랑할 수 있으며, 자기에게 친절할 때 타인에게 친절해진다. 타인에게 맞추어 주는 것이 자신을 위하는 것이라는 생각은 상처받지 않기를 원하는 에고의 습성일 따름이다. 실제로 자기는 상처받지 않는다. 상처 받는 것은 허상과 자존심일 뿐이다.

주인공 석현은 대인공포의 양상을 가지고 있다.

대인공포란 다른 사람들이 자신을 살피고 쳐다볼 수 있는 상황을 두려워하고 그런 상황에 놓이면 부끄럽고 창피함을 느끼는 두려움이다. 특히 이들은 타인의 평가에 예민하여 남들이 자신을 어떻게 생각할까라는 것에 대해 늘 염려한다. 따라서 타인을 대해야 할 상황에 놓이게 되면 미리 걱정하고 불안을 느끼는 예기불안이 나타나므로 타인과 접촉하는 상황을 기피하게 된다. 또한 대인관계에서 자신의 이런 약점이나 두려움을 남들이 알게 되지 않을까 두려워한다.

주인공은 가장 두드러지는 시선공포 외에도 사람 앞에 서면 긴장하여 얼굴이 붉어지는 대인긴장과 적면공포도 함께 발견된다. 이런 경우에는 사회적 상황에 따른 연단공포와 회식공포도 뒤따르게 될 수 있다. 석현은 여러 차례 사이코드라마에 참여하였고 오히려 가장 주목받은 상황에서 마음의 평안을 느꼈다. 실제 자기는 그러한 상황과 관련이 없는 사람이므로 모든 사람이 자신을 보고, 모든 시선이 자신에게 집중되어 있음에도 마음은 편했다는 것이다. 주인공이 실제 두려워하는 것은 시선이나 사람들이 아니라 자신이 만들어 낸 공상, 상황으로 인해 괴로워하고 있었다는 것이다. 평소에 끊임없이 남의 눈을 의식하던 행위는 정작 모든 사람이 자신에게 주목하는 상황을 맞게 되자 공상에서 벗어날 수 있었던 것이다. 이것은 가상의 노출상황으로 어려운 상황을 피하지 않고 그 상황에서 야기되는 불안을 이겨내도록 하는 노출요법으로 볼 수 있다. 즉 주인공과 전혀 관계가 없는 극단적인 상황 설정 하에서 자신이 만들어 낸 걱정과 두려움이 스스로의 공상으로 만들어진 것임을 깨닫게 된다.

표정공포는 자기의 표정이 상대방에게 불쾌감을 준다고 느껴 더 긴장하게 되고, 그 때문에 자기 표정에 대한 혐오감을 느낀다. 즉, 자신의 표정이 이상하게 보일까, 자신도 모르게 웃음이 나올까 봐 사람을 대하는 태도가 어색하여 두려워하는 경우이다. 위의 여러 증상을 보면 자기는 남에게 불쾌감을 주는 존재라고 생각하고, 그 수치감 때문에 피하는 경우와 남들이 자신을 어떻게 볼까 걱정이 되어 피하는 경우가 있는데, 열등의식, 자신감 상실, 자신에 대한 평가절하와 현실도피의 성향 때문이라고 할 수 있다.

사이코드라마의 예에서는 오히려 상대방이 자신에게 공포를 느끼는 상황극을 연행하였다. 문제시되는 상황에서 주인공이 직접 타인을 지지하고 두려운 자아를 치유하는 존재가 되어서 자신의 오래된 기억과 의식을 스스로 수정하게 한다. 즉, 두려움에 떨고 있는 그 여성이 곧 자기 자신이었음을 알게 된다. 자신을 바꾸는 것에 대한 두려움 때문에 상황과 직면하는데 거부감이 있는 주인공에게 자신이 아닌 다른 인물, 즉 강자의 역할을 맡게 되는 안정적인 구성으로 타인을 도울 수 있다. 또한 자신을 바라보면서 자신이 원하고 필요로 하는 것을 가장 잘 알고 있는 사람이 바로 자신이므로 적극적으로 타인을 도울 수 있는 것이다. 스스로 자신을 돕고, 변화된 자신의 모습을 바로 직면하면서 긍정적으로 변화될 수 있는 가능성에 대한 자신감을 동시에 획득할 수 있는 것이다.

대인공포를 가지고 있는 사람들의 경우 다른 사람의 한마디 말에 얼마나 많은 영향을 받고 변화될 수 있는지, 또 역으로 그로 인해 얼마나 많은 문제가 야기되는지를 알 수 있다. 그러므로 이를 통해 문제 해결에 근접할 수 있음도 이야기될 수 있다.

참고문헌

강지윤(2000). 초보연출자와 숙련연출자의 심리극 연출행위 비교. 부산대학교 대학원 석사학위 청구논문

김정일(1998). 나는 누구인가. 다솜방송 사이코드라마프로그램

김정일(2004). 사이코드라마. 살림

선원필(2003). 사이코드라마 초심자의 자발성과 창조성 증진을 위한 사례연구 : 상황극을 중심으로. 한국예술치료학회

선원필(2017). 연극치료사 양성교재. 한국공연예술치료협회

선원필(2017). 사이코드라마 힐링워크샵. 한국공연예술치료협회

선원필(2019). 연극치료의 이해와 적용. 박영스토리

선원필, 소희정(2019). 예술치료. 박영스토리

최상진(1993). 한국인의 문화-심리적 자기(self). 한국심리학회 학술발표논문

최헌진(1996). 마음의 극장-잉여현실. 한국사이코드라마학회 마음의극장 제5호

최헌진(2010). 사이코드라마 이론과 실제. 학지사

Adam Blatner, 이근후외 공역(1988). 싸이코드라마. 하나의학사

Adam Blatner, 한국사이코드라마학회 역(1997). 싸이코드라마의 토대. 중앙문화사

Choi, S. C., & Choi, S-H.(1990). 『"We-ness:The Korean Discourse of Collectivism』 Paper presented at the International Conference, Individualism and Collectivism: Psychocultural perspectives from East and West,

David R. Hawkins, 박찬준 역(2014). 놓아버림. 판미동

Eckhart Tolle, 류시화 역(2013). 삶으로 다시 떠오르기. 도서출판 연금술사

Elisabeth Kubler-Ross, David Kessler, 김소향 역(2007). 상실수업. 이레

Julia Cameron, 임지호 역(2003). 아티스트웨이. 경당
Kahlil Gibran, 김기태 역(1990). 사랑의 언어는 침묵입니다. 도서출판 선영사
Karpmholmes, 김광운 역(2005). 심리극의 세계. 학지사
Krishnamurti, 이용호 역(1987). 크리슈나무르티와의 대화. 문학생활사
Moreno, J. L. (1934). Who Shall Survive? A new Approach to the Problem of Human Interrelations. Beacon House
Moreno, J. L. (1951). Sociometry, Experimental Method and the Science of Society: An Approach to a New Political Orientation. Beacon House
Robert J. Landy, 이효원 역(2002). 억압받는 사람들을 위한 연극치료. 울력
Zerka T Moreno, 황헌영 역(2005). 사이코드라마와 잉여현실. 학지사

저자약력

선 원 필

한국공연예술치료협회 대표

연극치료 임상감독자 및 슈퍼바이저, 사이코드라마 디렉터

▸ 경력

국립서울병원 발달장애교육치료학회 총무이사

대한통합의학교육협회 이사

한국사진치료학회 이사

원광예술치료공연단 단장

극단 라컴퍼니 예술감독

▸ 자격

연극치료사 임상감독자

심리상담사1급

예술치료사1급

미국공인최면상담사

요가지도자TTC

▸ 저서

사이코드라마의 실제 – 한국공연예술치료협회

(공저)교육과 치유사이에서의 교육연극 – 한국공연예술치료협회

(공저)강강술래 치유프로그램 실천기술론 – 땅끝문화

(공저)한국비영리조직의 생동과 성공 – 불휘미디어

(공저)예술치료 – 박영스토리

연극치료의 이해와 적용 – 박영스토리

▸ 출강

미국 ACADCI COLLAGE 중독상담학과 초빙교수

원광대학교, 동덕여자대학교, 추계예술대학교 강사

▸ 방송

TV조선시그널<매맞는 남편>, KBS1동행<17년만의 재회>, KBS2속보이는TV<세월호의 의인><폭군이 된 아들>, MBC생방송오늘아침<위기의 가족, 화해의 기술>, MBC즐거운 문화읽기<마음에서 몸짓으로>, MBC특집다큐멘터리<아름다운도전>, KBS비타민<정신건강특집>, K–TV<장애인과 함께하는 예술치료>, 파이플<지쳐있는 나를 위한 치유여행–연극치료>, 폴리피플<특별초대석–예술치료>

힐링 사이코드라마

초판발행 2020년 3월 3일

지은이 선원필
축어록 김철균
펴낸이 노 현

편 집 윤혜경
기획/마케팅 노 현
표지디자인 이미연
제 작 우인도·고철민

펴낸곳 ㈜ 피와이메이트
서울특별시 금천구 가산디지털2로 53 한라시그마밸리 210호(가산동)
등록 2014. 2. 12. 제2018-000080호
전 화 02)733-6771
f a x 02)736-4818
e-mail pys@pybook.co.kr
homepage www.pybook.co.kr
ISBN 979-11-6519-015-6 93180

정 가 15,000원

박영스토리는 박영사와 함께하는 브랜드입니다.